国家社会科学基金“十一五”规划课题
“以就业为导向的职业教育教学理论与实践研究”研究成果

全国高等职业教育旅游大类专业规划教材

酒店营销实务

Hotel Marketing

刘　菊　徐文苑　主　编
黄海平　孙晓楠　戴　珂　副主编

中国铁道出版社
CHINA RAILWAY PUBLISHING HOUSE

内 容 简 介

本书遵照《教育部关于加强高职高专教育人才培养工作的意见》的精神，紧紧围绕培养高等技术应用型专门人才的目标，本着“实用、够用”的原则，联系酒店营销人员工作实际，由浅入深地讲授酒店营销的基本概念。

全书共分 10 个单元，分别介绍了酒店市场营销导论、酒店市场调研与计划、酒店目标市场营销、酒店产品开发与定价、酒店产品销售、会议营销、酒店内部营销、客户关系管理、酒店营销管理与控制、酒店营销创新等内容。

本书适合作为高等院校旅游类专业的教材，也可作为酒店管理人员、营销业界人士的业务参考书。

图书在版编目（CIP）数据

酒店营销实务／刘菊，徐文苑主编．—北京：中国铁道出版社，2012．7

国家社会科学基金“十一五”规划课题“以就业为导向的职业教育教学理论与实践研究”研究成果　全国高等职业教育旅游大类专业规划教材

ISBN 978-7-113-14687-0

Ⅰ．①酒…　Ⅱ．①刘…　②徐…　Ⅲ．①饭店－市场营销－高等职业教育－教材　Ⅳ．①F719.2

中国版本图书馆CIP数据核字（2012）第102102号

书　　名：酒店营销实务
作　　者：刘菊　徐文苑　主编

策　　划：祁　云　　　　读者热线：400-668-0820
责任编辑：赵　鑫　王　惠
封面设计：刘　颖
责任印制：李　佳

出版发行：中国铁道出版社（100054，北京市西城区右安门西街 8 号）
网　　址：http://www.51eds.com
印　　刷：北京市昌平开拓印刷厂
版　　次：2012 年 7 月第 1 版　　2012 年 7 月第 1 次印刷
开　　本：787mm×1092mm　1/16　印张：15.25　字数：365 千
印　　数：1～3 000 册
书　　号：ISBN 978-7-113-14687-0
定　　价：35.00 元

全国高等职业教育旅游大类专业规划教材

编审委员会

国家社会科学基金（教育学科）“十一五”规划课题“以就业为导向的职业教育教学理论与实践研究”（课题批准号BJA060049）在取得理论研究成果的基础上，选取了高等职业教育十个专业类开展实践研究。高职高专旅游类专业是其中之一。

本课题研究发现，高等职业教育在专业教育上承担着帮助学生构建起专业理论知识体系、专业技术框架体系和相应的职业活动逻辑体系的任务，而这三个体系的构建需要通过专业教材体系和专业教材内部结构得以实现，即学生的心理结构来自于教材的体系和结构。为此，这套高等职业教育旅游大类专业系列教材的设计，依据不同课程教材在其构建知识、技术、活动三个体系中的作用，采用了不同的教材内部结构设计和编写体例。

承担专业理论知识体系构建任务的教材，强调了专业理论知识体系的完整与系统，不强调专业理论知识的深度和难度；追求的是学生对专业理论知识整体框架的把握和应用，不追求学生只掌握某些局部内容，而求其深度和难度。

承担专业技术框架体系构建任务的教材，注重让学生了解这种技术的产生与演变过程，培养学生的技术创新意识；注重让学生把握这种技术的整体框架，培养学生对新技术的学习能力；注重让学生在技术应用过程中掌握这种技术的操作，培养学生的技术应用能力；注重让学生区别同种用途的其他技术的特点，培养学生职业活动过程中的技术比较与选择能力。

承担职业活动体系构建任务的教材，依据不同职业活动对所从事人特质的要求，分别采用了过程驱动、情景驱动、效果驱动的方式，形成了“做中学”的各种教材的结构与体例。由于旅游大类专业毕业生的职业活动，基本上是情景导向的，因此多数旅游大类的教材采用了情景导向的教材结构。这对于培养从事旅游业高技能型人才的个性化服务理念，情景导向的思维方式，规范而又不失灵活的行为方式，富有情感的语言和交往沟通能力，特别是对游客的情感和旅游管理与服务情景的敏感特质，是十分有效的。

序 PREFACE

本套教材从课程标准的开发、教材体系的建立、教材内容的筛选、教材结构的设计，到教材素材的选择，均得到了旅游行业专家的大力支持。他们依据旅游业不同职业资格标准，对课程标准提出了十分有益的建议；他们根据课程标准要求，提供了大量的典型职业活动案例，使教材素材鲜活起来。国内知名职业教育专家和一百多所高职高专院校参与本课题研究，他们对高职高专旅游类高技能人才培养提出了宝贵的意见，对高职高专旅游类专业教学提供了丰富的素材和鲜活的教学经验。

本套教材是我国高职教育近年来从只注重学生单一职业活动逻辑体系构建，向专业理论知识体系、技术框架体系和职业活动逻辑体系三个体系构建的转变的有益尝试，也是国家社会科学研究基金课题“以就业为导向的职业教育教学理论与实践研究”成果的具体应用之一。

如本套教材有不足之处，敬请各位专家、老师和广大同学不吝赐教。希望通过本套教材的出版，为我国高等职业教育和旅游业的发展做出贡献。

邓泽民

2011 年 11 日

FOREWORD 前言

随着世界经济全球化日益加剧、国内旅游业的快速发展以及商务活动的拉动，我国酒店业的发展面临巨大的机遇与挑战。近来，我国酒店业取得很大发展，已出现了如家、锦江之星等国内品牌，但相对于国际酒店品牌，如马里奥特国际集团、雅高集团、希尔顿集团、凯悦国际酒店和度假村集团、喜达屋酒店集团等，无论是品牌数量还是知名度都相差甚远，主要表现在酒店营销目标不明确、营销计划不周密、营销策略不科学、营销管理与控制不规范等，从而造成国内酒店营销总体服务质量不高、营销影响力不强的状况。这些都将在某种程度上直接影响酒店的竞争力与经济效益。为此，国内酒店业迫切需要优秀的营销管理人才。

本书遵照《教育部关于加强高职高专教育人才培养工作的意见》的精神，紧紧围绕培养高等技术应用型专门人才的目标，本着“实用、够用”的原则，联系酒店营销人员工作实际，由浅入深地讲授酒店营销基本概念，寻找营销机会，制定酒店产品开发与定价策略、销售渠道策略、促销策略、酒店会议营销、酒店内部营销、酒店客户关系、酒店营销管理与控制、酒店营销创新等内容，以便学生更好地理解酒店营销的基本理论，掌握酒店营销基本策略及营销技巧。全书共分 10 个单元，分别介绍了酒店市场营销导论、酒店市场调研与计划、酒店目标市场营销、酒店产品开发与定价、酒店产品销售、会议营销、酒店内部营销、客户关系管理、酒店营销管理与控制、酒店营销创新等内容。

本书对现代营销理论进行了有针对性的阐述，对国内外酒店成功的营销案例和营销技巧进行了研究，并探讨了在中国国情下如何有效地开展酒店营销工作。本书具有以下特点：

1．结构完整，内容充实

本书以专科层次的教学应用为导向，广泛吸收了国内外酒店营销的理论和实践经验，密切结合我国国情，力争做到理论与实践统一。本书结构完整，内容充实，注重引导读者结合酒店市场营销理论与实践进行实际思考，给读者更多的学习、思考和研究的空间。本书为了更好地引导教师与学员实现教学目标，在每一单元都设置了“学习目标”，在每一目标（单元一除外）中又以案例为引导，设置了案例介绍、相关知识、案例分析，使学生快速掌握专业知识与技能要点。为了强化学生对所学知识的应用能力，帮助学生归纳与总结所学知识，在每一目标的后面均安排了“能力培养训练”、“学习评价”、“课外作业”。学生通过学习与评价可以比较轻松地掌握酒店营销的基本知识和技能，为今后的职业生涯打下良好的基础。

2．案例丰富，实用性强

为了便于教师寻求一种易被学生理解和接受的教学模式，在每一学习目标的开始都采取案例介绍的形式，概括出每一学习目标的主要内容。同时，这些案例的选取注重与现实紧密结合，从实战性案例升华理论，由理论指导实际操作。这有助于解释、阐述原理，也有助于提高读者分析问题和解决问题的能力，发挥抛砖引玉的作用。

3．博采众长，深入浅出

本教材注重博采众长，广泛吸收国内外酒店营销理论和实践经验，借助于各种案例分析，深入浅出地介绍酒店企业在新形势下必须关注并思考的酒店营销对策。在撰写过程中注意把当代酒店营销理论与实践的最新动态融入其中。

本书的编写人员既是营销教学的一线教师，又是企业的兼职讲师或营销顾问。大连职工大学的刘菊负责全书框架设计、拟定编写大纲和组织稿件。 编写具体分工为：刘菊编写了第 4、6、8 单元，天津职业技术学院的徐文苑编写了第 1、3 单元，江西冶金职业技术学院的黄海平编写了第 9、10 单元，大连职工大学的孔晓楠和黄海平共同编写了第 2、5 单元，河南省轻工业学校的戴珂编写了第 7 单元。

本书在编写过程中，得到了大连富丽华酒店孙元坝经理、河南省轻工业学校的黄建华校长等的大力支持，同时也得到了大连职工大学的王立职老师的鼎力相助，在此一并表示感谢。

需要说明的是，本书在编写过程中，参考了大量资料，并从公开发表的书籍、报刊和网站上选用了一定的案例和资料，在此，谨向原作者及有关人士表示衷心感谢。

本书适合作为高等院校旅游类专业的教材，也可作为酒店管理人员、营销业界人士的业务用书。相信本书不仅能作为旅游院校师生的专业教材，也能给各酒店的营销人员和管理人员以一定的理论启迪和实践思路。

由于时间仓促，编者水平有限，不足之处在所难免，恳请广大读者批评、指正，以便进一步修订完善。

编　者

2012 年 6 月

CONTENTS 目 录

目录 CONTENTS

单元一

酒店市场营销导论

在现代市场经济条件下，酒店企业必须高度重视营销活动，要认识到酒店营销是酒店经营的重中之重，直接关系到酒店的生存与发展。酒店营销者必须以正确的营销观念为指导，以满足顾客需求为核心，根据市场竞争状况，分析确定酒店不同时期和环境下的营销任务与重点，科学地开展一系列营销活动，以有助于实现酒店经营目标。

学习目标

1. 掌握市场营销的内涵与任务；
2. 了解酒店市场营销的演变过程；
3. 明确我国酒店业的发展趋势。

目标一 酒店市场营销概述

（一）酒店市场营销内涵

酒店市场营销是市场营销的分支，是市场营销理论在酒店业的具体运用。酒店市场营销是指利用现代化的手段，研究酒店市场环境，识别、分析、评价、选择和利用市场机会，以谋求创造、建立及保持与目标市场之间相互有益的交换和联系，并在顾客满意的基础上实现酒店经营目标而展开的一系列有计划、有组织的活动。

酒店市场营销有以下几方面的含义：

(1) 酒店是酒店市场营销的主体。作为一个营利性的经济组织，酒店是生产和销售酒店服务这种特定产品的主体，这也决定了酒店市场营销的特殊性。

(2) 酒店市场营销的目的——营利。酒店营销的目的是使酒店获得合理的利润，并且这个目的的实现要以酒店宾客满意、符合社会利益为基础。

(3) 酒店市场营销是一个持续不断的系统过程。从顾客需要的识别、分类开始，经过产品的设计、开发、生产、销售、消费的若干阶段，通过产品、定价、分销、促销的营销策略的组合运用和系统的营销管理，使最终顾客满意。

(4) 酒店市场营销活动要使酒店、顾客和社会之间，酒店内部资源、外部资源环境和企业目标之间实现动态平衡。

（二）酒店市场营销特征

酒店的产品是有形设施和无形服务的结合，这决定了酒店市场营销具有以下基本特征：

1. 综合性

(1) 顾客对酒店的需求除了住宿、饮食等基本需求外，还包括购物、娱乐、信息交流、商务活动等综合需求。这就决定了酒店营销必须是组合营销。

(2) 现代酒店营销与酒店各部门的员工密切相关，只要有一个员工的服务使宾客不满意，就会造成100-1=0。这就决定了酒店营销必须是全员营销。

2. 无形性

有形的产品一般是指物质产品，是看得见摸得着的实在东西。而酒店出售的是服务，是以酒店设施为条件，通过舒适的环境，向客人提供多种产品与服务，以其优雅的环境给人带来享受和放松，这就决定了酒店营销的无形性。

3. 时效性

酒店产品被顾客购买后，只是在一定时间和空间内拥有使用权，无法占有它们。因此，酒店所产生的商品只有一个，就是无形的服务。

时效性是指酒店产品的不可贮存性，消费过程和服务过程在时间和空间上都是一致的，不可分离，不能超越时空购买、携带与消费。

4．易波动性

(1) 季节性波动，即通常所说的淡季、旺季。

(2) 受政治、经济、社会及自然因素的影响。

因此，酒店的营销应根据其特点，有效组织相应市场的营销，以追求最高效益。

(三)酒店市场营销的任务

酒店营销学也可以说是研究市场需求的管理科学。其任务就是针对客源市场的需求状况进行管理，以便更好地实现酒店经营目标。那么如今的市场到底有几种状况呢？

1．负需求状况与扭转性营销

负需求状况是指客人不喜欢或厌恶某个酒店，故意避开购买这个酒店的产品。例如，某大酒店有两位客人在店内被谋杀了，在相当长的时间内，客人都不愿意去这家酒店消费。再如，原来的 A 酒店，一场大火化为乌有，改名为 B 商务酒店重新开业后，客人仍然极少，甚至关门大吉。这种负需求真是太糟糕了。在这种情况下,酒店管理人员就要分析客人不喜欢的原因，提高服务质量，用强有力的促销手段来重新塑造酒店形象。此时，酒店的营销任务是扭转性营销，扭转人们的抵制态度，使负需求变为正需求。

2．无需求与刺激性营销

无需求状况是指市场对酒店的产品不关心，没有兴趣。例如，一个新建的大酒店，由于客人对其不了解，光顾的人就很少，在这种情况下，酒店必须设法使消费者对其感兴趣，使无需求转变为有需求，即实施刺激性营销。例如，一些大酒店在开业前多采用五折折扣来吸引消费者，以刺激消费者光顾。

3．潜在需求与开发性营销

潜在需求是指顾客对市场上现有的产品或服务不能满足的或隐而不见的需求。例如，工薪阶层的人对高档酒店既向往又惧怕，想去享受一下，又怕口袋里钱少，消费不起。针对这种情况，酒店应了解这一市场需求，开发合适的产品与服务来满足这一需求。例如，北京五星级的长城饭店在全国首先实施了面向工薪阶层的开发性营销策略，推出 5 个 5（55555）自助餐服务，让工薪阶层花不了几个钱就可以在五星级饭店享受一次。5 个 5 是指：成人 50 元一票到底，50 种菜肴任意选用，酒水 5 折，儿童 5 折，5 星级的优质服务。长城饭店的 5 个 5 服务推出后很受欢迎。

4．下降需求与恢复性营销

任何一家酒店，如果长期保持它的菜式及口味不变，必定遭遇需求大降的局面。例如，人们已经不再原意吃粤菜了，酒店还以出售粤菜为主，那么谁还愿意去呢？所以，餐厅要想恢复到以前的市场份额，必须使其产品和服务常变常新。举一个成功的例子：北京一家酒店每年都推出圣诞晚宴，由于年年如此，客人的兴趣淡了，顾客一年比一年少。后来，酒店的一位主管提议开发新的销售热点：在 2 月 14 日推出情人节情人套餐、情人礼品以及情人晚会等创新产品，并在报纸上大肆宣传，结果营业额大大超过了圣诞晚宴。营销学运用得好，就不怕酒店需求下降了。

5．不规则需求与同步营销

酒店有着明显的淡季、旺季，客人的需求不规则。一般4月、5月、9月和10月为高峰（旺季），12月和1月为低谷（淡季）。饭店管理者必须通过灵活的价格策略及其他方法调节供求关系，实施与不规则的淡旺季同步的营销方案。例如，实行淡季价格与旺季价格：冬季养客，夏季吃客。

6．过度需求与压缩性营销

客人很多的季节，往往会出现饭店接待水平不高，忙不过来的现象。这种情况下，酒店的超负荷运转会大大降低服务质量。因此，必须通过提高价格，减少促销等手段，暂时或持续性降低客人的需求。

7．不健康需求与抵制性营销

例如，有的客人偏爱走台小姐、走台先生，以及赌博、吸毒等服务，酒店绝对不能为了满足这种不健康需求而为其提供服务，必须及时运用抵制性营销进行抵制（抵制清除本酒店的这种需求时应注意自己酒店的正常环境和气氛不受损害）。

8．充分需求与维护性营销

一些回头客对酒店很满意，酒店就采用维护性营销，使顾客更喜欢这里，如采用发会员卡、优惠餐券、赠送礼物等措施，投其所好。

目标二 酒店市场营销的演变

（一）酒店市场营销的发展过程

酒店营销的发展大致经历了4个时代：

第一个时代——数量中心时代：20世纪80年代，伴随着改革开放，海外游客蜂拥而至，而当时的接待能力明显不足，很多饭店把办公室都用来接待客人，那时的酒店，一个城市也只有那么几家。看到投资建酒店有利可图，于是大家争先恐后地建造酒店，一批批酒店拔地而起。努力地追求接待量的时代，就是我们所说的数量时代。

第二个时代——产品质量时代：原先是排队去酒店，无论是服务质量还是产品好坏都不重要，也没人去挑。现在则不同了，酒店越建越多，人们入住酒店开始有所选择，酒店之间也开始有了竞争。当时很多管理者都意识到了“要以质量求生存，以质量求发展”。于是努力提高产品质量被提到了日程，酒店进入质量时代。

第三个时代——企业形象时代：随着人们生活水平的不断提高，人们对酒店的选择也有了观念上的转变。人们去酒店消费，已不仅仅是为了有个地方住宿或填饱肚子，而是更上一层楼，开始讲究感觉和享受。酒店执业者开始注意到顾客的感受，尽量使顾客满意，努力树立酒店的良好形象。以往的拼“硬件”的时代已结束，酒店进入企业形象时代，需注重酒店品牌，注重酒店的社会影响等。“顾客永远是上帝”的名言由此产生。

第四个时代——定位时代：现今的酒店竞争，可谓激烈。除了要提高有形的产品、无形的服务的质量外，还应该想出更多的措施，才能使酒店立于不败之地，因为酒店进入了营销定位时代。随着入住酒店顾客的不断增多，他们的需求也日益多样化。一个酒店不可能同时满足这些多样化的需要，其产品只能针对有着类似需求的人群，才便于经营和成功地经营。酒店必须通过各种营销策略的实施给酒店以科学的定位，使酒店立于不败之地。但是，定位失误的例子比比皆是，例如，现如今很多大型酒店的营业额比不上经营有道的小饭店。

酒店经过的 4 个营销时代，说明酒店要成功地经营必须适应时代的发展。市场营销已经成为现今酒店经营管理的核心。酒店营销学不是简单普通的学科，而是现代酒店高层次经营管理者的必修课程。营销策略不当，即使经营者管理能力再强，也无法将酒店经营得好。

（二）酒店营销观念的演变

任何企业的经营活动都有一定的指导思想，酒店营销活动也是如此。酒店营销活动的指导思想，又称酒店营销观念，其经历了一个不断发展和演变的过程。

1. 生产导向观念

从整个世界酒店业发展过程来看，生产观念在第二次世界大战以前十分流行，直至 20 世纪 50 年代，生产观念仍占统治地位。长期以来，酒店接待能力都很小，而 20 世纪 50 年代世界旅游业骤然兴起，各国为适应旅游热潮，大力开办国际性大酒店。此时仍然属于卖方市场，酒店经营者只顾兴办酒店，加大接待能力，不考虑市场供求关系，整个市场处于生产观念阶段。在我国，改革开放前的许多年，酒店业一直处于供不应求的卖方市场局面。直至 20 世纪 80 年代以后，海外游客蜂拥而至，由于我国的接待能力很有限，仍处于卖方市场阶段，急需积极扩建酒店，提高接待能力，此时的酒店营销观念是以生产观念为指导。

在这种观念的指导下，酒店的一切经营活动都是围绕生产这一中心环节进行的。酒店经营者主要考虑的是如何生产和提供更多的产品来获取利润，如何降低产品的生产成本，如何不断采用新技术来提高饭店员工的工作效率等问题。它奉行的是“我生产什么,就卖什么”的思想。

生产导向观念由于过分强调生产而忽视顾客需求的变化，忽视市场行情的变化，从而严重地阻碍了酒店的长远经营和发展。

2. 产品导向观念

这种经营思想与生产导向观念并行。如果说生产导向观念注重“以量取胜”，那么产品导向观念则是强调“以质取胜”。这种观念以优质的、有特色的产品取得优势，比生产观念有所发展和进步。然而，若是只注重自己产品的品质优良，看不到市场需求的动态变化，不进行新产品的开发，终究会使自己陷于困境。

3. 推销导向观念

随着社会经济、旅游业的不断发展，酒店业也因此得到高速发展，并面临着竞争日趋激烈的局面。市场形势开始由原来的卖方市场向买方市场转化。旅游者可随意支配的收入及闲暇时间有了很大的增加，而对酒店产品的需求也产生了较大的变化，旅游者开始有了选择酒店的机会。这种形势的变化，迫使酒店经营者不能坐守酒店，等待顾客上门，而是采取积极主动的推销手段来招徕客人。酒店经营正是在这种形势下由生产导向阶段步入了销售导向的阶段。

从历史角度分析，20 世纪 20 年代开始，资本主义生产出现大量过剩，产品积压，同时由于劳动生产率的提高，市场上的商品供大于求，市场趋势由卖方向买方过渡，推销观念占了上风。在销售导向阶段，酒店以销售观念作为经营指导思想，奉行“我卖什么，你就买什么”

的经营思想。在这种观念的指导下，酒店会致力于组织销售队伍，使用各种强有力的推销手段，进行酒店产品的销售。例如，许多酒店开始努力搞好预订工作，主动与旅行社等中间商联系，争取客源；也有些酒店派推销人员到机场等去接客人；有些酒店则利用大众宣传媒介，如报纸、电视等进行广告宣传。

推销导向观念强调酒店的推销工作，这较之生产观念是一个进步。它认识到酒店除了提供数量更多、质量更好的服务外，还应组织人员去推销酒店产品，因为客人往往缺少对酒店产品的了解，特别是在酒店供大于求的时候。这种观念对酒店产品的销售和酒店经营起到了很大的作用，近些年来得到了很快的发展，并已成为酒店业竞争的一种手段。但销售观念往往忽视市场分析，忽视顾客的需求不断变化的事实，使其推销的目标带有一定的盲目性。因此，销售观念还不能保证酒店在越来越复杂而激烈的市场竞争中长期生存下去。

4．市场营销导向观念

市场营销观念从市场需求出发，按照目标市场的顾客需求去组织生产和销售产品，从长久的目标去占领市场。从“生产什么就销售什么”，转变为“市场需要什么就生产什么”。这种观念的中心是“顾客至上”，消费者需求才是企业生存和发展的唯一机会。作为一种现代企业经营哲学，酒店所有的营销活动都必须围绕着顾客需求进行，以顾客为中心。它产生于市场竞争激烈的形势下。它奉行“顾客需要什么，酒店就提供什么”的思想。

市场营销观念产生于第二次世界大战以后，尤其在 20 世纪 50 年代之后得以迅速发展。这一时期，供大于求的矛盾现状更加尖锐，市场竞争更加激烈，整个市场由卖方市场变成买方市场。这一时期，人们经过对市场的研究，总结企业经营实践，提出了市场营销观念，完成了市场经营思想的革命性演变。

进入 20 世纪 90 年代后，我国的酒店业出现了供大于求的局面，那种坐在店内等客人上门的形势一去不复返了。随着我国加入 WTO，酒店市场竞争更加激烈。因此，酒店必须实行以消费者需求为中心的经营策略，根据客人需求趋势，制订整体营销计划，使酒店的产品、价格、渠道、促销都适于市场营销观念，不断完善自己的产品。

概括地讲，营销观念作为一种现代经营思想，主要包括 3 方面的内容：

（1）以顾客为导向：是指酒店的所有营销活动都要以顾客为中心，围绕顾客全面展开。它要求酒店要对市场进行详尽的需求调研，选择适当的目标市场，并根据目标市场中顾客的需求来设计和提供服务产品。

（2）不断地满足顾客：酒店顾客的需求会随市场因素的变化而不断变化。当酒店原有的产品不能满足顾客需求的变化时，就要根据顾客的需求变化来进行调整、改进和完善。这是因为在现代市场条件下，酒店经营的成败取决于顾客。

（3）实现酒店营销目标：酒店营销观念强调在满足顾客需要的前提下，实现酒店营销目标。因此，酒店既要重视顾客需求的满足，又要保证自己营销目标的实现，两者不可分割开来。

5．社会、生态营销观念

这种经营思想的内容是：企业经营不仅要满足消费者的需求，而且要符合社会的长远利益，强调将企业利润、消费者需求、社会利益和生态环境相统一。

20 世纪 70 年代以后，西方国家兴起“保护消费者利益”运动。“保护主义”认为：单纯的市场营销满足了市场的眼前需求，却忽视了社会长远利益。只顾眼前需求，造成资源无限开发、环境污染、物资浪费，损害了社会和生态环境发展的长远利益。正是在这种背景下，人们提出了社会、生态营销观念。这种营销观念是社会经济、文化和社会运动发展的必然结果，是市场经营中先进的指导思想。

社会、生态营销观念在酒店市场上的运用是在20世纪80年代以后，人们提出酒店业的发展也不能只顾消费者的眼前利益，而必须符合社会发展的长远利益。例如，盲目发展酒店业，破坏了人们的正常生活方式，对人们的经济和心理造成巨大的压力；酒店以保护性动物作为菜肴材料等，都引起人们的广泛不满。

6．大市场营销观念

大市场营销观念是20世纪80年代以来市场营销观念的新发展，它是指导企业在封闭型市场上开展市场营销的一种新的营销思想，其核心内容是强调企业既要适应外部环境，又要在某些方面改变外部环境。这种概念的产生有着它的理论依据和实践依据。

从理论上看，依据系统的观念，企业应是一个开放的组织系统，其经营管理是与外界环境不断交换信息的过程。从这一观点出发，企业经营既受资源、市场等环境的影响和制约，又通过企业的市场营销活动传递信息，提供产品或劳务，来影响外部环境朝着有利于企业的方向发展。但是,一般的市场营销理论只看到了外部环境对企业市场营销活动影响和制约的一面，而为克服一般市场营销观念的局限，就导致了大市场营销观念的产生。

从实践中分析，大市场营销观念也正是企业在新的市场条件下试图改变外部环境的产物。20世纪80年代以来，世界上许多国家和地区加强了对经济的干预，实行贸易保护主义，出现了国家之间或地区之间的市场“壁垒”或市场封锁，使企业在进入目标市场时遇到了许多有形或无形的“障碍”，如提高关税、征收反倾销税、不友好的销售渠道、拒绝合作的态度等。这些问题的出现迫切需要一种新的战略思想来加以解决，于是大市场营销观念应运而生。

大市场营销观念与一般营销观念相比，具有以下两个特点：

第一，大市场营销观念打破了可控制要素和非可控制要素之间的分界线，强调企业营销活动可以对环境产生重要的影响，使环境有利于实现企业的营销目标。

第二，大市场营销观念强调必须处理好多方面的关系，才能成功开展常规的市场营销，从而扩展了企业市场营销的范围。

7．全球营销观念

全球营销观念是20世纪90年代市场营销观念的最新发展，它是指导企业在全球市场进行营销活动的一种崭新的营销思想。全球营销观念在某种程度上完全抛弃了本国企业与外国企业、本国市场与外国市场的观念，而是把整个世界作为一个经济单位来处理。

近年来，企业营销国际化已成为市场营销发展的主流趋势。但是，过去企业营销遵循的原则，首先是适应当地市场或本国市场的营销环境，然后再去区别其他国家市场特殊性与不同的需求，据此选择目标市场，制定出相应的营销战略去占领目标市场。因此，就其实质讲，国际营销是分散的。全球营销观念则突破了国界的观念，它要求企业的生产、流通等全部营销活动都从世界角度去考察，不局限于一件完整的产品都由一个企业独立的生产、分配，实现最终消费。全球营销观念强调营销效益的国际比较，即按照最优化的原则，把不同国家的不同企业组织起来，以最低的成本、最优化的营销去满足市场需要。

全球营销观念的形成及迅速发展是由全球营销环境的变化决定的。随着通信技术、情报技术、旅行热潮、购买力等在世界范围内的迅速发展，世界上消费者的需求与欲望也在同质化地发展。有研究表明，目前美国、日本、欧洲的6亿消费者的需求有惊人的趋同倾向。可以肯定，全球营销观念在今后的经济发展中，将为越来越多的企业，特别是被那些拥有国际竞争实力的企业所重视和运用。因为，随着国际经济联系与交往的密切化和世界规模企业的出现，以及全球营销的集中化和统一化，可以使企业大幅度地降低成本，提高整体营销效益。

目标三 我国酒店业发展趋势

（一）目前我国酒店业存在的问题

目前，我国酒店业存在的问题如下：

(1) 一大部分三星及三星以下级别的酒店尽管外界环境不错，但仍然长期处于亏损中。

(2) 另一小部分三星及三星以下级别的酒店销售良好，入住率很高，但酒店似乎发展到了瓶颈期，员工热情、销售业绩、服务质量都无法再上一个台阶。

(3) 大多数四、五星级酒店在行业内纵向比较，还算是略高一等，但在国际上横向比较，中国高档酒店在战略态势、管理精度、服务深化和全球运作方面和国际同等级酒店不可同日而语。我国的大多数四、五星级酒店的软环境只相当于国外三星甚至更低档次的酒店。

(4) 中国酒店业效率低下，运作及形式千篇一律，找不到差异化和多样性的轨迹，在国际竞争中附加值极其微薄。

(5) 中国本土酒店人才在素质与培养模式上与国际酒店人才存在较大差距，一个不可回避的现实是中国现有高级酒店管理人才70%来自国外，或者有过国外酒店培训经历。中国至今还没有真正意义上的专业酒店管理学院，也没有一个规范完整的酒店人力资源市场。

（二）我国酒店业未来的发展趋势

1. 政策导向

(1) 大力推进以节约能源为中心的绿色酒店的发展。倡导酒店节能，推广绿色酒店是酒店业发展的方向。在国外，20世纪70年代至90年代初，主要推广星级标准。20世纪90年代后期，欧洲、北美兴起了绿色酒店标准。绿色酒店以安全、健康、环保、节能、节水、节电为核心，倡导绿色消费，创造绿色效益，摒弃了传统的酒店行业拼硬件、高投入、低效率、低价格的竞争模式。推进绿色酒店的发展，循着国际酒店业的发展模式，引导正确、良性的酒店业竞争路径，是支持开发与节约并重，逐步构建节约型的住宿产业结构和消费结构的根本途径，更是贯彻“以人为本，全面发展”的科学发展观，发展循环经济在酒店业的具体体现和实践创新。

在我国，绿色酒店标准明确分为A级到5A级共5个等级，用具有中国特色的“银杏叶”作为标志。发展绿色酒店，扩大绿色消费，每年一个主题。例如，2005年的主题是“资源节约”，国家在全国开展以“资源节约”为中心的绿色酒店活动，主要做好3方面的工作：一是在中宣部、国家发改委、商务部的支持下，加大力度宣传贯彻绿色酒店行业标准，宣传资源节约型先进企业，形成全行业节约资源的良好氛围，开展以资源节约为核心的审核员培训，继续推进绿色酒店的人才支持体系建设；二是召开以资源节约为主题的中国绿色酒店论坛，表彰绿色酒店先进单位和先进个人，颁发中国绿色酒店环境奖、中国绿色酒店创新奖、中国绿色餐饮奖和首批中国酒店业绿色供应商；三是召开中国首届绿色酒店管理者代表年会，为绿色酒店构建资源节约的有效机制，以推动绿色酒店的纵深化发展。

（2）大力推进经济型连锁酒店的健康发展。

经济型酒店不同于星级酒店，也不同于传统旅馆，是住宿业的新产品。它主要有 3 个特点：一是有限服务，一般只提供简洁干净的客房和早餐（B+B），不像其他星级酒店有配套的娱乐设施、西餐和宽敞的大厅；二是比较适合的性价比，在上海、北京这两个城市，一般普通间是 150 ～ 200 元，在其他城市一般是 100 元左右一间；三是属于资源节约型酒店，经济型酒店一般由总台、客房、餐厅三要素组成，复印、打字、传真等商务活动由总台代劳，规模都在 100 ～ 120 间，人员控制在 100 个房间配备 30 ～ 35 人，一般管理人员基本上也担当一线服务员，运营成本比较经济。为此，今后国家将大力扶持经济型酒店发展。

为确保经济型酒店的健康发展，国家强调重点要做好 3 方面工作：一是商务部要出台全国经济型酒店发展指导意见，明确经济型酒店发展的方向，培育经济型连锁品牌酒店；二是出台经济型酒店国家标准，明确经济型酒店的业态范围基本功能和运营方式；三是成立中国酒店协会经济型酒店专业委员会，召开第二届中国经济型酒店论坛及品牌交流展示活动，搭建广大经济型酒店企业全方位的服务和交流平台，推动全国经济型酒店市场成熟，促进品牌成长，规范和引导经济型酒店市场的发展；四是培育现代经济型酒店管理人才。随着经济型酒店的高速发展，尤其是许多品牌经济型酒店都以翻番的速度扩张，直接面临的问题是管理人才缺乏，协会将在几个大区分批开办经济型酒店总经理（店长）培训班，为经济型酒店的发展培养一批高质量的管理人才。

2．发展趋势

随着知识经济时代的到来和中国加入 WTO，中国的酒店业面临许多新的机遇，当然也面临着许多新的挑战。如何认清形势，把握方向，对于中国酒店业而言是至关重要的。面对变化的环境，中国酒店业将呈现以下发展趋势：

（1）酒店管理向人性化方向发展。在知识经济时代，人才不仅是生产要素，更是企业宝贵的资源，尤其是酒店企业，其产品和服务质量的决定因素关键在于人才资源。因此，酒店企业将会更多地采用以人为本的管理方式来密切企业与员工的关系。人本管理不是以规范员工的行为为终极目标，而是要在酒店企业内部创造一种员工自我管理、自主发展的新型人事环境，充分发挥人的潜能。因此，未来的酒店企业将会更加注重提高员工的知识含量。在人员培训上，将会以一种“投资”观念舍得较大投入。在酒店企业内部，将会建立一套按能授职、论功行赏的人事体制，通过员工的合理流动，发挥员工的才能；通过目标管理，形成一套科学的激励机制，让员工做到自主自发；通过酒店企业文化，利用文化的渗透力和诉求力，培养忠诚员工，确保酒店企业人力资源的相对稳定。

（2）酒店工作人员的职业化。目前对于酒店企业而言，已经形成一套相对成熟的运行机制和管理机制，专业化管理的水平要求不断提高，对专业的酒店从业人员，尤其是管理人员提出了一种挑战，要求有一种国际型、创新型、复合型的职业经理群体。在这种背景下，职业酒店人应运而生。他们一般具备丰富的酒店管理经验、优良道德品质、优秀的经营意识、良好的心理素质、宽阔的知识结构，凭借这些资本，他们将会成为各大酒店趋之若鹜的追求目标。为强化从业人员的责任意识和风险意识，年薪制将会成为新世纪酒店的主要特征之一，它将个人收入的高低和酒店收益的高低直接挂钩，使得个人和企业成为息息相关的命运共同体。为培育更多的优秀职业酒店人，酒店企业在对人力资源进行开发时，应根据市场的实际需求而灵活调整培训方式、培训重点，除了加强一般的酒店管理知识外，还应分析、学习国际化的管理经验，并进行创新能力的开发和锻炼，培养一专多能的复合型人才。

（3）酒店发展的可持续化。目前，酒店业的发展过程中也存在着很大的浪费，考虑到社会和顾客的长期利益，酒店将逐步走上一条可持续发展的道路。它要求酒店企业在发展过程中，不应以追求短期、狭隘的利益作为行为导向，而应具备强烈的社会意识和环保意识，讲义求利，考虑到顾客、酒店、员工、社会等各个方面的利益，将酒店企业利益、顾客的利益与整个社会的长期利益作为酒店发展的最终目标。可持续发展对于酒店行业来说是一种趋势，也是一种社会责任。可以预见，21 世纪将会出现大量的绿色酒店。节约能源，减少消耗，保护环境，倡导绿色消费，提供绿色服务，将成为我国酒店业发展的重要战略。

（4）酒店市场竞争的品牌化。随着酒店服务对象的日益成熟，感性消费时代的来临以及酒店市场的日趋规范化，在全球经济一体化的大背景下，国际上拥有著名品牌的酒店集团开始大量登陆中国酒店市场，中国酒店业将进入品牌竞争的时代。品牌竞争是以客人的满意度、忠诚度和酒店的知名度、美誉度为核心的竞争，其关键是如何把握消费时尚，抓住消费者的心理，打动消费者，把自己的品牌植根于消费者的心目中。所以，品牌竞争实际上就是通过消费者的满意最大化达到市场份额和经济效益的最大化。

品牌竞争要求酒店企业必须增强品牌意识，注重品牌的设计和推广，坚持以过硬的质量作为品牌竞争的基础，以独特、新颖、鲜明、引人入胜的形象作为品牌竞争的标识，以灵活多变的公关宣传作为品牌拓展的手段，以合理的价格作为品牌含金量的尺度，并以深厚的文化底蕴作为品牌的生命，从而在消费者的心目中确立酒店的品牌形象。

（5）酒店服务的定制化。所谓定制化服务模式，就是酒店为迎合消费者日益变化的消费需求，以针对性、差异化、个性化、人性化的产品和服务来赢得市场的服务模式。这种服务模式的基本特征是：第一，酒店充分理解客人的需求，即以客人的需求作为服务的起点和终点。既要掌握客人共性的、基本的需求，又要分析研究不同客人的个性需求；既要注意客人的静态需求，又要在服务过程中随时注意观察客人的动态需求；既要把握客人的显性需求，又要努力发现客人的隐性需求；既要满足客人的当前需求，又要挖掘客人的潜在需求。第二，个性化，即酒店要强调一对一的针对性服务。第三，人性化，即强调用心服务，真正体现一种真诚的人文关怀精神。第四，极致化，即在服务结果上追求尽善尽美，要求做到尽心和精心。

切实贯彻定制化服务模式，就要求酒店企业应深入细分客源，根据自身的经营条件选准客源市场中的一部分作为主攻对象；通过建立科学的客史档案，灵活提供各种“恰到好处”的服务；强化客源管理，并以独特的主题形象深入人心，在充分理解顾客需求、顾客心态的基础上，追求用心极致的服务，同顾客建立一种稳定的、亲近的关系。

（6）酒店营销的网络化。营销网络化是指酒店在开展营销活动时，要综合利用“关系网络”和“互联网络”，通过“人工网络”和“电子网络”的互补，全方位构建酒店企业的营销网络。

“关系网络”营销区别于原先的营销方式，较好地考虑了中国国情。传统的营销活动突出的是顾客和酒店双方交易行为的金钱色彩，而忽略了双方之间的感情色彩，而“关系网络”营销方式将营销的重心转移到如何吸引更多的宾客重复使用或购买酒店的产品或服务。它注重巩固酒店和这些宾客的关系，以建立长期的交易关系作为营销的目标。可见，它将酒店从片面追求短期效应的圈子中解放出来。“关系网络”营销的基础是酒店向顾客提供各类附加利益，以附加值来增加酒店产品的价值。在酒店经营管理过程中，酒店应把客人个性的需要看做增加价值的机会，而不是对正常工作的扰乱；酒店还可以通过减少顾客消费总成本的方法来增加客人的满意程度，如减少顾客的货币成本、时间成本、体力成本和精神成本等。

随着知识经济时代的到来，电子技术、计算机技术、网络技术开始介入酒店企业的各项活动，尤其是在营销领域，互联网络的出现将给酒店业的营销活动注入更新的活力。所谓“互联网络”营销，是指酒店企业借助联机网络、计算机通信和数字交互式媒体的威力来实现营销目标。它是一种以消费者为导向、强调个性化的营销方式，适应了定制化时代的要求；它具有极强的互动性，是实现企业全程营销的理想工具；它还能极大地简化顾客的购买程序，节约顾客的交易成本，提高顾客的购物效率。同时，网络化营销更多地强调酒店应借助于电子信息网络，在全球范围内拓展客源，为酒店企业走向世界提供基础。现代酒店应充分发挥互联网络的互动优势，灵活开展网络营销，促进酒店业持续发展。

（7）酒店组织结构的扁平化。传统的酒店组织体系显要特征之一是层级分明、中间层次过多，酒店企业从上到下，通过严格的分工，形成多层级的垂直体系，由此导致的直接后果一是人员虚设，职责不明；二是严重影响企业内部各类信息的畅通流转，因为酒店企业内的每一个层级都会成为信息的过滤器，酒店企业层次过多，三角形高度越大，酒店的有关信息在通过这些层级时，往往会出现失真现象。而扁平化的组织机构的特点是酒店企业的组织结构从顶端到底部的层级数量减少，组织的管理幅度加宽，使得酒店组织结构由“高深”变得“扁平”。同时，由于一线员工是客人和酒店接触的“关键点”，直接决定酒店的服务质量和客人的满意程度，因此，在扁平化组织结构中，适当扩大了一线员工的权限。通过这样的结构改革，首先有利于精简人员，充分发挥在岗人员的积极性；其次，信息在这样扁平化的组织结构中流转时，由于中间环节减少了，信息准确性也得到了相应的保障；再次，这种组织结构符合时代要求，能及时为客人解决各类问题，提供各种快捷、优质的服务。因此，酒店应加强内部改革，精简人事，适当放权。但是，在扁平化的组织结构中，由于管理人员的管理幅度变宽，要求管理者具备更强的管理能力以及相关知识，这也对酒店从业人才提出了一种挑战，由此产生酒店人员职业化的发展趋势。

（8）酒店产业组织的集团化。多年以来，我国酒店业的发展一直走互不干扰、各自为政的发展模式，这样导致的直接后果是企业发展缺乏底气，从根本上削弱了酒店业的整体生产力。目前，国外知名酒店集团以“联合舰队”的态势直逼中国酒店市场。面对这种国内市场国际化、国际竞争国内化的竞争现状，我国酒店应转变观念，走集团化发展道路，充分发挥各自设备、信息、人才、技术、资本、网络等优势，形成合力，发挥规模经济的效用。

（9）酒店设施设备的科技化。在知识经济时代，科技成为酒店企业生存和发展的资本。为满足现代人“求新奇、求享受、求舒适”的需求，酒店企业将会更多地应用各类新科技、新知识，强化现代企业的智能个性。

首先，酒店企业可利用新科技加强酒店企业的信息管理。在以信息为主要驱动力量的现代社会，酒店企业可通过互联网拓展酒店形象信息，收集来自全球的各类所需信息，满足顾客对信息的强烈渴求。

其次，酒店企业可利用新科技加强酒店企业的服务能力。随着我国经济的继续稳步增长和中国酒店餐饮业的迅猛发展，酒店产品的市场规模与经济增长同步，保持稳定增长状态。

再次，随着科学技术水平的进一步提高，以及用户对酒店产品认识和要求的不断深入，酒店用品的专业化程度将越来越强，科技含量也会越来越高。

最后，因为酒店用品市场规模庞大，已经显示出诱人的前景，所以在未来将会吸引更多商家的进入，而由此带来的直接后果将是这个市场上的竞争会更加激烈，新的科技成果将会被更快、更多地运用。

能力培养训练

（一）背景材料

大连希尔顿酒店的宽带应用

大连希尔顿酒店以其优雅的环境、高品质服务和先进的设施渐负盛名，在竞争中始终处于前列。为了保持自己的优势，保证在现代化竞争中不败，他们把目光投向了宽带网络服务。在酒店客房上网的客人，不可能像专业人员那样去设置诸如 IP 地址、子网掩码、网关等参数，他们需要即插即用的宽带服务，大连希尔顿是怎样实现的呢？

目前，适合酒店的宽带技术有 4 种，无论采用哪种技术，适合酒店的产品必须是：① 提供直接的以太网接口；② 能够安全有效地隔离各个客房；③ 无须在客人的计算机上安装驱动程序、客户端软件。在明确了目标之后，大连希尔顿酒店慎重地选择了 Dr.COM 宽带上网计费管理系统。

对于大连希尔顿酒店来说，客房客人的流动性大，客人计算机水平不一，安排专门的技术人员为客人设置数据、指导上网，会增加酒店的运营成本。Dr.COM HANcharge 计费服务系统能实现傻瓜式的即插即用，用户无须更改终端的任何配置（包括 IP 地址、网关、DNS、代理等），插上网线，打开浏览器，即可上网，做到即时计费、即时出账、实时的账单镜像，在客人关机或暂时拔掉网线即停止 / 暂停计费。

希尔顿酒店实施建设的 Dr.COM HANcharge 系统可针对酒店的 PMS 统一接口，实现宽带使用费的统一计算和收取。利用该系统，希尔顿酒店实现了支持酒店的多种业务模式，涵盖酒店运营的各个方面，如支持上网设备租赁（PC、无线网卡、PDA 等），针对长包房 / 写字间、网吧 / 商务中心、行政房 / 酒店办公网络等不同环境下接入的价格策略等。

Dr.COM HANcharge 系统还为希尔顿酒店提供了多种宽带接入方式和协议（IEEE 802.3 Ethernet、ADSL、VDSL、HomePNA、Wireless LAN、HFC 等），计费方式（如基于时间、流量、带宽、服务内容等）亦可灵活掌握，实现了与希尔顿的 PMS 酒店管理系统对接，并能与酒店的运营支撑系统（BOSS）实现无缝连接。

而通过 SMTP 代理，入住大连希尔顿酒店的境外客人也可以畅通无阻地发送邮件；通过网络地址映射（NAT）功能，可支持客人对 VPN、Netmeeting 等应用的需求。除此之外，系统提供的用户自服务（Self Service）项目包括用户费用查询、密码修改、选择定制等多方面的体贴服务，并为客人提供了信用卡、贵宾卡、预付费上网卡等多种付费方式。

如何在保证为客人提供优质服务的同时，让酒店从宽带运营中赚取利润，是酒店实施宽带网络建设时另一个重点考虑的问题。大连希尔顿酒店实施建设的 Dr.COM HANcharge 宽带计费系统，其酒店端软件功能模块齐全，可独立于 PMS 运行在酒店前台或商务中心，也可作为后台，通过 RS-232 与 PMS 方便地连接，达到了统一账单的效果。而安装在希尔顿酒店 Internet 出口的 Dr.COM HANcharge 网关，提供了非常实用的“即插即用”功能，在简化客人上网手续的同时，实现了酒店宽带计费管理与酒店运营成本的大幅度降低。

当前，酒店行业在宽带蓬勃发展的今天遇到了新的机遇和挑战，场地特殊性、入住临时性、用户流动性等特点对酒店服务水准提出了更高要求。通过采用城市热点的 Dr.COM 宽带计费运营支撑系统，大连希尔顿酒店不但满足了客人的应用需求，而且让酒店和运营商同时获得了新的盈利点，并为酒店和运营商带来了一整套的宽带网络运营思路。

（二）训练目的

（1）通过训练，使学生更好地理解酒店市场营销概念、特征、任务及酒店市场营销观念的演变过程等理论知识。

（2）通过训练，培养学生对有关酒店市场做需求分析，明确营销任务和正确的营销观念的选择等学以致用的能力。

（3）通过训练，培养学生独立分析问题的能力、创新能力与团队合作能力。

（三）训练内容与步骤

训练内容：

（1）希尔顿酒店作为国际大型连锁酒店，在竞争中把目光投向了宽带网络服务，主要原因是什么？

（2）随着消费者市场社会意识的增强，企业应如何调整营销观念？

（3）如果你是大连希尔顿酒店的营销人员，你将会如何利用网络优势进行营销？

训练步骤：

（1）个人分析回答第（1）、（2）个问题，分析思考第（3）个问题。

（2）小组内成员之间就第（3）个问题进行讨论。

（3）小组之间就第（3）个问题开展讨论交流。

（四）学习评价

依据每个小组内每个人的表现情况，以及小组内互评、组间互评和老师的评价，确定个人能力水平和努力方向。评价细则如表 1-1 所示。

表 1-1　评价细则

内容			评价		
学习目标		评价内容	小组互评	组间互评	教师评价
专业知识	应知应会	简述酒店市场营销概念	Yes　No	Yes　No	Yes　No
		简述酒店市场营销观念的演变	Yes　No	Yes　No	Yes　No
		分析酒店市场营销观念本质	Yes　No	Yes　No	Yes　No
		了解未来酒店业发展的主要趋势	Yes　No	Yes　No	Yes　No
专业能力	1．掌握酒店市场营销的内涵 2．了解酒店营销观念的演变 3．明确市场营销观念的本质	明确恰当选择市场细分的标准和方法	Yes　No	Yes　No	Yes　No
		运用所学知识，判断酒店营销应遵循的营销观念，并能够进行营销观念的动态调整	Yes　No	Yes　No	Yes　No
		具备一定应用能力，能够根据酒店营销的需求状况，确定酒店营销的任务	Yes　No	Yes　No	Yes　No
通用能力	组织能力		Yes　No	Yes　No	Yes　No
	沟通能力		Yes　No	Yes　No	Yes　No
	解决问题能力		Yes　No	Yes　No	Yes　No
	自我管理能力		Yes　No	Yes　No	Yes　No
	创新能力		Yes　No	Yes　No	Yes　No
态度	宽厚近人，高度责任感		Yes　No	Yes　No	Yes　No
努力方向：			建议：		

单元二

酒店市场调研与计划

酒店经营管理者在制定营销战略与营销策略之前，必须经过严格而周密的市场调研。企业要充分进行市场分析、企业现状分析、机会和威胁的分析，才能制定出科学的营销决策。酒店市场调查为酒店企业经营决策提供依据，有助于酒店企业开拓市场，开发新产品，有利于酒店企业在竞争中占据有利地位，促进企业经营管理的改善，增强销售，增加盈利。

学习目标

1. 能够进行酒店市场调查分析；
2. 能够撰写酒店市场调查报告；
3. 能够制定酒店市场营销计划。

目标一 酒店市场调查分析

一个酒店企业要想在竞争中生存下去，市场营销活动是必不可少的，市场营销中一个基础的环节就是了解市场、分析市场。而要做到充分有效的了解市场，其中一个最重要的方法就是市场调查。

酒店市场调查不是简单地搜集情报、信息的活动，为了在时间和经费有限的情况下，获得更多、更准确的资料和信息，就必须对调查的过程进行科学的安排。采用什么样的调查方式，选择谁作为调查对象，问卷如何拟订才能达到既明确表达意图，又能被调查者易于答复的效果，这些问题都是酒店经营者要认真思考的。只有这样才能帮助酒店企业利用与管理好市场信息，并制定出正确的营销决策。

案例介绍

玛里奥特与市场调查

玛里奥特公司是当今世界著名酒店连锁集团之一。这家公司是从餐饮业起家的，至今仍是美国餐饮界规模仅次于麦当劳公司的第二大宴会承包商。玛里奥特的成功与其市场调查和分析渊源甚密。

早在玛里奥特夫妇创业时，美国的商界市场尚不健全，只要有勇气、肯吃苦，到处都有机会。但当小玛里奥特（比尔）接管父母创下的基业时，美国的市场已经相当完善了。在缜密的市场调查基础上，比尔独辟蹊径，及时进行经营转向，发扬光大了家族产业。

1927 年，玛里奥特夫妇在华盛顿开了一家生啤酒店。华盛顿的夏季又炎热又漫长，常有人向这家生啤酒店购买软饮料。于是，玛里奥特夫妇增加了冷饮服务。但是华盛顿的冬季也一样漫长，对于冷饮业来讲这无疑是一个难熬的淡季。所以，夫妇俩又增加了华盛顿地区从未有过的墨西哥小食品来维持冬季的生计。

这家名为“红火商店”的小餐饮馆的生意的确红火起来，它那风味独特的精美食品和充满家庭气氛的环境，吸引了许多食客。到 1929 年，红火商店公司正式成立了。

为了扩大业务范围，1937 年玛里奥特夫妇第一次跨出门市经营的方式，为华盛顿老机场胡佛航空港向东方航空公司、美国航空公司等航空客运公司的大型航班供应快餐盒饭。在机场获得成功后，夫妇俩又在 1939 年赢得了向美国财政部大楼供应盒饭的合同。到 20 世纪 50 年代，这种盒饭业务又扩大到华盛顿儿童医院。红火商店公司还开设了 5 家较大的餐馆。1957 年，玛里奥特夫妇再度进入新行业，他们在弗吉尼亚州开设了玛里奥特汽车旅馆，首次进入酒店业，并有了一定的发展。

玛里奥特夫妇于 1964 年把公司交给儿子比尔经营，此时的红火商店公司共拥有 45 家餐馆、4 家大型酒店。比尔接手公司后，建立了市场调查部门，要求其开展活动提供决策信息。有了这一部门的支持，他的决策更为妥当。

研究了市场状况之后，比尔决定把发展重点集中在酒店业上，认为酒店业这种综合性行业，既能促进餐饮业又可促进房地产业，是“一次投资、多渠道赚钱”的好买卖。经过连续 6 年的兴建与收购，比尔把公司酒店业的规模扩大了 4 倍，使公司在收入和利润上都超过了希尔顿酒店。

红火商店公司在餐饮业的发展也未停顿。自从 1966 年买入一家委内瑞拉飞机食品供应公司后，红火商店公司拥有了海外业务。公司还在美国买入 22 家“胖小子”连锁餐厅以及罗伊·罗杰斯快餐公司。1967 年，公司更名为玛里奥特公司。

当 20 世纪 70 年代末期出现经济衰退的现象时，玛里奥特公司在酒店业上的发展步伐出现了短暂的停顿。比尔为保险起见，在酒店业投资上持观望态度。在市场调查部门的建议下，他把资金转向餐饮业，买下了著名的吉诺连锁餐饮公司。后来，玛里奥特又买进了在机场经营食品、饮料和其他商品的霍斯特国际公司，成为该行业中规模最大的公司。

在观望了几年后，比尔发现单凭高档饭店难以维持当年 17% 的客房增长速度。而从报纸上看，顾客似乎对中档饭店的服务充满抱怨的情绪。比尔决定闯入潜力庞大、困难与机遇同样多的中档饭店市场。他给市场调查部门下达了专门任务：准确查出顾客为什么花钱不多还抱怨？为了省钱他们到底愿意放弃哪些服务待遇？

在这次市场调查过程中，玛里奥特公司既使用了二级研究（主要是竞争对手分析），又使用了初级研究（即直接的顾客市场调查），还运用了 4 种初级信息的采集方式：实验（通过在某地建立样品旅馆来探知市场情况）、观察（观察顾客的反应）、调查（对主要的细分市场进行研究和使用聚类分析来调查顾客所喜好的产品特征）以及模拟（房屋模型）。

经过 3 年市场调查和分析，玛里奥特公司于 1983 年推出了中档旅馆“庭院酒店”。第一庭院酒店建在亚特兰大。整个酒店为两层楼，共有 150 个房间。

庭院酒店的成功，给玛里奥特公司酒店业注入了活力，同时也带来了新的启示：顾客更注重在舒适的环境中自由自在地生活，而不需要饭店强加的服务。故此，玛里奥特公司在 20 世纪 80 年代中期又打入了豪华公寓市场。

就在这些新酒店、新公寓红红火火地发展之际，比尔又组织了一次新的市场调查，开始对老龄化问题日益突出的社会现状进行研究。经过数年调查后，玛里奥特公司着手兴建“老年社区”，目标顾客是那些无人照料的退休老人。以前，这类老年服务都被一些福利性非营利性组织所经营，但由于资金不足、条件有限，许多老人得不到很好的照顾，更多的老人无缘进入其中。而营利性、公寓性的老年社区解决了这些矛盾，经 1988 年试营业后大受欢迎。为此，玛里奥特公司决定在 20 世纪 90 年代建成 150 个老年社区。

相关知识

（一）酒店市场调查概述

1. 酒店市场调查的概念

酒店市场调查是指酒店企业通过有目的的对一系列资料、情报、信息的收集、筛选、分类和分析，来了解现有的和潜在的市场，并以此为依据做出经营决策，从而达到进入市场、占有市场并取得预期效果的市场营销活动。酒店市场调查是酒店企业开展经营活动的前提。

2. 酒店市场调查的原则

(1) 时效性原则：市场调查的时效性表现为应及时捕捉和抓住市场上任何有用的情报、信息，及时分析、及时反馈，为酒店适时地制定和调整策略创造条件。

(2) 准确性原则：市场调查收集到的资料必须体现准确性原则，对调查资料的分析必须实事求是，尊重客观实际，切忌以主观臆造来代替科学的分析。同样，片面、以偏概全也是不可取的。有准确的信息作为依据，才能瞄准市场，看清问题，抓住时机。

(3) 系统性原则：市场调查的系统性表现为应全面收集有关酒店经营方面的信息资料。既要了解酒店的经营实际，又要了解竞争对手的有关情况；既要认识到其内部机构设置、人员配备、管理素质和方式等对经营的影响，也要调查社会环境的各方面对酒店企业和消费者的影响程度。

(4) 经济性原则：市场调查也要讲求经济效益，力争以较少的投入取得最好的效果。

(5) 科学性原则：市场调查不是简单地搜集情报、信息的活动。为了在时间和经费有限的情况下，获得更多更准确的资料和信息，就必须对调查的过程进行科学的安排。

(6) 保密性原则：一是为客户保密，二是为被调查者提供的信息保密。

（二）酒店市场调查的内容

市场调查的内容涉及市场营销活动的整个过程，主要包括：

1. 市场宏观环境调查

市场宏观环境调查主要包括经济环境、政治环境、社会文化环境、科学环境和自然地理环境等。具体的调查内容可以是市场的购买力水平，经济结构，国家的方针、政策和法律法规，风俗习惯，科学发展动态，气候等各种影响市场营销的因素。

2. 顾客需求调查

顾客需求调查是酒店市场调查的核心内容。调查的主要内容包括顾客需求量调查、收入调查、结构调查、行为调查，包括顾客为什么购买、购买什么、购买数量、购买频率、购买时间、购买方式、购买习惯、购买偏好和购买后的评价等。

3. 市场营销活动调查

市场营销活动调查主要包括酒店产品、服务、价格、渠道、促销的调查。产品调查主要有了解酒店市场上新产品开发的情况、设计的情况、消费者使用的情况、消费者的评价、产品生命周期阶段情况等。服务调查主要是顾客对服务内容、质量的评价，主要竞争对手服务的内容与质量如何等。产品的价格调查主要有了解消费者对价格的接受情况，对价格策略的反应等。渠道调查主要包括了解渠道的结构、中间商的情况、顾客对中间商的满意情况等。促销活动调查主要包括各种促销活动的效果，如广告实施的效果、人员推销的效果、营业推广的效果和对外宣传的市场反应等。

4. 酒店竞争情况调查

市场竞争情况调查主要包括对竞争企业的调查和分析，了解同类酒店企业的产品、价格等方面的情况，他们采取了什么竞争手段和策略。包括：

(1) 竞争对手的产品核心优势。

(2) 竞争者产品与服务的价格。

(3) 竞争者所占的市场份额。

(4) 竞争者的经营能力与市场营销计划。

(5) 竞争者对分销渠道的控制程度。

(6) 竞争者对市场的控制能力。

(7) 竞争者产品的欠缺。

(8) 顾客的需求还有哪些未在竞争者的产品与服务中得到满足，等等。

(三) 酒店市场调查的程序

市场调查的全过程可划分为调查准备、调查实施和结果处理 3 个阶段，每个阶段又可分为若干具体步骤。

1. 调查准备阶段

这个阶段主要解决调查目的、范围和调查力量的组织等问题，并制订出切实可行的调查计划。具体工作步骤是：

(1) 确定调查目标，拟定调查项目。

(2) 确定收集资料的范围和方式。

(3) 设计调查表和抽样方式。

(4) 制定调查计划。

2. 调查实施阶段

这个阶段是整个市场调查过程中最关键的阶段，对调查工作能否满足准确、及时、完整及节约等基本要求有直接的影响。这个阶段有两个步骤：

(1) 对调查人员进行培训，让调查人员理解调查计划，掌握调查技术及同调查目标有关的经济知识。

(2) 实地调查，即调查人员按计划规定的时间、地点及方法具体地收集有关资料，不仅要收集第二手资料（现成资料），而且要搜集第一手资料（原始资料）。实地调查的质量取决于调查人员的素质、责任心和组织管理的科学性。

3. 分析总结阶段

这个阶段的工作可以分为以下几个步骤：

(1) 资料的整理与分析。即对所收集的资料进行“去粗取精、去伪存真、由此及彼、由表及里”的处理。

(2) 撰写调查报告。市场调查报告一般由引言、正文、结论及附件 4 部分组成。其基本内容包括开展调查的目的、被调查单位的基本情况、所调查问题的事实材料、调查分析过程的说明及调查的结论和建议等。

(3) 追踪与反馈。提出调查的结论和建议后，不能认为调查过程就此完结，而应继续了解其结论是否被重视和采纳、采纳的程度、采纳后的实际效果以及调查结论与市场发展是否一致等，以便积累经验，不断改进和提高调查工作的质量。

(四) 酒店市场调查的方法

1. 资料调查法

资料调查法是从各种公开的文献档案中收集资料的调查方法，也称间接调查，国外又称桌面调研、第二手调研。资料调查的资料来源包括：

（1）内部资料来源：是酒店企业经营活动的各种记录，主要包括酒店的业务资料、统计资料、财务资料和酒店积累的其他资料等。

（2）外部资料来源：国际组织与政府机构资料、行业协会资料、各种信息咨询机构资料、其他各种大众媒介资料、图书馆各类资料等。

2．询问调查法

询问调查法是调查人员以询问为手段，从调查对象的回答中获得信息资料的一种调查方法。询问调查法是市场调查中最常用的一种方法。在实际运用中，按询问的方法不同，可分为：

（1）面谈询问法：是调查人员通过与被调查者面对面交谈询问，获取市场信息的方法。

（2）电话询问法：是指通过电话向被调查者询问有关调查内容和征询市场反映的一种调查方法。

（3）邮寄询问法：是指将印制好的调查问卷或调查表格通过邮局寄给选定的被调查者，由被调查者按要求填写后再寄回，然后对寄回的资料进行整理分析，获取市场信息的一种调查方法。

（4）留置询问法：是指调查者将印制好的调查问卷当面交给被调查者，说明调查意图和要求，由被调查者自行填写回答，再由调查者按约定日期收回，以获取资料的一种调查方法。

（5）网上问卷法：是将问卷在网上发布，被调查对象通过 Internet 完成问卷调查。网上问卷调查一般有两种途径：

一种是将问卷放置在 WWW 站点上，等待访问者访问时填写问卷。这种方式的好处是填写者一般是自愿性的，缺点是无法核对问卷填写者的真实情况。为达到一定问卷数量，站点还必须进行适当宣传，以吸引大量访问者。

另一种是通过 E-mail 方式将问卷发送给被调查者，被调查者完成后，将结果通过 E-mail 返回。这种方式的好处是，可以选择性地控制被调查者，缺点是容易遭到被访问者的反感，有侵犯个人隐私之嫌。因此，采用该方式时首先应争取被访问者的同意，或者估计被访问者不会反感，并向被访问者提供一定补偿，如有奖回答或赠送小件东西，以降低被访问者的敌意。

3．观察调查法

观察调查法是指调查者在现场对被调查对象的情况直接观察，以取得市场资料信息的一种调查方法。一般来说，调查者不与被调查者直接接触，而是借助于某些摄像设备或仪器，跟踪、记录和考察被调查者的活动和现场事实，来取得某些重要的市场信息。具体方法可分为人工观察法和机器观察法。

4．实验调查法

实验调查法就是在调查过程中找出影响调查目的的诸多因素中的一两个因素，将它们置于模拟环境中进行小规模的实验，然后对调研的结果做出分析、判断，以供决策的一种信息收集的方法。实验调查法分为两种 ：

（1）无控制组的事前事后对比实验。这是一种最简单的实验调查法，它是在不设置控制组（对照组）的情况下，考察实验组在引入实验因素前后量的变化，从而测定实验因素对实验对象（调查对象）的影响。

（2）有控制组的事前事后对比实验。这是最复杂也是最科学的一种实验调查法。它是指控制组事前事后同实验组事前事后之间进行对比的一种实验调查方法。

（五）酒店市场调查问卷的设计

1. 酒店市场调查问卷概述

(1) 问卷：是询问调查中使用的以问题的形式系统地记载所需要调查的具体内容，以了解被调查对象的反应和看法，并以此获得第一手资料和信息的一种书面文件。

(2) 问卷设计：就是设计人员在明确某项调查的目标、确定询问调查的方法之后，将需要调查的内容细化为具体的问题，采用与调查内容、调查方式、调查对象相适应的提问方式和问句形式，并按照一定的逻辑顺序将问句系统地排列组合，并最终印成书面的文件所进行的一系列工作。

(3) 问卷设计的原则

① 紧扣目标的原则。

② 合乎逻辑的原则。

• 整个问卷的问句设计要有逻辑性。
• 单个问句也要具有逻辑性，不能发生逻辑上的谬误。
• 要根据不同的受访者，设计问句排列的逻辑顺序，以适合他们的思维习惯。
• 要根据问句的难易程度，设计问句排列的逻辑顺序。

③ 易于回答的原则。

• 问题的难度要适应受访对象的理解能力、接受水平和心理特征。
• 问题要单纯明快。
• 要用具体的，事实性的问句来提问。
• 问句的语气也要设计得亲切、自然、温和、悦耳、有礼貌。
• 为了方便受访者理解某些关键性的问题，可以设计和制作一些提示卡片，配合使用，作为提问的辅助手段。

④ 便于统计的原则。

• 必须使问句的设计尽可能单纯化，一个问句只问一个问题，避免复合性的问题。
• 对一些能够量化的问题，则尽可能采用分类分级的方法列出明确的数量界线，使得所得到的资料便于分析。
• 对于不易把握的受访者的态度性问题，则可以采取态度测量表。

⑤ 保持中立的原则。

• 在问卷设计中，设计人员应当时刻保持中立的立场，所设计的问句应当是中性的。
• 在设计问卷时，选用句式和词句时，要坚持客观的态度，不可以使用带有某种感情色彩的词句，更不可以使用暗示性、诱导性的询问句。
• 在问句的编排中，也要注意正面和反面问题的排列顺序，不可以将它们集中排列。
• 在访问员实施调查时，对那些备选答案较多的问句进行提问时，还要经常变化备选答案。

⑥ 篇幅适当的原则。

2. 问卷设计的程序

问卷设计的程序如下：

(1) 把握调查的目标和内容。

（2）搜集和研究相关的资料。

（3）进行必要的探测性调查。

（4）设计问句，编制问卷初稿。

① 列出调查问题的清单，将调查的目标转化为调查内容和调查项目。

② 对列出的问题进行审核、筛选，审核的标准包括：该问题是否必要，含义是否明确，是否需要细分。

③ 确定问题的类型，以便选择对应的提问方式和问句的形式。

④ 确定提问的方式。针对问题的性质和受访者的特点确定。

⑤ 根据提问的方式进一步确定问句的具体形式。

⑥ 对问句的措词、语气进行推敲。

⑦ 确定问句排列的顺序，先易后难，先具体后抽象，先一般性问题后敏感性问题，先前提性问题后结论性问题，等等。

（5）进行问卷的可行性测试。

（6）修改并完成正式的问卷。

（7）报请委托方审查批准问卷。

（8）印制正式问卷。

3．酒店市场调查问卷表的构成

三段式结构：一般有开头、正文、结尾3部分组成。

第一部分：问卷的开头。主要包括：

（1）标题及问候语：标题一般由调查对象、调查内容和“调查问卷”几个字组成，如“××酒店顾客需求调查问卷”。

（2）填表说明：如在认为合适的选项上打“√”等。

第二部分：问卷的正文。主要包括：

（1）要收集的资料：这是问卷的主体，包括调查者提出的问题和备选答案。

（2）被调查者的基本情况。

第三部分：问卷的结尾，一般可设置开放题，征询调查者意见、感受，或记录调查情况，也可为感激语及其他补充说明。

4．调查问卷主体——问卷调查表的设计

市场调查问句的形式主要有：开放式、封闭式、半开半封闭式的问句。

第一种，开放式问句的设计。开放式问句是指提出问题，不做任何答案，只留出回答空间，由被调查者自由回答的问句形式。

例如：您选择到白云山旅游的原因？

优点：不做任何限制，便于收集全面真实的资料。

缺点：不便于统计，不易量化，易产生理解上的偏差。

第二种，封闭式问句的设计。封闭式问句是指提出问题，同时给出答案，由被调查者从中选择的问句形式。

优点：便于统计，省时。

缺点：限制被调查者的回答。

封闭式问句的具体类型主要有：

（1）两项式：又称是否法、真伪法，是指提出问题，并给出两个相反的答案，由被调查者从中选择。

例如：在未来三年内，您是否准备出国旅游？

A．是　　B．否

（2）单项选择式：是指提出问题，并给出多个备选答案，被调查者只能从中选择其一项作为回答的问句形式。

例如：您会选择何时出游？（单选）

A．双休、节假日　　B．单位休假　　C．学生寒暑假　　D．其他

（3）多项选择式：是指提出问题，并给出多个备选答案，被调查者可从中进行多项选择作为回答的问句形式。

例如：您在选择酒店时关注的要素有哪些？

A．服务　　B．价格　　C．安全

D．方便　　E．购物　　F．娱乐

（4）配对比较式：指调查者事先将问题的答案编配成两两一对，让被访问者对每一对的选项进行分析比较，并在每一对的两个选项中选择一个最佳答案的问句形式。

例如：在下列各组的酒店中您更喜欢到哪一家入住？

A．香格里拉　富丽华　　B．如家　锦江之星

C．希尔顿　假日酒店　　D．洲际酒店　雅高

（5）顺序比较式：是指调查者提出问题，给出多个答案，由被调查者分析比较后对答案排出高低优劣顺序的问句。

例如：就下列影响选择会议酒店的要素中按您的重视程度给予排序，最看重的为1，依次排列。

A．整体费用　　B．客户服务　　C．会议场所

D．专门的员工　　E．价值　　F．娱乐设施

（6）赋分式：是指调查者提出问题，给出多个答案，由被调查者分析比较后对备选答案给予赋分的问句形式。

例如：请您依据自己的判断，对酒店的下列要素赋分，最高分为10分，最低分为5分。

A．服务（　）分　　B．价格（　）分

C．功能（　）分　　D．便利（　）分

（7）程度尺度式：提出问题，并给出以不同表达程度的多个答案，由被调查者分析比较后做出选择的问句形式。

例如：您对酒店广告的评价是________：

A．很可信　　B．可信　　C．不可信　　D．很不可信

（8）矩阵式问句：将答案相同、问题相关的一组问题用一个问句矩阵的形式设计在一个问句中的问句形式，如表2-1所示。

（9）回想法：提出问题，有被调查者回想或联想回答的问句。

例如：您最近一次在外就餐是什么时候？

A．一周前　　B．半月前　　C．一个月前　　D．两个月前

表 2-1 请您对我们酒店给予评价

评价项目	很好	较好	一般	较差	很差
酒店环境	√				
服务质量		√			
舒适程度			√		
企业形象			√		

第三种，半开放或半封闭式问句的设计。半开放半封闭式问句是指一个问句中既有开放性问句，又有封闭性问句的形式。

特点：弥补单一开放、单一封闭问句的不足，资料真实、全面，统计简便。

例如：您对酒店广告的评价是________。

A．很可信　　B．可信　　C．不可信　　D．很不可信

为什么？

（六）酒店市场调查对象确定

一般采用抽样调查的方法确定调查的对象，即调查的样本。

抽样调查就是从调查对象全体（总体）中选择若干具有代表性的个体组成样本，对样本进行调查，然后根据调查的结果推断总体特征的方法。

抽样方法类别：一是随机抽样，二是非随机抽样。

1．随机抽样

随机抽样又称概率抽样，是完全排除人们主观意思的干扰，对总体中的每一个体都给予平等的抽取机会的方法。随机抽样是抽样调查最主要、最有效的方法。随机抽样常用的方法有以下几种：

1）简单随机抽样法

简单随机抽样法又称单纯随机抽样法，是在总体单位中不进行任何有目的的选择，而是按随机原则，纯粹偶然的方法抽取样本。它是随机抽样法中最简单的一种方法，是其他抽样方法的基础。

适用范围：

第一：调查总体不大。

第二：总体各单位之间差异较小。

第三：对象不明，难以分组、分类的情况。

常用方法有：

（1）抽签法：先将调查总体的每个单位编号，将号码写在签条或卡片上，放在箱中，打乱次序，然后按抽签的方法，不加任何选择地从中抽取所需的调查样本。

适用条件：总体单位数目较少。

（2）随机数表法：又称乱数表法，是先为总体中的各单位编一个号码，然后使用随机数表，查找出所需调查样本的方法。

随机数表就是把由 0 ~ 9 组成的数字随机排列成一张表，根据总体单位的数目，确定使用

几位随机数，从随机数表中任何一列、任何一行开始取数，凡是符合总体单位编号的，即为抽中样本，直到抽足预定的样本数目为止。

2）等距抽样法

等距抽样法又称系统或机械随机抽样，是先将总体各单位编号，并根据总体单位数与样本单位数计算出抽样距离，然后在抽样间隔数目中随机抽取起始号，再按相同的距离或间隔抽选样本单位。

抽样间隔（K）= 总体单位数（N）÷ 样本数（n）

步骤：

（1）将总体调查对象编号。

（2）确定间隔 K。

（3）确定起抽号数 i，在 1 ~ K 之间抽取产生。

（4）确定被抽取单位，i，$K+i$，$2K+i$，$3K+i$，…，$nK+i$。

适用条件：一是总体比较大，二是各单位差异不大。

例如：某地区有酒店 110 户，采用等距离抽样方法抽取 11 家进行调查，试确定调查样本。

（1）将 110 户酒店编号，1 ~ 110。

（2）确定间隔。

抽样间隔（K）= 总体单位数（N）÷ 样本数（n）

=110 ÷ 11=10

（3）确定起抽号数 i，假定从 3 起抽。

（4）确定被抽取单位，i，$K+i$，$2K+i$，$3K+i$，…，$nK+i$，即 3，10+3，2 × 10+3，3 × 10+3，…，10 × 10+3，即所抽的单位编号为：3，13，23，33，43，53，63，73，83，93，103。

3）分层随机抽样法

分层随机抽样法是先将调查的总体按其特性分层，然后在每一层中随机抽取样本的方法。

优点：提高了样本的代表性及总体数量指标的估计值的精确度。

适用条件：一是总体比较大；二是总体情况复杂，各单位之间差异大。

常用方法是等比例分层抽样，即按各层次中的单位数占总体单位数的比例分配各层应抽取的样本数的方法。

各层抽取的样本单位数 = 样本单位数 ×（各层总体数 / 总体数）

$$n_i=n\ (N_i/N)$$

例如：某地区共有酒店 20 000 户，按酒店档次高低进行分类，其中：高档酒店 4 000 户，中档酒店为 12 000 户，低档酒店为 4 000 户。要从总体中抽选 200 户进行营利能力的调查，试用分层随机抽样法确定各档次中应抽取的样本数。

高档酒店应抽取的样本单位数 =200 × 4000/20000=40（户）

中档酒店应抽取的样本单位数 =200 × 12000/20000=120（户）

低档酒店应抽取的样本单位数 =200 × 4000/20000=40（户）

4）分群随机抽样法

分群随机抽样法是先将调查的总体分为若干群体，然后按随机原则从中抽取某群体进行全面调查的方法。这种方法应用最多的是地区分群随机抽样。

适用条件：总体在地区等方面比较分散，为节省成本。

例如：某连锁酒店对本酒店市场占有情况进行调查。现已确知，本连锁店分布在全国 7 个省份共有 112 家酒店，7 个省份酒店分布情况如表 2-2 所示，现欲采用分群随机抽样法从中抽选出 2 个省份的酒店进行调查，问应如何进行？

表 2-2　某连锁酒店的地域分布

省　份	A	B	C	D	E	F	G
酒店数	8	11	22	19	7	18	27

采用随机的原则，假定抽取了 B、F，即对两省的 29（11+18）家酒店进行市场占有率的调查。

2．非随机抽样

非随机抽样是指总体中每一个个体不具有平等的被抽取机会，而是根据一定主观准备来抽选样本的抽样方法。

适用条件：第一是调查者对调查的总体不甚了解，第二是调查的总体过于庞大。

非随机抽样的常用方法如下：

1）任意抽样法

任意抽样法又称便利抽样法，是样本的选择完全根据调查人员方便与否来决定的方法。

例如：在街道上随意访问来往的行人。

采用前提：假定总体中的个体特性相同，同质的。

优点：方便、经济、省时。

缺点：偏差大，可信度低，没有代表性，正式调查很少用。

适用范围：常用于非正式的探测性调查、预备调查和试销调查或调查前的准备工作。

2）判断调查法

判断调查法是根据专家的判断或调查者的主观判断来决定选取的样本的方法。

例如：销售经理根据自己的经验选定某商店，了解产品销售情况。

优点：方便、经济、省时，资料回收率高。

缺点：容易出现主观判断的偏差，无法计算可信度。

适用条件：调查者经验丰富，知识面广，判断能力强，样本数目不多。

3）配额抽样法

配额抽样法是将按照一定的标准将调查对象分层，然后给每一层次分配一定的样本数，再由调查人员任意抽取调查样本的方法。

例如：某酒店领导要在酒店内部 10 个部门中的每个部门选取两名员工进行酒店管理满意度座谈调查。调查人员通知各部门领导后，各部门领导便派两名与自己关系较好的员工前去参加。

优点：简便易行，成本低，没有总体名单也可进行。

缺点：缺少统计理论依据，无法准确地估计误差。

案例分析

（1）玛里奥特成功于市场调查。玛里奥特从小小的啤酒店发展成为跨多行业的世界著名的酒店连锁巨头，得益于正确的投资经营决策，而正确的经营决策又是建立在缜密的市场调查基础之上。玛里奥特的领导者具有先见之明，早在 20 世纪 60 年代就发现了市场调查的重要性并建立了相关部门。从此，这个部门就为玛里奥特公司能在变化莫测的市场环境中生存下来并发展壮大立下了汗马功劳。

(2) 玛里奥特将市场调研活动贯穿酒店营销活动的始终。玛里奥特的发展经历了几次重大经营转向。先是比尔接手后从餐饮业转向酒店业，然后是在 20 世纪 70 年代经济萧条期停止对酒店业的投资而转向餐饮，接着是在 20 世纪 80 年代初期从高档酒店业转向中档的庭院酒店，而后于 20 世纪 80 年代中期打入了豪华公寓市场以及 20 世纪 90 年代进入老年社区。这几次经营转向是玛里奥特公司发展壮大的几个成功关键点，而每一次的经营转向决策（包括不进入赌博业）都与决策前的市场调查有关。

通过分析可以发现，玛里奥特成功于对市场调查工作的高度重视。这说明酒店市场调查工作不是可有可无的，也不是断断续续的。对酒店市场顾客信息的收集与分析是一个无处不在、无时不有的连续性工作。在这一点上，是非常值得其他酒店企业经营者借鉴与深思的。

能力培养训练

（一）背景材料

雅高集团调研客户需求迎接台湾首家酒店开业

2009 年 8 月 20 日，在中国已发展 25 年的欧洲最大的酒店集团——法国雅高酒店集团为筹备 11 月份在中国台湾的第一家酒店台北诺富特华航桃园国际机场饭店的开业，近日联合全球领先的市场研究公司尼尔森，在中国大陆、中国香港以及新加坡的雅高 A 佳会员中进行了赴中国台湾旅游意向及酒店住宿需求的在线调查。

“对于酒店经营者来说，了解顾客的需求是成功的关键。”雅高中国区首席副总裁马睿先生说道，“通过此次市场调研，我们对顾客的需求有了更深入的了解，将对市场营销以及服务产品进行积极调整。同时希望通过此次调查，能够对我们的酒店业主中华航空公司有所帮助，共同促进赴台旅游市场的发展。”

作为亚洲地区重要的旅游目的地，中国台湾越来越受到亚洲地区，尤其是中国大陆游客的青睐。调查结果显示，中国台湾是亚洲地区最具吸引力的旅游目的地之一。在曾赴中国台湾旅游的受访者中，有 60% 的人明确表示会在未来 24 个月内再次前往中国台湾旅行。

在中国台湾的旅游景点中，台北最具吸引力，得到了将近 70% 的中国大陆、中国香港以及新加坡受访者的青睐，其次是中国台湾“故宫博物院”(31%)、淡水（27%）和阳明山（22%)。而中国台湾美食（31%）以及热情友好的当地人（18%）给曾经到过中国台湾的受访者留下了最深刻的印象。

此外，在近期有计划前往中国台湾旅行的受访者中，来自中国大陆和新加坡的顾客希望在中国台湾的平均停留时间是 6 ~ 7 天。另一个有趣的发现是，来自中国大陆的受访者在住宿方面的要求似乎最高。近 80% 的中国大陆受访者将 4 到 5 星级的国际品牌酒店作为他们的住宿首选，比例高于中国香港和新加坡受访者。同时，在平均住宿费用方面，中国大陆受访者愿意每晚支付 650 元以上人民币，高于新加坡受访者的每晚 540 元以上人民币。

中国香港和新加坡的受访者将地理位置视为酒店选择的最关键因素，而中国大陆受访者则认为酒店的设施比地理位置更重要。受访者中，免费使用互联网、枕头菜单以及花洒淋浴系统被认为是最重要的酒店增值服务设施的前 3 位。

酒店的环保举措也成为受访者选择酒店时的考量因素。近 60% 的中国大陆受访者表示酒店在可持续发展方面所做的努力会影响他们的预定选择，这一数字远远超过了中国香港受访者（45%）以及新加坡受访者（36%）。而受访者所关注的位列前 3 位的环境问题都是水污染、全球变暖以及气候变化。

“根据调查结果，我们发现台湾是受访者心目中最为期待的旅游目的地之一，这更增强了我们对台北诺富特华航桃园国际机场饭店的信心。这家位于繁忙的桃园国际机场的酒店，其战略性地理位置及便捷的交通可使宾客轻松到达台湾的众多旅游景点。”马睿先生补充道。

雅高根据调查结果进行了迅速反应。台北诺富特华航桃园国际机场饭店以及北京诺富特三元酒店将成为试点酒店，率先尝试对雅高 A 佳卡会员推出枕头菜单服务，花洒淋浴设备也已经被安装在最新建成的诺富特酒店的行政楼层房间中。同时，调查结果进一步验证了准备实施的计划的正确性。例如，北京诺富特和平宾馆正在实施翻新工程，原计划里就包含安装花洒淋浴系统。另外，客人们目前已经可以在很多雅高酒店的公共区域内使用无线上网，或者在客房内享受免费互联网服务。

诺富特——为自然生活而设计

作为雅高旗下的主要酒店品牌之一，诺富特一直被认为是负担得起的 4 星级国际酒店品牌，以其现代设计及简洁高效的风格，为客人打造宾至如归的居住感受。

诺富特品牌在可持续发展方面有着长期承诺。目前该品牌全球 58 个国家有近 400 家酒店及度假村，加入诺富特品牌在全球的行动——在 2010 年前获得国际旅游与观光业环境认证项目绿色环球（Green Globe）的认证，进一步巩固诺富特在可持续发展领域的行业领导者地位。

绿色环球项目被公认为是环境保护责任的重要国际标志，对全球气候变化做出响应，确保认证酒店更好地管理废弃物、降低污染，以及有效控制能源和水消耗。

截止到 2009 年 8 月，中国共有 6 家诺富特酒店已通过基准测试，即申请绿色环球认证的两个步骤之一。目前，在整个亚太地区已经有 23 家诺富特酒店成功获得了绿色环球认证。

（二）训练目的

（1）通过训练，使学生更好地消化与理解酒店市场调查的原则、酒店市场调查内容、酒店市场调查的方法，能够掌握酒店市场调查问卷的设计和抽样调查等理论知识和相关技能。

（2）通过训练，培养学生对有关酒店市场调查知识学以致用的能力。

（3）通过训练，培养学生独立分析问题的能力、创新能力与团队合作能力。

（三）训练内容与步骤

训练内容：

（1）法国雅高酒店集团为迎接中国台湾首家酒店开业做了哪些准备工作？

（2）针对中国台湾首家酒店开业并结合案例中内容，为法国雅高酒店集团设计一份调查问卷。要求结构完整，问句类型多元化。

（3）法国雅高酒店集团还可以运用哪些方法开展市场调查？

（4）如果采用抽样调查，怎样确定调查样本比较可行？

训练步骤：

（1）个人分析回答第（1）、（2）个问题，分析思考第（3）、（4）个问题。

（2）小组内成员之间就第（3）个问题进行讨论交流。

（3）小组之间就第（4）个问题开展讨论交流。

学习评价

依据每个小组内每个人的表现情况，小组内互评、组间互评和老师的评价，确定个人能力水平和努力方向。评价细则如表 2-3 所示。

表 2-3 评价细则

内容			评价		
学习目标		评价内容	小组互评	组间互评	教师评价
专业知识	应知应会	简述酒店市场调查的原则	Yes No	Yes No	Yes No
		简述酒店市场调查内容	Yes No	Yes No	Yes No
		明确酒店市场调查问卷的设计原则	Yes No	Yes No	Yes No
		简述调查样本确定方法	Yes No	Yes No	Yes No
专业能力	1．能够掌握市场调查的方法 2．能够掌握问卷设计技术 3．能够掌握抽样技术	结合实际需要组合运用市场调查方法	Yes No	Yes No	Yes No
		结合实际，设计完整的问卷调查表	Yes No	Yes No	Yes No
		根据不同情况，确定具体的抽样方法	Yes No	Yes No	Yes No
通用能力	组织能力		Yes No	Yes No	Yes No
	沟通能力		Yes No	Yes No	Yes No
	解决问题能力		Yes No	Yes No	Yes No
	自我管理能力		Yes No	Yes No	Yes No
	创新能力		Yes No	Yes No	Yes No
态度	宽厚近人，高度责任感		Yes No	Yes No	Yes No
努力方向：			建议：		

课外作业

（1）请选择当地比较熟知的酒店，为其设计一份调查问卷，题目自拟。

（2）利用互联网收集著名酒店市场分析成功案例，并加以分析学习。

目标二 酒店市场调查报告

酒店市场调查报告是运用科学方法，有目的、有计划地对市场情况进行调查搜集和分析研究的经济文书。它是对市场进行深入的调查，并对调查中获得的资料和数据进行归纳研究之后写成的书面报告。它的主要作用是为有关部门进行市场预测和经济决策提供科学的依据，是市场预测和经济决策的基础。

酒店市场调查报告对酒店企业的营销起着分析市场、提供信息、帮助决策的作用；对消费者起着指导消费、从优选购的作用；对领导部门起着掌握市场动态、把握全局，以便加强宏观调控的作用。因此，酒店调查人员要十分重视酒店市场调查报告的作用与意义，要以科学的精神、客观的态度，认真对待酒店市场调查报告。

案例介绍

经济型酒店认知和评价调查

调查方法：

服务于研究目的，本次调研将采用深度访谈与消费者定量调查相结合的方法。问卷设计和调查过程受到中国社会科学院旅游研究中心的全力支持，本次调查结果同时为中国社会科学院旅游绿皮书提供数据支持。

研究目标：

总目标：

把握消费者对经济型酒店的需求标准，为经济型酒店行业产品和服务创新提供理性方向和决策依据，从而为消费者提供更优秀的酒店产品和客房体验。

分项目标：

- 了解目标人群对经济型酒店的需求方向和选择标准。
- 了解目标人群消费心理、消费行为的现状和趋势。
- 了解消费者对经济型酒店的认知和评价状况。
- 了解经济型酒店主要消费人群构成。

研究方法：

研究方法如图 2-1 所示。

定量调查，如图 2-2 所示。

研究背景与目的：

国内经济型酒店产业发展尚不规范，大量社会招待所凭着对“经济”的表层理解就纷纷更名为“×× 快捷”“×× 商务连锁”，参差不齐的软、硬件水平严重影响了公众对经济型酒店产业的整体认知。优秀品牌呼吁行业标准出台，一些权威专家则认为“新兴的产业应该先鼓励发展、再逐步规范”。在行业标准缺失的情况下，七斗星认为消费者需求在任何时候都是最好的标准，以尽可能满足消费者的需求为标准才能为旅客提供最好的体验。七斗星“泛主题，体验试”定位和FOTEL业态创新的基础就是消费者需求。大范围的消费需求调查有助于动态把握需求标准，以需求标准为目标导向，FOTEL业态才能不断丰富、壮大。

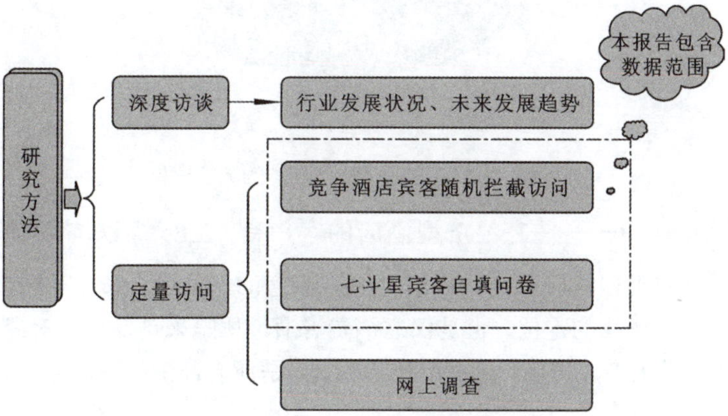

图2-1　研究方法

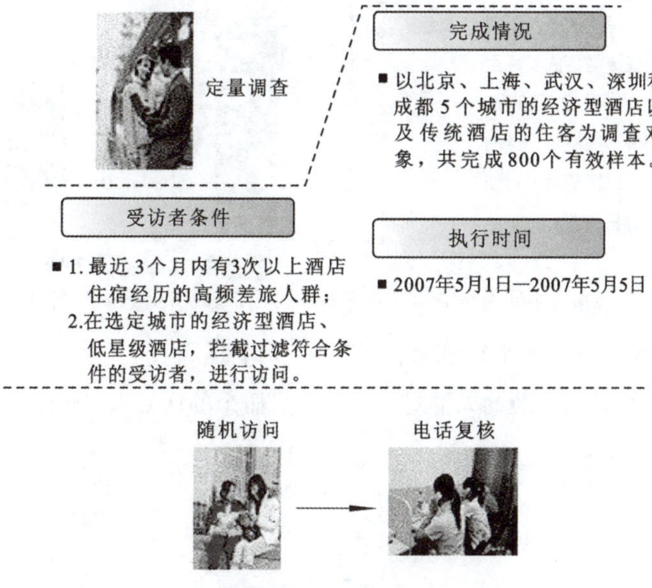

图2-2　定量调查

本项调查一开始就得到了中国社科院旅游研究中心的支持，在问卷设计、样本选择方面都得到了中国社科院旅游研究中心的大力帮助。

（一）经济型酒店认知调查

1．总体认知——两成高频差旅人群没有听说过经济型酒店

经济型酒店进入市场以来，无论从名称上，还是从产品特性上，都没有非常明晰的定位。从名称来看，“××快捷”、“××连锁”、“××商务”、“××客栈”等都隶属经济型酒店范畴，除了一定程度上形成了价格识别外，在产品和服务特征方面还没有被消费者清晰认知。图2-3显示了是否听说过经济型酒店的人群比例。

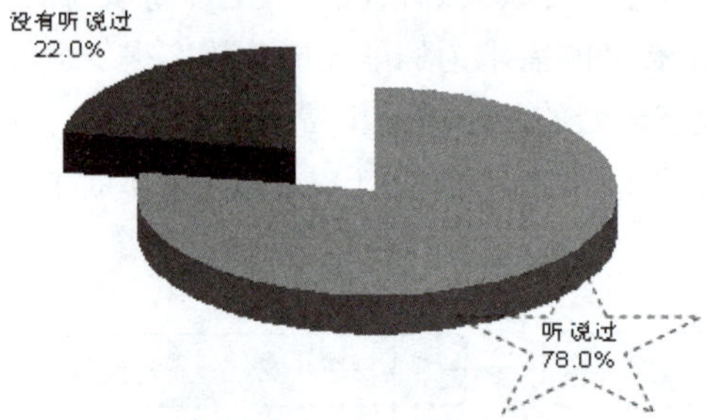

图 2-3　是否听说过经济型酒店的人群比例

2．入住体验与认知——住在经济型酒店的客户有 13.8%不知晓经济型酒店

图 2-4 表明了不同类型酒店客户对经济型酒店概念的认知率（%）。可见，真实的体验最能使消费者认同经济型酒店的定位，但是仅靠消费者通过体验来自发形成对经济型酒店的认知是不够的，如何协力做大产业市场，提高产业认知度，是所有经济型酒店品牌必须面对的问题。

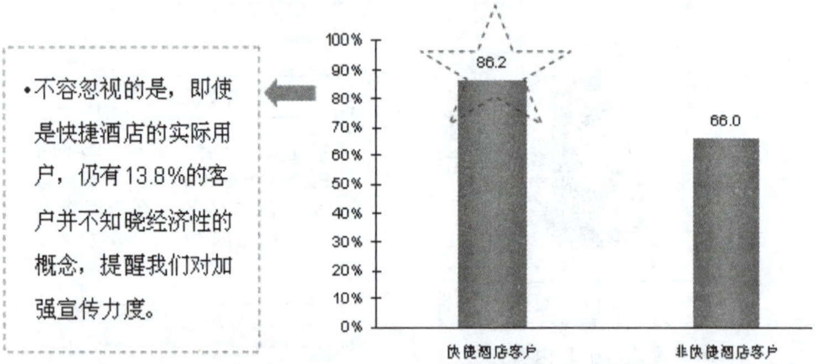

图 2-4　不同类型酒店客户对经济型酒店概念的认知率（%）

3．出行经历与认知——出行次数越多，认知率越高

图 2-5 显示了不同出行次数的人群对经济型酒店概念的认知率（%）。

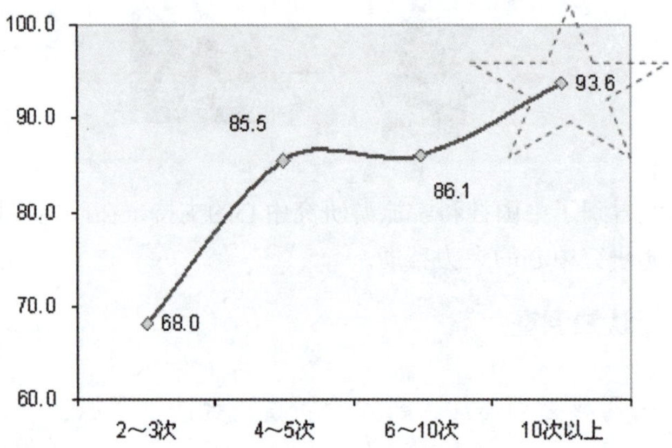

图 2-5　不同出行次数的人群对经济型酒店概念的认知率（%）

图 2-6 显示了不同出行目的的人群对经济型酒店概念的认知率（%）。

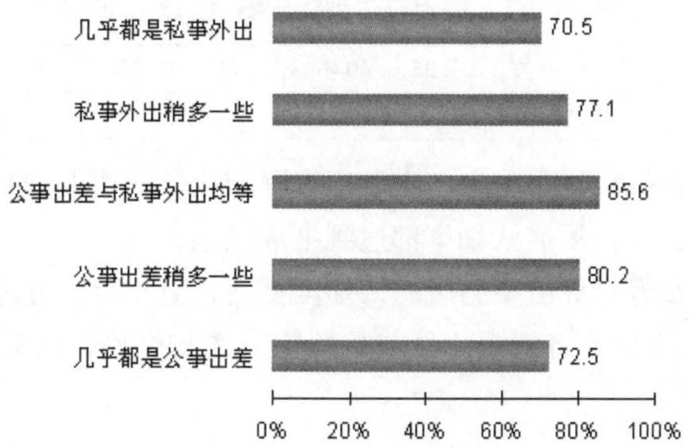

图 2-6 不同出行目的的人群对经济型酒店概念的认知率（%）

4．城市差异与认知——主要城市认知率在七成左右

图 2-7 显示了不同城市的人群对经济型酒店概念的认知率（%）。

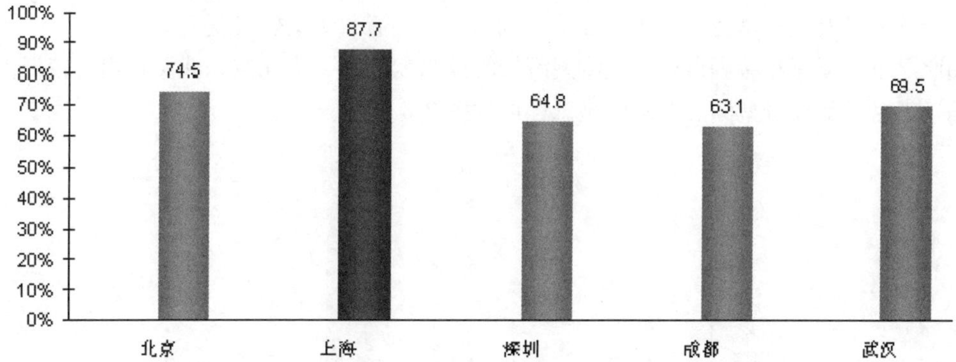

图 2-7 不同城市的人群对经济型酒店概念的认知率（%）

从不同城市的表现来看，经济及传媒信息较发达的一线城市和内地省会城市，消费者对经济型酒店行业的认知度明显较高，其中上海对经济型酒店概念的认知率最高，达 87.7%，这与上海经济型酒店市场的成熟程度有密切关系。据相关数据统计，目前在各大城市中，上海的经济型酒店数量最多，截止到 2006 年 9 月底，上海已开业的经济型酒店有 189 家，排在全国第一。

5．人口背景与认知——男性、高学历、中青年认知率相对更高

不同性别人群对经济型酒店概念的认知率如表 2-4 所示。

表 2-4 不同性别人群对经济型酒店概念的认知率（%）

男	女
82.7	69.9

不同学历人群对经济型酒店概念的认知率如表 2-5 所示。

表 2-5 不同学历人群对经济型酒店概念的认知率（%）

初中及以下	高中、职高、中专或技校	大 专	大学本科	双学位、硕士、博士
50.0	79.2	79.2	76.2	81.8

不同年龄人群对经济型酒店概念的认知率如表 2-6 所示。

表 2-6　不同年龄人群对经济型酒店概念的认知率（%）

21 — 25 岁	26 — 30 岁	31 — 35 岁	36 — 40 岁	41 — 45 岁	46 — 50 岁	51 — 55 岁
73.8	77.3	84.3	79.4	82.3	89.5	50.0

调查显示，男性比女性的认知率更高，高学历人群相比低学历人群的认知率更高，而从年龄段来看，中青年人群对经济性酒店认知率都达到七成以上。

比较成熟、理性的消费者对经济型酒店的认知度更高，更年轻、更感性的消费者对经济型酒店的认知度相对较低，这与经济型酒店目前只注重成本和价格，而对其他个性元素挖掘不够有直接关系。

（二）经济型酒店评价调查

1．目前经济型酒店满意度——经济型酒店满意度有较大提升空间

调查结果显示，消费者对目前经济型酒店总体的满意程度仅处于一般和比较满意的状态，一半以上的人没有表示满意。看来，经济型酒店未来还有很大的幅度提升。

相比之下，上海和深圳市场的经济型酒店的满意度较高，而北京和武汉则相对较低。

消费者对目前经济型酒店的总体满意程度如图 2-8 所示。

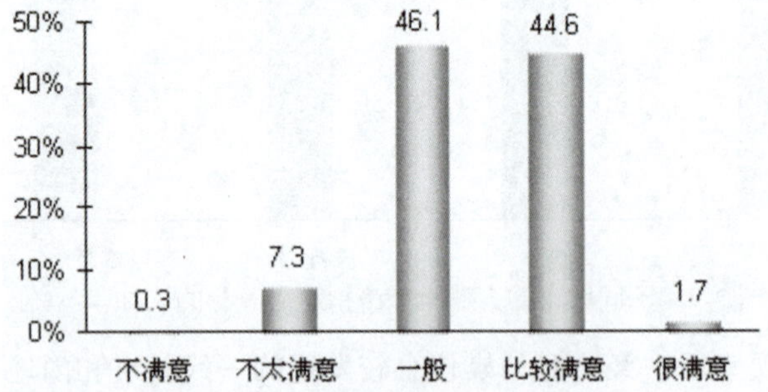

图 2-8　消费者对经济型酒店的总体满意程度

目前，经济型酒店总体满意程度城市差异如图 2-9 所示。

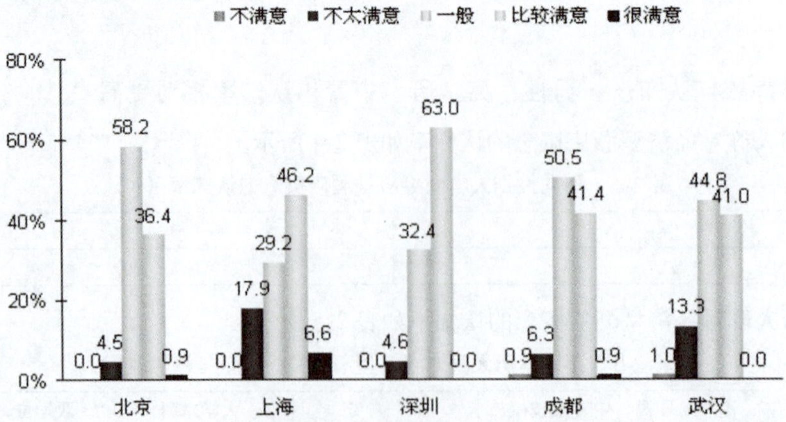

图 2-9　经济型酒店总体满意程度城市差异

2．消费者对经济型酒店的价格比较满意，不满意主要集中在设施和服务上

调查结果显示，目前，消费者对经济型酒店满意的方面主要集中在价格上，除此之外，交通方便性、卫生状况和城市网点等方面也相对比较满意。

消费者对经济型酒店不满意的方面主要有配套设施、环境安静状况、知名度和服务水平等。目前，消费者对经济型酒店满意和不满意的方面如图 2-10 所示。

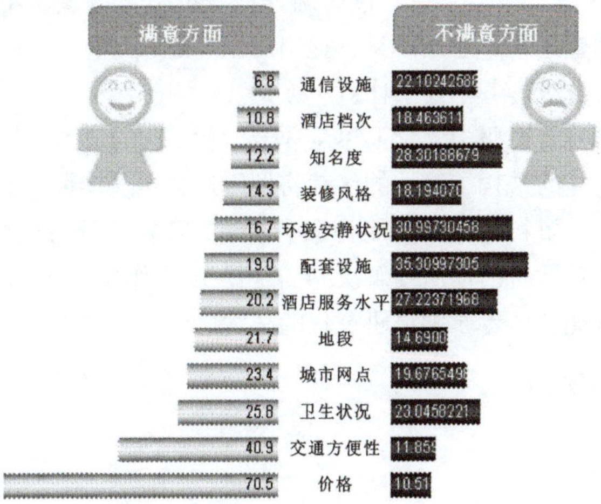

图 2-10　消费者对经济型酒店满意和不满意的方面

3．经济型酒店认知和评价调查结论

从调查的总体来看：

一是消费者对经济型酒店业态的整体认知尚不成熟。

高频次入住酒店的差旅人群（最近 3 个月有 3 次以上）中，传统酒店的客人有 34% 不知道经济型酒店；已经入住过经济型酒店的客人尚有 13.8% 不知道经济型酒店。

这一方面说明经济型酒店在信息传播方面的不对称性，消费者在面对众多快捷酒店、商务连锁酒店等概念的同时对经济型酒店的业态内涵认知不明确。提升社会对产业价值的认知，是各品牌做大做强的基础。另一方面，经济型酒店还蕴涵巨大的增长空间，对传统酒店客源的大面积分流还没有到来。

二是消费者对经济型酒店的整体满意度还处在一般水平。

46.1% 的消费者对经济型酒店的评价是一般，表示比较满意的只有 44.6%，7.3% 的消费者明确表示不太满意。消费者对经济型酒店目前的价格比较满意，对便利性和卫生状况也比较认可，不满意的方面主要集中在配套设施、环境状况、知名度和服务水平等方面。

业内人士认为，其原因主要表现在以下 3 方面：

原因之一：当前经济型酒店鱼龙混杂，众多地方品牌参差不齐的软、硬件水平影响了消费者对行业的整体评价。

原因之二：经济型酒店的行业内涵没有被消费者完整认知，消费者习惯把价格和条件分开来评价经济型酒店。

原因之三：经济型酒店经营者没有摆脱传统的“经济”束缚，一味追求低价格，忽视了对顾客体验的关注。

相关知识

（一）调研报告的基本要求

市场调研报告是指市场调查人员对某种现象或某个问题进行深入细致的调查并经过认真分析研究后所做出的一种书面报告。撰写市场调查报告也是市场调查中的一个重要步骤，其关键是总体上评价市场调查过程、总结成果、提出对策与建议等。

一份优秀的调研报告应具备下列条件：

（1）报告语言简洁，有说服力，词汇尽量非专门化。

（2）报告必须以严谨的结构、简洁的体裁将调研过程中各个阶段搜集的全部有关资料汇集在一起，不能遗漏重要的资料，但也不能将一些无关的资料统统写进报告中。

（3）调研报告应该对调研活动所要解决的问题提出明确的结论或建议。

（4）调研报告应该能让读者了解调研过程的全貌。

（二）调研报告的结构

1．序言

调研报告的序言部分通常包括扉页和目录或索引。

扉页一般只有一页纸，其内容包括：

（1）调研报告的题目或标题；

（2）执行该项研究的机构名称；

（3）调研项目负责人的姓名及所属机构，即写清楚项目主要负责人的姓名及其所在单位；

（4）注明报告完稿日期。

目录或索引应当列出报告中各项内容一览表，但不必过分详细。一般只列出各部分的标题名称及页码。目录的篇幅以不超过 1 页为宜。

2．摘要

读调研报告的人往往对调研过程的复杂细节没有什么兴趣，他们只想知道调研所得的主要结果、主要结论，以及他们如何根据调研结果行事。因此，摘要可以说是调研报告极其重要的一部分，它也许是从调研结果得益的读者唯一阅读的部分，所以应当用清楚、简洁而概括的手法，扼要地说明调研的主要结果，详细的论证资料只要在正文中加以阐述即可。

调研结果的摘要要简短，一般最多不要超过报告内容的 1/5。摘要中最好写出关键词。调研结果摘要是相当重要的报告内容，但在国内的调研报告中常被忽略，应该引起调研人员的重视。

3．引言

调研报告的引言通常包括研究背景和研究目的两部分。

（1）研究背景。研究者要对调研的来由或受委托进行该项调研的原因做出说明。

背景资料的介绍不仅可为研究目的提出做出铺垫，还可以作为研究结论和建议的佐证与研究结果相结合来说明问题。

(2) 研究目的。研究目的通常是针对研究背景分析所存在的问题提出的。它一般是为了获得某些方面的资料或对某些假设做检验。但不论研究目的是什么，研究者都必须对本研究预期获得的结果列出一张清单。

4. 正文

调研报告的正文必须包括研究的全部事实，从研究方法确定直到结论的形成及其论证等一系列步骤都要包括进去。

报告正文的具体构成虽然可能因研究项目不同而异，但基本上包含3个部分：研究方法、调研结果、结论和建议。

第一部分：调研方法。在这一部分中，需要加以叙述的内容包括；

(1) 调研地区；

(2) 调研对象；

(3) 样本容量；

(4) 样本的结构；

(5) 资料采集方法；

(6) 实施过程及问题处理；

(7) 访问员介绍；

(8) 资料处理方法及工具；

(9) 访问完成情况。

调研方法的介绍有助于使读者确信调研结果的可靠性。但在描述时要尽量简洁，把方法及采用原因说清楚。

第二部分：调研结果。调研结果部分是将调研所得资料整理出来。

第三部分：结论和建议。要说明调研结果有什么实际意义。结论的提出方式可用简洁而明晰的语言对研究前所提出的问题做明确的答复，同时简要地引用有关背景资料和调研结果加以解释、论证。

5. 附录

附录的目的基本上是列入尽可能多的有关资料，这些资料可用来论证、说明或进一步阐述已经包括在报告正文之内的资料，每个附录都应编号。在附录中出现的资料种类常常包括调查问卷、抽样有关细节的补充说明、原始资料的来源、调研获得的原始数据图表（正文中的图表只是汇总）。

（三）调查报告撰写的原则

1. 基本原则

一个典型完整的调查报告，应该有3种表达方式，即用文字和数据作为主要表达方式，同时用图表补充或阐述。准备调查报告，首先要符合两个基本原则：

一是调研报告必须真实、准确，实事求是。

二是调研报告要满足决策者的需求或要求。

2. 报告编写的原则

（1）易于理解和阅读。

（2）语句简练流畅。

（3）简要。即报告的篇幅一般不宜过长，应以能够达到研究目的为准。

（4）实用。主要是强调调研报告应有很强的针对性和目的性，可帮助决策者研究问题和解决问题。

（5）形式多样化。调研报告的编排形式不是唯一的，相反，灵活多样的编排形式更有利于引起读者的注意，避免呆板，方便阅读。

3. 表格展示的原则

列入调研报告中的统计资料，在其相对比较简单或描述其在上下文中的关系时，可以将其并入文字说明部分。当需要比较复杂的统计分析时，应单独使用统计资料，不宜把各种资料交叉使用，此时可采用表格展示的原则，如引例中的不同年龄人群对经济型酒店概念的认知率资料分析。

4. 图像展示的原则

对于报告的重要部分，有时需要用图像的形式给予充实。图像的具体形式非常丰富，但常用的主要有：

（1）曲线图：是以曲线的高低升降来表现数据资料的变化或依存关系的图形。

（2）条形图：是以相同宽度的条形长短或高低来比较数据的大小。

（3）其他图形：

圆形分割图：是把整个圆形分为若干扇形，以全圆面积表示现象的总体，各扇形的大小表示各部分在总体中所占比例。

象形图：是用形象画来表示调查资料的图形。

统计地图：是以地图为背景，对所研究的社会经济现象有关地区发布的调研资料进行图示。

图像展示的原则应用参见引例。

（四）撰写调研报告的注意事项

调研报告是调研活动成果的体现，调研的成败以及调研结果的实际意义都表现在调研报告上。因此，撰写调研报告时，要特别认真细致。以下是撰写调研报告时值得引起注意或重视的几个问题：

（1）要考虑读者的观点、阅历，尽量使报告适合于读者阅读。

（2）尽可能使报告简明扼要，不要拖泥带水。

（3）用自然体例写作，使用通用词汇，尽量避免行话、专用术语。

（4）务必使报告所包括的全部项目都与报告的宗旨有关，剔除一切无关资料。

（5）仔细核对全部数据和统计资料，务必使资料准确无误。

（6）充分利用统计图、统计表来说明和显示资料。

（7）按照每一个项目的重要性来决定其篇幅的长短和强调的程度。

（8）务必使报告打印工整匀称、易于阅读。

案例分析

（1）经济型酒店客户需求调查有明确的调查目的和研究目标。调研采用深度访谈与消费者定量调查相结合的方法，调查结果为社科院旅游绿皮书提供数据支持。

研究总目标：把握消费者对经济型酒店的需求标准，为经济型酒店行业产品和服务创新提供理性方向和决策依据，从而为消费者提供更优秀的酒店产品和客房体验。

分项目标：

① 了解目标人群对经济型酒店的需求方向和选择标准。

② 了解目标人群消费心理、消费行为的现状和趋势。

③ 了解消费者对经济型酒店的认知和评价状况。

④ 了解经济型酒店主要消费人群构成。

（2）调查报告分析与撰写符合调查报告的基本原则：调查报告必须真实、准确，实事求是；调查报告要满足决策者的需求或要求，采用表格展示的原则和图像展示的原则，形式多样化，易于理解和阅读。

能力培养训练

（一）背景材料

假日酒店关于“茶点掌控会议成败”的研究报告

在商务人士看来，会议室桌上一块不起眼的饼干，将会对与会的公司董事、企业家和预算决策者有相当的影响力。近日，某酒店集团下属酒店品牌——假日酒店及度假村对超过 1 000 名遍及英国各地的商务人士进行了调查，并据此发表了有史以来第一份《商务茶点研究报告》。

据该报告指出，商务茶点的质量和类型将影响到会议的进程，甚至影响一笔生意的成功与否。

约 58% 的受访者表示，会议中招待客人的茶点扮演着极其重要的角色，它能“为公司打造良好的第一印象”。而 80% 的人认为，精致可口的茶点将对会议的质量和成果起到积极影响。

受茶点质量好坏问题影响最大的是法律界人士（67%），其次是从事销售、市场及媒体工作的专业人士（65%）。还有大约 59%公共事业单位的员工认同，茶点能为一场会议提供“有利影响”。

总体而言，近半数（47%）受访者认为会议中的茶点服务非常重要，而在约 2/3（64%）的人眼中，茶点质量问题需要引起重视。

研究还表明，可口、优质的茶点被认为是仅次于桌椅的第二大会议室元素，比照明、技术和艺术作品等还重要。

受访者多认为，有无茶点提供是会议上的一种潜台词，有时它能暗示出一条坏消息。高达

42% 受访者表示，当他们准备解雇员工时，这场会议将不提供茶点。不过，另有 18% 的专业人士认为，巧克力威化是缓解坏消息所带来的紧张气氛的最佳小茶点。

调查显示，在会议“最爱小点”票选榜单上，巧克力威化位列榜首，紧随其后的是脆饼，第三、四、五名则分别是燕麦饼干、果酱圈和波旁牌饼干。

在谈到商务会议中的茶点礼节问题时，一半的受访商务人士认为，与会者取用点心的数量不应超过两块，而 18% 的人认为三块是最高限额，还有 10% 受访者觉得最多能吃一块。

然而，商务人士的“茶点决策”是按实际情况调整的。近半数（49%）商务人士不会在做提案时吃点心，其中 28.2%的人解释说，这种时候他们拒绝松脆的茶点。有将近 1/4 的人(24%)则等到职位更高的人开始享用茶点后，他们才会行动。只有 9% 的女性和 17% 的男性受访者表示不管何时都会吃茶点。

每年在假日酒店举办的商务会议都会消耗掉大量茶点，无疑，茶点质量影响着这些在商业世界中扮演重要角色的与会者。假日酒店的研究结果显示，一份优质的茶点具有推动会议进程的影响力，而商务茶点礼仪更是极其重要的。这份调查得出的结论非常令人吃惊：商务茶点这样的细节问题，对会议成败具有重大影响。

（二）训练目的

（1）通过训练，使学生更好地消化与理解优秀酒店调研报告具备的条件、结构、撰写的基本原则、撰写内容及注意事项等理论知识。

（2）通过训练，培养学生对酒店市场调查报告有关知识的学以致用能力。

（3）通过训练，培养学生独立分析问题的能力、创新能力与团队合作能力。

（三）训练内容与步骤

训练内容：

（1）假日酒店调查报告采用什么调查方法？

（2）假日酒店调查报告对酒店企业有什么经营启示？

（3）试分析该调查报告的不足之处。

（4）针对该调查报告的不足之处加以完善。

训练步骤：

（1）个人分析回答第（1）、（2）个问题，分析思考第（3）、（4）个问题。

（2）小组内成员之间就第（3）、（4）个问题进行讨论交流。

（3）小组之间就第（3）、（4）个问题开展讨论交流。

学习评价

依据每个小组内每个人的表现情况，以及小组内互评、组间互评和老师的评价，确定个人能力水平和努力方向。评价细则如表 2-7 所示。

表 2-7 评价细则

内容			评价		
学习目标		评价内容	小组互评	组间互评	教师评价
专业知识	应知应会	简述优秀酒店市场调研报告基本条件	Yes No	Yes No	Yes No
		简述调研报告的结构	Yes No	Yes No	Yes No
		明确酒店调研报告撰写的主要原则	Yes No	Yes No	Yes No
		简述酒店调研报告撰写注意事项	Yes No	Yes No	Yes No
专业能力	1．能够运用酒店调查报告基本原则 2．能够撰写具体调查报告 3．能够掌握与灵活运用酒店市场调研报告相关知识	结合实际需要综合运用原则，尤其是图像展示的原则	Yes No	Yes No	Yes No
		运用所学知识，独立撰写简单的酒店调查报告	Yes No	Yes No	Yes No
		具备分析能力，根据具体的酒店市场调研报告，分析其优劣并予以完善	Yes No	Yes No	Yes No
通用能力	组织能力		Yes No	Yes No	Yes No
	沟通能力		Yes No	Yes No	Yes No
	解决问题能力		Yes No	Yes No	Yes No
	自我管理能力		Yes No	Yes No	Yes No
	创新能力		Yes No	Yes No	Yes No
态度	宽厚近人，高度责任感		Yes No	Yes No	Yes No
努力方向：			建议：		

课外作业

从网上收集“经济型酒店客户需求调查报告”，并加以分析与学习。

目标三 酒店市场营销计划

酒店营销计划是酒店用来指导其各种营销活动的书面文件，营销计划完满与否关乎酒店能否成功运营。对酒店的人力、物力、财力及其经营活动过程进行有效的计划，是保证酒店营销成功的前提。成功的酒店经营管理都在经过严格而周密的准备工作之后，制订出更完善、更周全、更合理、更适用的营销计划，确保各项工作有序开展，实现酒店有限目标。

案例介绍

黄山仙缘大酒店市场营销计划书

黄山仙缘大酒店身处被联合国教科文组织誉为“世界遗产保护的成功范例”的黄山风景区，环绕黄山风景区的有全国四大道教名山之一齐云山、“皖南翡翠”太平湖、“天然山水画廊”新安江和具有原始生态风貌的牯牛降、清凉峰自然保护区等自然景观旅游胜地，是一家颇具特色的星级酒店。

（一）营销环境分析

1. 观光市场依托黄山

（1）观光市场巨大。2009 年全年，黄山风景区共接待游客 235 万人次，同比增长约 5%。2010 年年初，黄山市发布了《2010 年上海世博会黄山旅游工作实施方案》，其中提到要完成世博促销的 16 项工作，并指出黄山管委会需招揽 90 万世博游客。

（2）国内游客市场为主，努力开拓国际市场。从黄山目前的旅游接待情况来看，国际游客所占的比例很小，与其资源品位是不相称的。黄山风景区入境游客也在 2004—2005 年期间刚刚突破 10 万人次。近年来，国际游客逐渐增多，2011 年，黄山市接待韩国游客 40.8 万人次，占入境市场的 31%，连续 7 年成为黄山市第一大入境旅游客源地。黄山市副市长徐健敏表示，“十二五”期间，该市将加快提升黄山旅游国际化。创新旅游营销“三进”方式，继续加强日韩、中国香港特区、中国台湾地区、东南亚等客源地的促销，积极开发欧美及大洋洲等新兴市场。

（3）不要忽视淡季。2009 年是黄山有计划促销黄山冬游 15 周年。以往每年 11 月中旬至次年 3 月中旬均为黄山旅游的淡季。15 年来，黄山风景区利用旅游淡季做活冬游文章。经过 15 年的宣传推介，黄山冬季游客接待量每年以 30% 以上的速度递增，黄山风景区旅游传统的淡旺季划分正逐步消失。

2. 地理位置：悠远僻静

黄山风景区即通常人们所说的黄山，距离屯溪区还有 70 km；黄山市市辖区屯溪区是黄山市府所在地，也是游客集散地，铁路站、民航站都设在屯溪区。大多数游客都是先抵达屯溪区，再前往黄山风景区。汤口镇是黄山南大门所在地，游客到此需换乘风景区内车辆进山。黄山区也称太平县，它在黄山的北边，是黄山的北大门，交通不太方便。

3. 市场卖点：体验黄山的另一面

黄山区远离繁闹喧哗，交通略为不便，但是相对僻静，物价相对较低，是游客寻求另眼看黄山、体验另一面的最佳地点，也是休闲、度假、举行会议的旅游者更好的选择，特别是对来过黄山的游客，“体验黄山的另一面”的促销主题更加具有吸引力。

（二）市场营销战略

1. 市场产品：主推观光，兼顾会议

从所接待客人的旅游目的或活动类型可以考虑的细分市场是观光客人与会议客人。定位于观光市场，是因为黄山作为酒店所处区域内的拳头观光产品，多年来在国内、国际游客中已经形成了知名度与美誉度均很高的品牌。

定位于观光市场的同时，不放弃甚至积极开拓会议市场，主要原因在于：第一，通过会议市场弥补交通尚不十分便利的天然缺陷；第二，通过会议市场来调节观光客人明显淡旺季，增加淡季客人流量；第三，会议市场的促销形式灵活，产品渠道广泛，可以有效周转资金。

2. 竞争对手与合作伙伴：联合同行，回避对手，利用资源

观光市场的合作伙伴是旅行社。对于地接社，应该重点培育 5 ~ 10 家黄山区的旅行社；

对于组团社，应该通过联合黄山风景区等其他景观丰富地区的同档次酒店、餐馆甚至景点、纪念品店。针对异地组团社的联合促销，由黄山仙缘大酒店承担长线团队中转站的接待。

3．酒店形象：最宁静的黄山酒店

黄山仙缘大酒店品牌的设计主题是“体验黄山的另一面：最悠远宁静的黄山酒店”。至少要考虑3方面的要素：

第一，企业的基本资源。通过对自身特色的梳理和确定来挖掘企业独到的、竞争对手难于模仿的专门化资源。这种资源可以存在于企业的诸多方面，甚至一些常规认为是企业劣势的地方，也可以挖掘出难以被对手模仿的特色。

第二，市场感应。目前黄山区的旅行社和其他业界同行怎么看待黄山仙缘大酒店，黄山市的旅行社和其他业界同行怎么看待黄山仙缘大酒店，这些看法形成了黄山仙缘大酒店的既有“形象”。

第三，竞争替代。冠以“黄山”二字的酒店数不胜数，特别是屯溪区和汤口镇两地以及黄山山顶上的酒店，均可视为黄山仙缘大酒店的竞争企业。如何能让黄山仙缘大酒店给潜在游客以鲜明难忘的印象，如何能让黄山仙缘大酒店给合作伙伴以产品优质、价格合理、对商业协议负责任的印象，这都是值得思考的问题。

（三）市场营销策略

1．完善企业的产品、服务及其功能

首先，完善酒店基本产品与服务的功能。黄山仙缘大酒店需要完善标准化产品与服务的功能，打好使客人满意的基础。

其次，需要加大力度，甄别观光客人和会议客人对酒店产品与服务的差异化需求。

2．谋求与屯溪区旅行社的紧密合作

屯溪区是黄山旅游的枢纽，黄山仙缘大酒店应该在屯溪区选择5～10家旅行社，通过协议房价、优先供房、优惠包餐、灵活结算等让利方式，与其建立长期稳定的互惠合作关系。

3．与南京、合肥、杭州的旅行社建立合作伙伴关系，鼓励对方开辟新线路

南京、合肥、杭州等北部城市，作为旅游者出入黄山的中转地或客源地，其旅行社的接待安排中，按惯例多住宿在屯溪、汤口、山顶3处，这是由于交通便利、历史渊源、游客偏好3个主要原因。历史渊源问题可以通过协议、合同联合促销解决。游客偏好可以通过与黄山北门毗邻的景观的宣传解决。交通问题应该认识到，即使未来有所改善，也仍然处于相对不便利的局面。因此，可以通过定向联系3市组团、发团数量比较大的几家旅行社，以设新景点、增设住宿点的方式开展业务可以突出“黄山另一面，僻静的黄山北门”等概念。

4．成立黄山区出租车司机协会活动基地

黄山区的出租车群体是一个很好的口碑宣传群体，让出租车司机了解黄山仙缘大酒店并做正面宣传十分重要。目前的出租车协会多与地方的广播电台联合，甚至协会本身就是广播电台某个频道筹划成立的。因此，黄山仙缘大酒店可以通过寻求与当地广播电台合作，把酒店作为黄山区出租车司机协会活动基地，以招揽生意，扩大影响。

5．让摄影节成为黄山仙缘大酒店的促销亮点

摄影群体既是酒店会议市场的客人，也是追求景观审美的观光客人群体。因此，扩展酒店的客源，还可以考虑摄影群体。

6．继续拓展高校、科研机构会议市场

总结该细分市场长期成功开拓的历史经验；成立单独负责高校科研机构等会议市场的团队，负责单项促销；建立客户史档案，整理现有高校、科研机构对酒店产品的个性化需求，做好客人需求的预测工作；通过客户关系管理拓展新业务。

7．成立会展管理中心（业务部门），配合会议市场开拓，做大做强会展市场

会议主题一经确立，会议的主办方（企事业单位）需要投入大量人力物力进行有关事项的筹划。这些琐碎、具体又重要的工作会牵扯主办单位很多精力，甚至影响其日常工作。这时，会议的接待与会务筹划工作需要独立出来，交给一个独立的企业（会展企业）运作。黄山仙缘大酒店可以全部通过授权的方式，全权承担会议的邀请、接站、食宿、送站，纪念品，会序、会议材料打印装订，会场布置、背景墙制作，会议照相、会议礼宾服务等工作。通过积累经验向社会招标，扩展业务，通过会议接待联动餐饮和客房产品的推销。

8．管理层与员工层培训

企业经营理念、战略定位、策略实施，需要全体员工和全部部门协调一致，各个项目在操作时间上需要有计划地安排。对全体员工进行这方面的培训，以便在理念上统一认识，在制度上达成共识，在操作上彼此配合，并且通过各种层次的培训发现人才，淘汰不称职的员工，鼓舞士气，扩大影响，吸引媒体关注，提高美誉度。

9．扩展企业业务，实现部分外部业务的内部化

在企业资源允许的情况下，可以考虑开设旅行社业务与旅游汽车车队出租业务，这两类业务与酒店经营中的观光客人市场开拓密切联系。如果运作成功，既可以成为企业利润的新增长点，又可以深入各自行业领域，为酒店观光客源的组织与市场促销寻找合作伙伴。

相关知识

（一）酒店营销计划的定义

酒店营销计划是酒店用来指导其各种营销活动的书面文件。这种文件具有以下特征：

1．权威性

酒店营销计划是酒店开展营销活动的指令性和指导性兼顾的文件，一经管理层审议通过，就可以作为约束、规范酒店行为，指导企业营销实践的权威性文件，酒店各级管理员工和普通员工必须努力按计划所规定的目标组织营销活动。

2．预见性

酒店营销计划是对酒店未来营销目标的一种预测。在营销计划中，要明确规定酒店在未来某个时期所应达到的目标，例如，市场占有率的提高幅度、产品或开发的深度等。

3．纲领性

酒店营销计划通常是纲领性的文件，对饭店的发展方向具有战略指导意义。

4．可变性

虽然在一般情况下饭店营销计划是作为指导性文件传达各职能部门的，但不同岗位在实施营销计划的目标时可以采取不同的战术，而且，随着环境的改变，营销计划的既定目标也可能需要调整。

（二）酒店营销计划的内容

酒店营销计划的内容因具体情况而异，一般包括以下几个方面：

1．内容摘要

酒店营销计划往往含有很多内容，因此，为了使酒店的各层管理人员能迅速抓住计划的要点，应在计划的开头部分添加一个关于计划的主要目标和建议事项的简短摘要。

2．当前营销状况描述

计划的这一部分提出关于市场、产品、竞争、分销和宏观环境的背景数据。

（1）市场状况。这里列出酒店市场的一些基础数据，这些数据还应能够体现出顾客在需求、产品认知和购买行为方面的发展趋势。

（2）产品状况。这里列出每一种主要产品过去的销售额、价格、贡献毛利和净利润。

（3）竞争状况。这里对主要的竞争者进行辨认，并逐项描述他们的规模、目标、市场份额、产品质量、营销战略和其他特征，从而恰如其分地了解他们的意图和行为。

（4）分销状况。这部分需要列出酒店产品和服务，说明其在原有各分销渠道上的销售数量以及每个渠道上的变化情况，并强调指出这种数量及变化情况的重要性。

（5）宏观环境状况。这部分描述宏观环境的主要趋势——人口统计的、经济的、技术的、政治的、社会的——它们都与酒店产品的前途有着某种联系。

3．机会和问题分析

在描述当前营销状况的基础上，酒店产品经理需要分析在计划期内酒店的这种产品所面临的主要机会和威胁、酒店具有的优势与劣势、酒店应注意的问题。

（1）机会与威胁分析（O/T 分析）。这里，营销计划应反映酒店所面临的主要机会与威胁，它们是影响企业前途的外部因素。通过它们加以分类，便可对一些较重要的问题引起足够的注意。

（2）优势与劣势的分析（S/W 分析）。营销计划还应反映酒店的优势和劣势，它们是内部因素。优势是指在应用中可以获得成功的一些营销战略，而劣势是指酒店需要加以改正的一些不足之处。

（3）问题分析。在这一部分，酒店运用机会（或威胁）分析和优势（或劣势）分析的结果，确定在计划中必须注意的主要问题。对这些问题加以讨论，就会总结出酒店的使命和目标、战略和战术。

4．酒店使命和目标

在这一环节中，酒店营销管理人员了解到问题所在和针对使命和目标做出某些基本决策，这些使命和目标决定了随后的战略选择和行动方案的确定。因此，使命和目标应该符合一定的标准。酒店的使命一般由酒店的高层管理人员制定，它规定酒店的服务方向，并制约酒店的营销目标。酒店营销目标则由营销计划来规定，它应能满足一些基本要求。首先，每一个目标应该具有内在的统一性；第二，各类目标的叙述应该有层次性，如果可能，目标应该从高到低非常清楚地排列；第三，这些目标是可以达到的，但同时又具有足够的挑战性，能激发员工付出最大的努力。

5. 营销战略

在这一部分要概述将被采用的主要营销战略（或称竞争计划），包括目标市场、营销组合定位、营销费用水平等方面的基本决策。

6. 行动方案

在这一部分要详细阐述营销战略的每个要素，以便能回答以下问题：将要做什么？什么时候做？谁来做？成本是多少？

7. 预计的损益表

在行动计划中，要特别集中说明支持该方案的预算，即列出一张实质性的预计损益表。在收入方，指出预估的销售量和平均销售的价格；在支出方，表明生产成本、分销费用、营销费用以及一些细目。收入与支出的差即为预计利润。

8. 控制

营销计划的最后一部分内容是概述控制的目标、方法和手段等内容，掌握计划实施的进度情况，发现问题，并及时解决，以确保营销计划能够顺利完成。

（三）酒店营销计划的制订过程

酒店制订营销计划一般有下列几个环节：

1. 分析酒店当前营销状况

在进行酒店现状分析时，要弄清楚内部优势与劣势，并识别外部机会和威胁。这个过程主要回答两个问题：酒店的现在处于什么地位？酒店的发展方向是什么？通过辨识酒店的优势与劣势，分析环境中存在的潜在机会与威胁，评价酒店捕捉机会和回避风险的能力，以及预测竞争者对酒店策略的反应，就可以回答上述问题。在这一阶段，营销人员应掌握以下信息：

(1) 一般性基础材料和信息；

(2) 酒店设施；

(3) 竞争酒店的详细情况；

(4) 顾客状况及特点；

(5) 酒店营业水平；

(6) 酒店人员及推销能力方面的基本材料；

(7) 有关当地政府、工业、交通和特殊事件以及活动范围的专门材料信息。

2. 确定酒店的战略营销单位

酒店的营销活动是通过酒店的战略营销单位（SBU）实施的，这些单位通常是相对独立的部门，如餐饮部、客房部或商场部，也可以是一个产品 / 服务线，它们都有相对的营销重点，是酒店实施战略营销计划的基本单元。每个战略经营销单位都有以下共性：具有特定的经营方向，有明确的目标市场；负责营销的高级管理人员能对内部资源施加控制，具有自己的营销策略，有明显的竞争对手。一般酒店的战略营销单位应同时具备以上各方面特性。

3. 建立酒店的营销目标

每一个战略营销单位都需要建立自己的营销目标。通常，营销目标可以通过数量指标来描述（如销售额、利润增长百分比、市场份额等），也可以是定性描述（如企业形象、领袖地位等）。对于酒店来说，最重要的营销目标集中体现在销售额、广告主题、顾客服务和促销效果等方面。

4. 制定市场营销策略

市场营销策略规定了酒店如何运用营销组合来吸引并满足目标市场需求，以及完成酒店各项目标的具体方式。市场营销组合的中心是产品、分销、促销和定价。每一个战略营销单位都应有各自的战略，这些战略又必须相互衔接。每一个营销战略都应该尽可能清晰明确，能提供有效的指导。

在制定酒店的营销策略时，每个战略营销单位都应考虑 4 个关键因素：

（1）酒店的整体状况，如酒店的目标、能力和资源条件。

（2）产品市场状况，如产品在市场上的新颖程度、处在生命周期的哪个阶段、产品和服务的市场规模以及未来的增长率。

（3）竞争状况，如竞争者数量、特点及市场营销策略，本酒店能否成为行业领袖。

（4）环境状况，如环境中有何市场机会或威胁。

5. 制订和实施营销行动计划

营销行动计划是一种战术性计划，是在既定的营销战略的基本思想和具体要求基础上制订的，用于指导酒店在短期内应承担或开展的活动。在这一阶段，要制订出具体行动方向，以便于利用现有资源并在既定的约束条件下实现酒店的战略目标。在制订和实施营销战略计划阶段要注意 3 项主要内容：

（1）明确的任务，即要做什么。

（2）时限，即什么时候做。

（3）资源的分配与预算。

6. 营销计划效果的控制

酒店在实施营销战略的过程中，要不断地将计划执行的结果与原定的计划目标相比较。在进行比较时，预算、工作进程、销售量和利润统计数据、成本分析和形象研究等都是可以加以运用的指标。如果计划的执行结果滞后于计划目标，就需要采取调整措施。

案例分析

黄山仙缘大酒店市场营销计划从营销环境分析、市场营销战略和市场营销策略等方面对酒店营销计划做了全面规划。尤其是对营销环境的分析比较全面、透彻，在此基础上给酒店以明确的定位，即定位于观光市场，同时，不放弃甚至积极开拓会议市场。为实现酒店营销计划目标，黄山仙缘大酒店从 9 个方面制定了周密的营销策略。黄山仙缘大酒店营销计划制订得是比较完整的、科学的，是值得同行借鉴与学习的。

能力培养训练

（一）背景材料

德阳美家商务酒店营销计划书

据统计，全球每年旅游业收入的 35 000 亿美元中，有 4 200 亿美元属于企业的商旅支出，占全部旅游收入的 12%，并且随着世界经济的发展和全球化进程的推进，这一比例仍会提高。目前，全球商务旅游人数约占旅游者总数的 1/3，国际上许多著名的连锁饭店通过调查发现，商务客人已占全球住房游客的 53%，占连锁饭店的 60%。世界商务旅游在发展，我国的商务旅游也有了较大发展。世界旅游组织估计中国商务旅游及支出在现阶段每年高达 103 亿美元，并将以每年 20% 的速度增长。2020 年，我国将吸引 1 137 亿海外商务旅行者，占全世界的 81.6%。到 2020 年，中国可能超过美国而成为世界第一大商务旅行目的地。

德阳美家商务酒店在这样一个有利于酒店行业发展的大环境下应运而诞生。为了保障开业的顺利，以及在以后的经营中获得更大利润空间，本部特拟议一份营销计划书。

1. 酒店产品概述

美家现分两大主要经营产品：

（1）茶饮：位于四楼 300 余平方米的生态花园式茶楼。

（2）客房：近 60 间各类型客房、日平均 200 人次的接待能力。

2. 酒店的市场定位

目前，德阳美家酒店（以下简称“美家”）定位于经济性商务酒店。

3. 酒店的营销策略

（1）项目定位：美家目前经营的项目少，主要集中在饮茶及住宿上，没有娱乐、康体等项目。又因为客房是酒店主要的经济收益产品，所以将住宿确定为重中之重，这需要在住宿上提供人性化、个性化、安全化的优质服务。

（2）客源定位：就美家地理位置而言，处于交通便利，购物、餐饮方便的优势位置。再根据美家本身的情况，客源以散客为主，同时在协议消费单位上又以周边的私营企业为主要客源。

（3）价目定位：在一切以市场需求为中心的条件下，根据前期对德阳市场的调查，对各类型客房确立了价目：158 元 / 商务标间、商务单间，128 元 / 普通标间、单间，368 元 / 豪华套间，50 元 / 钟点房（3 小时）。客房每日总房价收入：8 632 元，平均客房价格：146 元 / 间。

4. 开业期建议价格体系方案

（1）挂牌价：按上述价目执行。

（2）执行价：可以在开业期举行优惠活动，所有客人一律按 8 折优惠，赠送免费早餐。

（3）合同价：按合同协议执行（注：合同协议具体事项未定）。

（4）会员（VIP）优惠价。

会员入会的几种方式：A 储值；B 购买；C 赠送。

A 储值卡：可以由客人预先在酒店推行的卡里存钱。存钱可以分为几等：10 000 元、5 000 元、3 000 元、1 000 元（存入最高数额不限）。待客人用完预存款后，酒店可以为其储值卡充值。根据客人的存入量对其进行折扣（8 折）优惠。

推行储值卡的好处：

（1）可以回笼资金，缓减资金压力。

（2）可以使酒店提前获得经济收益。

（3）可以确定一批相对稳定的客源。

B 购买卡：酒店推行的卡可以以一定价格销售给顾客，顾客享受 8 折优惠。建议销售价 500 元或 300 元。

这样推行的好处：

（1）如果以每张 500 元的价格销售出 50 张，那么会有 25 000 元的资金提前回笼。可将回笼的资金做其他项目的投资。

（2）若以 500 元一张卡销售给一位客人，他用这张卡在酒店任何经营项目消费都可享受 8 折优惠。假如他一个月来消费 3 次，喝茶 2 次，共计消费 100 元，按优惠价收取 80 元，少收 20 元；住宿 1 次消费 128 元，按优惠价收取 102.4 元（实收 100 元），少收 28 元，一个月共计少收 48 元。以他买卡的 500 元 ÷48 元 =10 次，这样我们至少有 10 次是把客人优惠的钱收回来的。

（3）如果他来的次数多了，以薄利多销的方式一样也能赢得利润。

C 赠送卡：根据酒店董事层对外沟通交流的特殊需要，可由酒店制定充入相对数额的金卡给予赠送。赠送卡参与（8 折）优惠活动。建议数额：5 000 元、3 000 元、1 000 元（具体数额根据领导层的需要而定，可分为 A、B、C 等不同档次的卡赠送）。这样推行的好处：

（1）赠送带值金卡比较体面。本身新酒店运行会有一些人情往来，直接送现金不雅观，况且会带来资金压力，赠送带值金卡比较体面，且客人便于接收。

(2)赠送带值金卡能稳定一批客人。他们获得酒店赠送的卡中的现金也只限在本酒店消费，客人用这张卡时会别无选择地来本酒店消费。而如果酒店的服务得到他们的认可，酒店也就拥有了一批老客户。

（3）对外宣传起到了一定的作用。通过赠送卡让他们认识酒店，了解酒店，如果酒店的服务得到他们的认可，他们会在社会中宣传，这对酒店的广告宣传起到推动作用。

（二）训练目的

（1）通过训练，使学生更好地消化与理解酒店营销计划的特征、内容，以及酒店营销计划的制订程序等理论知识。

（2）通过训练，培养学生对酒店营销计划有关知识的学以致用能力。

（3）通过训练，培养学生独立分析问题的能力、创新能力与团队合作能力。

（三）训练内容与步骤

训练内容：

（1）德阳美家商务酒店的营销战略是什么？

（2）德阳美家商务酒店营销计划书的结构是否完整？

（3）针对德阳美家商务酒店营销计划书的不足之处加以完善。

训练步骤：

（1）个人分析回答第（1）、（2）个问题，分析思考第（3）个问题。

（2）小组内成员之间就第（2）、（3）个问题进行讨论交流。

（3）小组之间就第（3）个问题开展讨论交流。

学习评价

依据每个小组内每个人的表现情况，小组内互评、组间互评和老师的评价，确定个人能力水平和努力方向。评价细则如表 2-8 所示。

表 2-8　评价细则

内容			评价		
学习目标		评价内容	小组互评	组间互评	教师评价
专业知识	应知应会	简述酒店营销计划基本特征	Yes　No	Yes　No	Yes　No
		简述酒店营销计划主要内容	Yes　No	Yes　No	Yes　No
		明确酒店营销计划制定程序	Yes　No	Yes　No	Yes　No
		简述分析酒店的当前状况主要内容	Yes　No	Yes　No	Yes　No
专业能力	1．能够进行酒店环境分析 2．能够完成酒店计划的阶段性工作 3．能够掌握与灵活运用酒店营销计划相关知识	能对酒店营销环境进行简要分析	Yes　No	Yes　No	Yes　No
		运用所学知识，合作撰写酒店营销计划	Yes　No	Yes　No	Yes　No
		具备分析能力，分析酒店营销计划的优劣并予以完善	Yes　No	Yes　No	Yes　No
通用能力	组织能力		Yes　No	Yes　No	Yes　No
	沟通能力		Yes　No	Yes　No	Yes　No
	解决问题能力		Yes　No	Yes　No	Yes　No
	自我管理能力		Yes　No	Yes　No	Yes　No
	创新能力		Yes　No	Yes　No	Yes　No
态度	宽厚近人，高度责任感		Yes　No	Yes　No	Yes　No
努力方向：			建议：		

课外作业

（1）上网收集著名酒店的营销计划，并加以学习分析与交流。

（2）对本地著名的酒店进行市场调研，并草拟一份该酒店的市场营销计划书。

单元三

酒店目标市场营销

在市场经济条件下，酒店要求得生存，必须与不断变化的市场环境相适应，利用自身优势去满足目标市场的需求。由于受到酒店自身实力的限制，任何酒店企业产品都不可能为全体顾客服务，而只能满足一部分顾客的某种需求，所以酒店企业必须实行目标市场营销，选定最能发挥本酒店优势的市场作为自己争取的目标。

有效地实行目标市场营销的重要步骤是市场细分、选择目标市场和市场定位。酒店经营者应转变思想，树立新的酒店营销理念，明确酒店市场竞争优势，培育酒店核心竞争力，准确进行市场细分与选择酒店目标市场等，将有助于酒店在市场竞争中立于不败之地。

学习目标

1. 能够准确进行市场细分；
2. 能够对目标市场进行正确的选择；
3. 能够恰当地进行酒店市场定位。

目标一 酒店市场细分

酒店市场细分是指酒店根据顾客的欲望、购买行为等方面的差异，把某一酒店产品的整体市场划分为若干子市场的过程。市场细分是现代市场营销的重要基石，没有市场细分就没有目标市场的选择，也就不存在目标市场营销。

通过酒店市场细分，可以使酒店企业发掘新的市场机会，找到市场上的空白点，形成新的富有吸引力的目标市场。在市场细分的基础上，酒店企业可以扬长避短，充分、合理地利用现有资源，提高酒店综合竞争力。市场细分有助于满足不断变化的、千差万别的社会需求，推动社会经济不断发展。

案例介绍

万豪酒店的启示

万豪酒店（Marriott）是与希尔顿、香格里拉等齐名的酒店巨子之一，总部位于美国。现在，其业务已经遍及世界各地。

“八仙过海，各显神通”，不同的企业有不同的成功之道。就酒店业而言，上述企业在品牌及市场细分上就各有特色：希尔顿、香格里拉等这样单一品牌公司通常将内部质量和服务标准延伸到许多细分市场上；而万豪则偏向于使用多品牌策略来满足不同细分市场的需求，人们（尤其是美国人）熟知的万豪旗下的品牌有“庭院旅馆（Courtyard Inn）”、“波特曼·丽嘉（Ritz-Carlton）”等。

“万豪”这家著名的酒店针对不同的细分市场成功推出了一系列品牌：Fairfield（公平）、Courtyard（庭院）、Marriott（万豪）以及 Marriott Marquis（万豪伯爵）等。在早期，Fairfield（公平）是服务于销售人员的，Courtyard（庭院）是服务于销售经理的，Marriott（万豪）是为业务经理准备的，Marriott Marquis（万豪伯爵）则是为公司高级经理人员提供的。后来，万豪酒店对市场进行了进一步的细分，推出了更多的旅馆品牌。

在“市场细分”这一营销行为上，“万豪”可以称为超级细分专家。在原有的 4 个品牌都在各自的细分市场上成为主导品牌之后，“万豪”又开发了一些新的品牌。在高端市场上，Ritz-Carlton（波特曼·丽嘉）酒店在为高档次的顾客提供服务方面赢得了很高的赞誉并备受赞赏，Renaissance（新生）作为间接商务和休闲品牌与 Marriott（万豪）在价格上基本相同，但它们面对的是不同消费心态的顾客群体——Marriott 吸引的是已经成家立业的人士，而“新生”的目标顾客则是那些职业年轻人；在低端酒店市场上，万豪酒店由 Fairfield Inn 衍生出 Fairfield Suite（公平套房），从而丰富了自己的产品线；位于高端和低端之间的酒店品牌是 TownePlace Suites（城镇套房）、Courtyard（庭院）和 Residence Inn（居民客栈）等，它们分别代表着不同的价格水准，并在各自的娱乐和风格上有效进行了区分。

伴随着市场细分的持续进行，万豪又推出了 Springfield Suites（弹性套房），比 Fairfield Inn（公平客栈）的档次稍高一点，主要面对一晚 75 ~ 95 美元的顾客市场。为了获取较高的价格和收益，酒店使 Fairfield Suite（公平套房）品牌逐步向 Springfield（弹性套房）品牌转化。

经过多年的发展和演化，万豪酒店现在一共管理着8个品牌。

“万豪”会在什么样的情况下推出新品牌或新产品线呢？答案是：当其通过调查发现酒店市场上有足够的、尚未填补的“需求空白”或存在没有被充分满足的顾客需求时，公司就会推出针对这些需求的新产品或服务——这意味着公司需要连续地进行顾客需求调研。通过分析可以发现，“万豪”的核心能力在于顾客调查和顾客知识，“万豪”将这一切都应用到了从“公平旅馆”到“丽嘉”所有的旅馆品牌上。从某种意义上说，“万豪”的专长并不是酒店管理，而是对顾客知识的获取、处理和管理。

“万豪”一直致力于寻找其不同品牌间的空白地带。如果调查显示某细分市场上有足够的目标顾客需要一些新的产品或服务特色，那么“万豪”就会将产品或服务进行提升以满足顾客新的需求；如果调查表明在某一细分目标顾客群中，许多人对一系列不同的特性有需求，“万豪”将会将这些人作为一个新的“顾客群”，并开发出一个新的品牌。

相关知识

（一）酒店市场细分的概念

所谓的酒店市场细分就是酒店营销者根据酒店总体市场中不同顾客对产品的需求欲望、购买行为与购买习惯的差异，把酒店总体市场划分为若干子市场，即不同的消费者群体的过程。

例如，“万豪”在早期将总体市场细分为服务于销售人员的Fairfield（公平）、服务于销售经理的Courtyard（庭院）、为业务经理准备的Marriott（万豪）、为公司高级经理人员提供的Marriott Marquis（万豪伯爵）。后来，万豪酒店对市场进行了进一步的细分，推出了更多的酒店品牌。

（二）酒店市场细分的基础

1. 酒店顾客需求与购买行为的差异性

市场需求的差异性取决于社会生产力发展水平、市场商品供应的丰富程度以及消费者的收入水平、个性、年龄、地理位置、文化背景、职业差异等，这就为酒店市场细分提供了客观基础。

2. 酒店市场细分的客观基础还在于市场需求的相似性

从整体上看，人们的消费需求是千差万别的，然而这种差别中还包含着某种共性。这种交叉中的相似性和差异性就使市场具有可聚可分的特性，为酒店按照一定标准细分市场并选择自己目标市场提供了客观可能性。

（三）酒店市场细分的作用

1. 有利于酒店确定自己的目标市场

目标市场的确定恰当与否是关系到酒店市场营销战略制定与实现、酒店目标任务能否完成的首要问题，而一个理想目标市场的选择又必须依据科学的市场细分策略。只有通过市场细分，才能将总体的大市场划分为若干子市场，酒店才能根据自己各方面的条件从中做出正确的选择。

2．有利于酒店发现市场机会

通过市场细分，一方面可以更准确地发现顾客需求的差异性和需求被满足的程度，更好地发现和抓住市场机会，规避风险；另一方面可清楚地掌握竞争对手在细分市场上的竞争实力和市场占有率的高低，以便更好地发挥自己的竞争优势，选择最有效的目标市场。

3．可使酒店集中人、财、物和信息等资源条件投入到目标市场，形成经营上的规模效应

一些酒店资源及市场经营能力有限，在整个市场上或较大的子市场上不是大型酒店的对手，只能在市场细分的基础上，弥补市场的空缺，变整体优势为局部优势，使自己在竞争中不断发展和壮大。

4．有利于制定和调整市场营销组合策略

市场细分后，每个市场变得小而具体了，细分市场的规模、特点显而易见，顾客的需要清晰了，酒店就可以根据不同的产品与服务制定出不同的市场营销组合策略。同时，在细分市场上，信息反馈灵敏，一旦顾客需求发生变化，酒店就可以根据变化的情况，改变原有的营销组合策略，制定出相应的对策，使营销组合策略适应顾客不断变化的需求。

（四）酒店市场细分的标准

常见的影响顾客市场需求的因素：地理因素、人口因素、消费心理、消费行为。

1．按地理因素细分市场

酒店根据顾客所在的地理位置、地形、气候等因素来细分市场，然后选择一个或几个市场作为目标市场。

2．按人口特征因素细分市场

根据人口的年龄、性别、职业、收入、教育程度、婚姻状况、宗教、种族、国籍、社会阶层等特征将客源市场划分成若干子市场。

3．按消费心理因素细分市场

主要从顾客的个性特征、生活方式等方面进行市场分析。

4．按消费行为因素细分市场

例如，按顾客购买动机划分为度假客源市场，观光客源市场，商务、会议客源市场，探亲访友客源市场和奖励客源市场；按顾客使用的程度细分市场，可将其分成不使用者、潜在使用者、首次使用者和定期使用者。

市场细分的标准如表 3-1 所示。

表 3-1　酒店市场细分标准

细分标准	主要细分因素
地理因素	地理位置、地形、密度、城市规模、气候等
人口因素	年龄、性别、民族、收入、职业、家庭人口、宗教、国籍、教育程度等
心理因素	生活方式、人格特征、社会阶层等
行为因素	购买时机与频率、追求的利益、使用率、忠诚程度、态度等

（五）酒店市场细分的主要方法

酒店市场细分的方法很多，下面介绍几种市场细分的重要方法。

1．单一因素细分法

就是根据影响消费者需求的某一个重要因素进行市场细分。例如，按收入细分市场，可分为高档酒店、中档酒店、低档酒店；按消费行为不同，可将市场细分为度假客源市场，观光客源市场，商务、会议客源市场等。

2．两因素组合细分法

两因素组合细分法是指组合两个因素进行市场细分。此法比单一因素细分法所获得的细分程度更高，在很多情况下，细分结果也很接近实际。如按地理与行为因素进行分类，总体市场可细分出9个子市场，如图3-1所示。

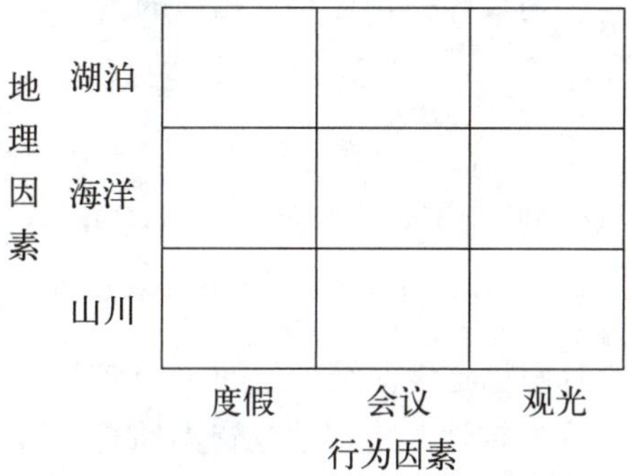

图3-1　两因素组合细分法

3．综合因素组合细分法

就是根据影响消费者需求的3种或3种以上的因素进行市场细分。

（六）酒店市场细分注意事项

（1）酒店市场细分的标准是动态的。酒店市场细分的各项标准不是一成不变的，而是随着社会生产力及市场状况的变化而不断变化。例如，年龄、收入、城镇规模、购买动机等都是可变的。

（2）不同的酒店企业在市场细分时应采用不同的标准。因为各酒店企业的条件、资源、财力和营销的产品不同，所采用的标准也应有区别。

（3）酒店企业在进行市场细分时，可采用一项标准，即单一变量因素细分，也可采用综合因素进行市场细分。

（七）酒店市场有效细分的条件

酒店进行市场细分的目的是通过对顾客需求差异予以定位，来取得较大的经济效益。众所周知，酒店产品的差异化必然导致产品成本和推销费用的增长，所以，酒店必须在市场细分所得收益与市场细分所增成本之间进行权衡。由此，有效的细分市场必须具备以下特征：

1．可衡量性

这是指用来细分酒店市场的标准和变数以及细分后的酒店市场是可以识别和衡量的，即有明显的区别。如果某些细分变数或购买者的需求和特点很难衡量，细分市场后无法界定，难以描述，那么市场细分就失去了意义。一般来说，一些带有客观性的变数，如年龄、性别、收入、地理位置、民族等，都易于确定，并且有关的信息和统计数据也比较容易获得；而一些带有主观性的变数，如心理和性格方面的变数，就比较难以确定。

2．可进入性

这是指酒店能够进入所选定的市场，能进行有效的促销和分销，实际上就是考虑营销活动的可行性。一是酒店企业能够通过一定的广告媒体把产品的信息传递给该市场众多的消费者，二是酒店产品能通过一定的销售渠道抵达该市场。

3．可盈利性

这是指细分市场的规模要大到能够使酒店企业足够获利的程度，使酒店值得为它设计一套营销规划方案，以便顺利地实现其营销目标，并且有可拓展的潜力，以保证能按计划获得理想的经济效益和服务效益。

4．差异性

这是指细分市场在观念上能被区别并对不同的营销组合因素和方案有不同的反应。

5．相对稳定性

这是指细分后的市场有相对的时间稳定性。细分后的市场能否在一定时间内保持相对稳定，直接关系到酒店企业产品销售的稳定性。特别是投资周期长、转产慢的酒店企业，更容易造成经营困难，严重影响酒店企业的经营效益。

（八）酒店市场细分的程序

美国市场学家麦卡锡提出细分市场的一整套程序，该程序包括 7 个步骤，如图 3-2 所示。

1．依据需求选定产品市场范围

酒店企业首先应该根据消费者的需求情况、企业的营销目标以及经营产品的特性来确定其进行营销活动的初步产品市场范围。

值得注意的是，酒店企业的产品市场范围最终是由消费者的需求来确定的。

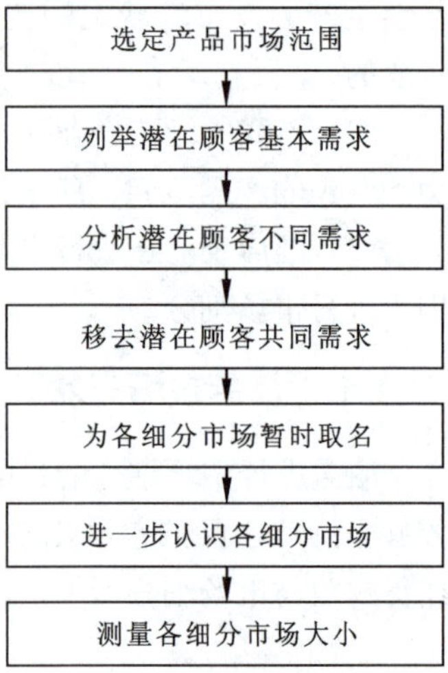

图 3-2　酒店市场细分程序

2．列举潜在顾客的基本需求

确定了产品市场范围以后，酒店的营销人员可以对潜在的顾客基本需求进行一定的估算。例如，按顾客购买动机划分为度假客源市场，观光客源市场，商务、会议客源市场，探亲访友客源市场和奖励客源市场。

3．了解不同潜在用户的不同要求

对于列举出来的基本需求，不同顾客强调的侧重点可能会存在差异。例如，经济、安全、舒适等是有顾客共同强调的，但有

的顾客特别重视方便，有的顾客则对环境的安静、内部装修等有很高的要求。通过这种差异比较，不同的顾客群体即可初步被识别出来。

4. 移去潜在顾客的共同需求

从某种意义上说，顾客的共同需求是所有顾客对酒店的基本要求，也是酒店企业在营销决策时的重要依据。它固然重要，但是不可能作为市场细分的基础。只有那些不同的需求才可能成为划分不同细分市场的标准，所以，这一步的实质就是要找出对酒店有用的能够进行市场细分的客观标准。抽掉潜在顾客的共同要求，而以特殊需求作为细分标准。

5. 划分群体或子市场

根据潜在顾客基本需求上的差异方面，将其划分为不同的群体或子市场，并赋予每一个子市场一定的名称，如万豪酒店的公平、庭院、万豪和万豪伯爵等旅馆品牌，并据此采用不同的营销策略。

6. 进一步细分

进一步分析每一细分市场需求与购买行为特点，以便在此基础上决定是否可以对这些细分出来的市场进行合并，或做进一步细分。分析基本上都以消费者的需求为主来进行，而且为了满足市场细分的需要，营销人员人为地把其中具有相似或相同需求的消费者归类为同一细分市场。酒店应该对各细分市场进行深入的分析，以掌握它们的特点，为酒店营销活动设计提供依据。

7. 测量各细分市场大小

经过上述6个步骤，酒店基本上可以确定各个子市场的类型，这时的主要任务将转向测量各细分市场的容量大小上。要测量市场容量，不外乎3个因素：购买者数量、购买力和购买动机，其中的潜在购买者数量和潜在顾客的购买能力决定了酒店企业未来销售的潜力。

案例分析

（1）酒店市场调查与细分是万豪酒店营销成功的关键。

万豪酒店针对不同的细分市场成功推出了一系列品牌。早期，Fairfield（公平）是服务于销售人员的，Courtyard（庭院）是服务于销售经理的，Marriott（万豪）是为业务经理准备的，Marriott Marquis（万豪伯爵）则是为公司高级经理人员提供的。后来，万豪酒店对市场进行了进一步的细分，推出了更多的酒店品牌。如高端市场上的Ritz-Carlton（波特曼·丽嘉）、目标顾客为职业年轻人的Renaissance（新生），低端酒店市场上的Fairfield Suite（公平套房），高端和低端之间的TownePlace Suites（城镇套房）、Courtyard（庭院）和Residence Inn（居民客栈）等，它们分别代表着不同的价格水准，并在各自的娱乐项目和风格上有效进行了区分。万豪酒店丰富了自己的产品线，扩大了酒店的市场影响力和市场占有率，取得营销成功。

（2）“万豪”的创新之道在于对顾客调查和顾客知识的了解与掌握。

“万豪”的专长并不是酒店管理，而是对顾客知识的获取、处理和管理。“万豪”一直致力于寻找其不同品牌间的空白地带。如果调查显示某细分市场上有足够的目标顾客需要一些新的产品或服务特色，那么“万豪”就会将产品或服务进行提升以满足顾客新的需求；如果调查表明在某一细分目标顾客群中，许多人对一系列不同的特性有需求，“万豪”将会把这些人作为一个新的顾客群，并开发出一个新的品牌。

(3)市场细分是STP战略，即市场细分(Segmentation)、选择(Targeting)和定位(Positioning)战略管理的基础。

STP战略归根到底是围绕着细分市场来设计和开发的。在产品和服务严重同质化的今天，在大家为同一块市场拼得头破血流的时候，应该从战略高度，尤其是从品牌战略管理的角度来考虑突破和创新。中国酒店业要想在激烈的竞争中胜出并获得持续的发展，就必须虚心向国外同行学习，扎扎实实地提升自己的管理水平。“万豪”的做法为我们提供了一些新的思路。

能力培养训练

（一）背景材料

汉庭更名汉庭酒店集团向市场细分转移

2005年，针对中国消费者的有限服务中档酒店——汉庭正式亮相中国市场。汉庭的定位是“我的书房，我的家”，强调家一样的温馨舒适，同时融入商务功能。

2008年2月18日，汉庭连锁酒店宣布正式更名为汉庭酒店集团。“汉庭到2007年底已经完成了全国主要商旅城市和长三角、珠三角、环渤海湾地区的布点。之所以选择在这个时候宣布改名酒店集团，是因为随着经济型酒店市场竞争的不断升温，经济型酒店市场竞争焦点逐渐从‘跑马圈地’向‘市场细分’转移。所以在成立集团后，汉庭今后整体发展策略为多品牌运作。”汉庭酒店集团首席运营官张拓表示。

汉庭酒店集团CEO季琦认为，汉庭一直在做经济型酒店细分市场的文章。从现在的市场需求来看，不同的客户群对于住宿产品的需求在不断提高，这表示，酒店产品作为服务的一种延伸，同样要靠细节取胜。对于现在的汉庭酒店集团来说，20～50岁的人群都是目标。

目前汉庭拥有“汉庭酒店”和“汉庭快捷”两个品牌，汉庭酒店专为商务人士量身打造，是目前国内规模最大的中档连锁酒店。汉庭快捷酒店则以现代、舒适、超值为诉求，满足商务人士不同的出行住宿需求。

“除了原本两大品牌，我们接下来会在今年推出一个新品牌‘汉庭客栈’。”2008年9月，汉庭客栈第一家店在杭州开业，它定位于年轻白领消费人群，汉庭成功进入中国酒店业三大细分市场。

“汉庭客栈”的99元定价、大厅小房的设计、环保、自助的服务和漫画特色，把它和注重商务功能、定价在300元左右的“汉庭酒店”，注重便利性、定价在200元左右的“汉庭快捷”区别开来，成为年轻白领和学生的首选。汉庭客栈的开幕，是汉庭这个国内领先的有限服务酒店集团在品牌细分上的创意之举，也是汉庭一贯倡导的“高性价比”的再一次完美呈现。汉庭客栈的面世，和汉庭酒店、汉庭快捷一起，完成了汉庭在有限服务酒店细分市场的战略布局，也对“人在旅途、家在汉庭”做出了新的诠释。

细分市场取得了巨大的成就，“汉庭”也在不断地发展。2011年3月，在2011亚洲酒店论坛上，获得第六届酒店星光奖“中国最佳经济型连锁酒店品牌”；2011年6月，汉庭快捷荣获《时尚旅游》发布的“中国旅游金榜”的“2011年度最佳经济型连锁酒店品牌”称号；2011年6月，汉庭酒店集团荣获由《中国证券报》和美国纳斯达克OMX集团联合推出的2010年度“中证－纳斯达克金牛上市公司奖”的“最佳首次发行公司”奖项。

（二）训练目的

（1）通过训练，使学生更好地消化与理解酒店市场细分的概念，市场细分的客观基础，市场细分的标准、方法和程序等理论知识。

（2）通过训练，培养学生有关酒店市场细分的学以致用能力。

（3）通过训练，培养学生独立分析问题的能力、创新能力与团队合作能力。

（三）训练内容与步骤

训练内容：

（1）汉庭酒店集团为什么要在原来品牌的基础上增加“汉庭客栈”？

（2）汉庭酒店集团细分酒店市场的标准是什么？

（3）汉庭酒店集团采用什么方法进行酒店市场细分？

（4）试分析汉庭酒店集团还可以怎样更好地细分市场。

（5）万豪酒店还可以怎样开发哪些细分市场？

训练步骤：

（1）个人分析回答第（1）、（2）、（3）个问题，分析思考第（4）、（5）个问题。

（2）小组内成员之间就第（4）、（5）个问题进行讨论交流。

（3）小组之间就第（4）、（5）个问题开展讨论交流。

学习评价

依据每个小组内每个人的表现情况，以及小组内互评、组间互评和老师的评价，确定个人能力水平和努力方向。评价细则如表 3-2 所示。

表 3-2 评价细则

内容			评价		
学习目标		评价内容	小组互评	组间互评	教师评价
专业知识	应知应会	简述酒店市场细分概念与客观基础	Yes No	Yes No	Yes No
		简述酒店市场细分的标准与方法	Yes No	Yes No	Yes No
		酒店市场细分成功的条件有哪些	Yes No	Yes No	Yes No
		简述酒店市场细分的基本程序	Yes No	Yes No	Yes No
专业能力	1．掌握酒店市场细分的基本方法和标准 2．能够评价市场细分的优劣 3．能够进行简单的市场细分的实际操作	明确恰当选择市场细分的标准和方法	Yes No	Yes No	Yes No
		运用所学知识，判断市场细分的优劣，并进行调整	Yes No	Yes No	Yes No
		具备一定应用能力，能够进行市场细分	Yes No	Yes No	Yes No
通用能力	组织能力		Yes No	Yes No	Yes No
	沟通能力		Yes No	Yes No	Yes No
	解决问题能力		Yes No	Yes No	Yes No
	自我管理能力		Yes No	Yes No	Yes No
	创新能力		Yes No	Yes No	Yes No
态度	宽厚近人，高度责任感		Yes No	Yes No	Yes No
努力方向：			建议：		

课外作业

（1）了解本地不同类型酒店的市场细分方法与标准。

（2）网上分析学习国际知名酒店是如何取得市场细分成功的。

目标二 酒店目标市场策略

酒店的目标市场是酒店企业决定要进入和占领的市场，酒店的一切营销活动都是围绕目标市场进行的。选择和确定目标市场，也是酒店企业制定营销战略的首要内容和基本出发点，不仅直接关系到酒店企业的经营成果以及市场占有率，还直接影响到酒店的生存。因此，酒店在选择目标市场时，必须认真评价目标市场的营销价值，从市场潜力、竞争状况以及本酒店的资源条件、营销能力和营销特点等方面进行全面分析评估，然后再研究是否值得去开拓，能否实现以最小的消耗取得最大的营销成果。

案例介绍

斯威特洛芙主题酒店

斯威特洛芙主题酒店是一家以情侣概念为特色的精品主题酒店，酒店旨在成为北京地区最受年轻时尚情侣们欢迎的多主题特色酒店，浪漫、温馨、时尚、刺激等元素将在“斯威特”得到完美的呈现。酒店的特色在于每一个房间都有独一无二的主题风格，力争在最大程度上满足情侣们不同的需求。“斯威特”位于海淀区志新东路，酒店对面有物美超市、麦当劳等知名商家，毗邻五道口、中关村与奥运商圈，周边高校有北京语言大学、北京科技大学、中国地质大学、中国矿业大学、北京大学、清华大学、中国农业大学与北京林业大学等，距离“鸟巢”和“水立方”也只有 5 分钟左右的车程，地理位置上佳。

“斯威特”定位于快捷主题酒店。“快捷”秉承快捷经济型酒店性价比高的特点，“主题”提供不同于普通快捷酒店的差异化服务。“恋情”的主题概念能够让顾客以与传统快捷酒店同样的价钱享受一种与众不同的氛围，而不单单是住宿。“斯威特”以一种差异化的产品切入酒店市场，能够在一定程度上避免过于激烈的市场竞争，并且能够吸引目标顾客的眼球。

“斯威特”的目标受众主要锁定在京城年轻、时尚、前卫、浪漫的情侣们。这些人既渴望浪漫、刺激、新奇的爱情体验，也非常希望带给对方最独特的恋爱感受，他们对爱情的态度也非常用心。选择“斯威特”既代表着他们的爱情态度，也代表着他们的爱情浓度，即选择了“斯威特”也体现了爱情观。不管情侣之间的恋爱史是多么漫长，还是一见钟情的邂逅，选择“斯威特”的他们绝对是最浪漫、最时尚、最用心的恋爱高手。将双方的爱情置于“斯威特”最富想象力的空间里，不断加温，直到彼此之间的爱情达到极致。在这里，情侣们将共同谱写世界上最美妙的恋爱之曲。

“斯威特”设置了 16 间主题房，每间主题房都有独一无二的主题风格。例如：

海洋之恋：壁纸色调为海洋蓝，上面有和海洋有关的图案，墙壁上配以和海洋有关的饰品，天花板配以星空图案，床罩也以蓝白色调为主，卫生间墙上配以相应的挂件，以配合房间的风格。

草原恋曲：壁纸为草原图案，上半部分为天空，下半部分为草原，天花板配以天空图案，和壁纸衔接，床罩为青绿色，沙发也为青绿色，草绿色、青绿色为主色调。

Hello Kitty：壁纸、地毯、床罩、沙发等一切都有 Hello Kitty 的图案，房间里摆放一只大的 Kitty 玩偶，主色调为粉色。

穿越时空的爱恋：房间的风格沿着一条中轴线分成两半，一半是古代风格，一半是现代风格，床的中线刚好对着房间的中轴线，两人一人置身于古代，一人置身于现代，体验一种穿越时空的爱恋的感觉。

浪漫满屋：淡紫色为该房间的主色调，壁纸是紫色玫瑰的图案，天花板也贴有淡紫色的壁纸，中间有一个大心形（或天花板也是紫色玫瑰的图案）。床单、底单都是紫色玫瑰的图案。房间内有一片假花区域，带有香味。

宫廷恋曲：以金色调为主，富有宫廷气息。

美人鱼之恋：壁纸以迪斯尼著名动画片《美人鱼》为背景，演绎经典的人鱼之恋。

足球之夜：墙壁上有贝克汉姆、卡卡等足球明星，也有性感足球宝贝的图案，有一个小球门，绿色地毯，有世界杯模型。

维多利亚的秘密：欧式风格，壁纸为暖色调，墙上有两三副中等大小的欧式油画，油画边框具有欧式风格，欧式家具，木制壁炉。

帝博格的小屋：灰色的墙，墙上挂着几幅歪歪扭扭的画，有性感女郎与健美男子的海报，特制的小木箱上放着几个用塑料做的啤酒瓶，洁白的床单造成很强的视觉冲击。

超现实主义爱恋：超现实主义画派，配以超现实主义的饰品修饰，床单的图案也很夸张，给人完全不同的感受，浪漫元素如心形标志等不能缺少。

创意十足的主题房将为年轻时尚的情侣们打造最浪漫、最温馨、最刺激的约会空间。与时下风靡全国的快捷酒店经济房相比，“斯威特”的情侣主题房间是具备了很明显的差异化特点的产品，而这也将成为力争在北京酒店市场开辟新的细分市场的支柱产品。同时，情侣主题房也将是酒店的品牌核心和运营管理核心。主题房的特点要求酒店经营者必须具备超人的胆识和独特的创新思维，保证酒店的这项核心竞争力始终处于行业前列。

相关知识

（一）酒店目标市场概念

酒店目标市场就是酒店企业在细分市场之后决定进入或占领的子市场。

由于受酒店企业各种资源因素的限制，每一家酒店都很难满足所有酒店市场的需求。酒店企业往往需要根据顾客对产品与服务的不同欲望与需求、不同的消费行为与习惯，把酒店顾客整体市场划分为具有一定特征的若干子市场，并从众多的子市场中选择出与本酒店营销策略、人力、物力、财力等方面最适应、潜力最大、获利最丰的那部分市场作为本酒店的目标市场。

（二）确定酒店目标市场的步骤

正确选择目标市场需要酒店企业开展大量的工作，具体可概括为以下主要步骤：

第一步：评估细分市场的规模和发展前景。

第二步：分析细分市场的风险因素。

第三步：分析酒店企业自身的优势和市场需求。

第四步：确定酒店目标市场。

（三）酒店目标市场的评估

一般来说，酒店企业考虑进入某目标市场之前应对细分市场做以下几方面的评估：

1．细分市场是否具有一定的市场规模和增长潜力

对细分市场进行评估时，首先要评估细分市场是否有适当规模和增长潜力。适当规模是与酒店企业规模和实力相适应的。较小的市场对于大酒店企业，不利于充分利用酒店企业的销售能力；而较大市场对于小酒店企业，则缺乏满足较大市场的有效需求或难以抵御较大市场上激烈竞争的能力。增长的潜力是指市场要有尚未满足的需求，有充分发展的潜力。

2．细分市场结构是否有足够的市场吸引力

市场吸引力主要是从获利的角度分析市场长期获利能力的大小。有些市场虽然具有一定的规模和增长潜力，但从利润角度来看却不一定具有吸引力。波特认为有 5 种因素决定整个市场或其中任何一个细分市场的长期的内在吸引力。这 5 个因素是：同行业竞争者、新参加的竞争者、替代产品、购买者和供应商，如图 3-3 所示。酒店必须充分估计这 5 种因素对长期获利率所造成的影响，预测各细分市场的预期利润的多少。

（1）行业内激烈竞争的威胁：如果某个行业市场已经有了众多的、强大的或者竞争意识强烈的竞争者，常常会导致价格战、广告争夺战、不断开发新产品等，使酒店企业为应付竞争要付出高昂的代价，那么该细分市场就会失去吸引力。

（2）新进入竞争者的威胁：如果某个细分市场会增加争夺市场份额的新的竞争者，那么该细分市场就会没有吸引力。问题的关键是新的竞争者能否轻易地进入这个细分市场。如果新的竞争者进入这个细分市场时遇到森严的壁垒，并且遭受到细分市场内原来的酒店的强烈报复，他们便很难进入。保护细分市场的壁垒越低，原来占领细分市场的酒店的报复心理越弱，这个细分市场就越缺乏吸引力。某个细分市场的吸引力随其进退难易的程度而有所区别。

根据行业利润的观点，一般情况如下：

最有吸引力的细分市场应该是进入的壁垒高、退出的壁垒低；细分市场进入和退出的壁垒都高，利润潜量大，但伴随较大的风险；细分市场进入和退出的壁垒都较低，酒店便可以进退自如，然而获得的报酬虽然稳定但不高；最坏的情况是进入细分市场的壁垒较低，而退出的壁垒却很高。于是在经济良好时，大家蜂拥而入，但在经济萧条时，却很难退出，其结果是大家都服务于销售能力过剩，收入下降。

（3）替代产品的威胁：如果某个细分市场存在着替代产品或者有潜在的替代产品，那么该细分市场就会失去吸引力。替代产品会限制细分市场内价格和利润的增长。酒店应密切注意替代产品的价格趋向。如果在这些替代产品行业中技术有所发展，或者竞争日趋激烈，这个细分市场的价格和利润就可能会下降。

（4）购买者的威胁：如果某个细分市场中购买者的讨价、还价能力很强或正在加强，该细分市场就没有吸引力。购买者会设法压低价格，对服务产品和服务质量提出更高的要求，并且使竞争者互相斗争，所有这些都会使酒店的

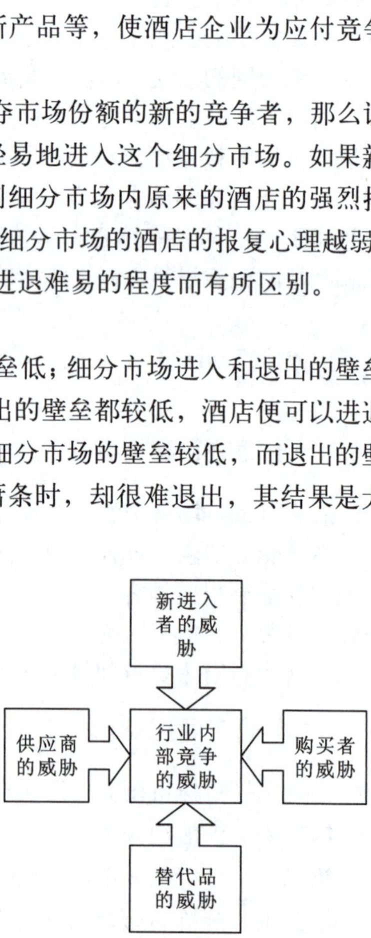

图 3-3　决定市场吸引力的因素

利润受到损失。对于购买者比较集中、该产品在购买者的成本中占较大比重、产品无法实行差别化、顾客的转换成本较低等情况，购买者的讨价还价能力就会加强。酒店为了保护自己，可选择议价能力最弱或者转换销售商能力最弱的购买者。较好的防卫方法是提供顾客无法拒绝的独特产品，降低购买者的议价能力。

(5) 供应商的威胁：如果酒店的供应商提价或者降低产品和服务的质量，或减少供应数量，那么该酒店所在的细分市场就会没有吸引力。因此，酒店企业要与供应商建立良好关系和开拓多种供应渠道，以降低供应商给酒店企业带来的威胁。

3. 细分市场是否符合企业的目标和资源

某些细分市场虽然有较大吸引力，但不能推动酒店实现发展目标，甚至分散酒店企业的精力，使之无法完成其主要目标，这样的市场应考虑放弃。另一方面，还应考虑酒店企业的资源条件是否适合在某一细分市场经营。只有选择酒店有条件进入、能充分发挥其资源优势的市场作为目标市场，酒店才会立于不败之地。因此酒店企业选择目标市场必须考虑：

(1) 细分市场的目标是否符合酒店的长远目标，如果不符合，就只有放弃。

(2) 酒店企业是否具备在该市场获胜所需的技术和资源，如酒店的人力、物力、财力等，如果不具备，也只能放弃。

(3) 酒店企业是否具备在该市场获胜所需的优于竞争者的技术和资源。如果酒店具有竞争的优势，才适宜进入该细分市场。

（四）目标市场模式选择

酒店在对不同细分市场进行评估后，就必须对进入哪些市场和为多少个细分市场服务做出决策。一般来说，可采用的目标市场模式有 5 种 ：

1. 单一市场

最简单的方式是酒店选择一个细分市场集中营销。通过密集营销，酒店更加了解本细分市场的需要，并树立特别的声誉，便可在该细分市场建立稳固的市场地位。

2. 产品专门化

就是酒店向各类顾客集中提供一种产品。例如,仅仅提供某度假产品。酒店通过这种战略，在某个产品方面树立起很高的声誉。

3. 市场专门化

是指酒店专门为满足某个顾客群体的各种需要而服务。例如，斯威特·洛芙主题酒店是一家以情侣概念为特色的精品主题酒店。酒店企业专门为这个顾客群体服务,而获得良好的声誉，并为这个顾客群体提供其所需各种新产品。

4. 选择性专门化

是指酒店企业选择若干细分市场，如将度假客源市场，观光客源市场，商务、会议客源市场等作为目标市场，其中每个细分市场在客观上都有吸引力，并且符合酒店的目标和资源。但各细分市场之间很少有或者根本没有任何联系，然而每个细分市场都有可能赢利。这种多细分市场目标优于单一细分市场目标，即使某个细分市场失去吸引力，酒店仍可继续在其他细分市场获取利润。

5. 完全市场覆盖

是指酒店用各种产品满足各种顾客群体的需求。只有大酒店才有可能采用完全市场覆盖战略，但实施起来难度也很大，很少有酒店选择此目标市场模式。

（五）酒店目标市场策略

酒店对整体市场进行细分之后，要根据细分市场的市场潜力、竞争状况、本酒店资源等多种因素进行目标市场选择，决定把哪一个或哪几个细分市场作为自己的目标市场，并采用相应的目标市场策略。

目标市场选择策略一般有无差异市场策略、差异市场策略、集中市场策略。

1. 无差异市场策略

是指把酒店整体市场毫无区别地作为酒店的目标市场。酒店只推出一种产品，如单一标准间、一种价格、一种推销方法。其优点有：可以大规模地销售或服务，简化销售渠道；可节省市场调研费用和广告宣传支出。其缺点就是酒店顾客需求是多种多样的，这种单一的方式是不长久的。

2. 差异市场策略

是指根据顾客的不同需求点，对整体市场进行区分，然后针对每个细分市场的特色，分别设计不同的产品或服务，采用不同的经营手段，以满足每个顾客的具体需求。例如，酒店客房针对宾客需求划分为单人房、标准间、套房和高级套房等。

3. 集中市场策略

是指在市场细分的基础上，酒店选择一个或几个目标市场，然后集中酒店所有的人力、财力、物力，以一种营销组合手段服务于最有潜力且最能适应的目标市场。采用该策略往往是资源能力有限的中小型酒店，它在较大的市场很难同大企业竞争，因而寻求在较小的细分市场上占有较有利的资源。

3 种策略对比可用图 3-4 表示。

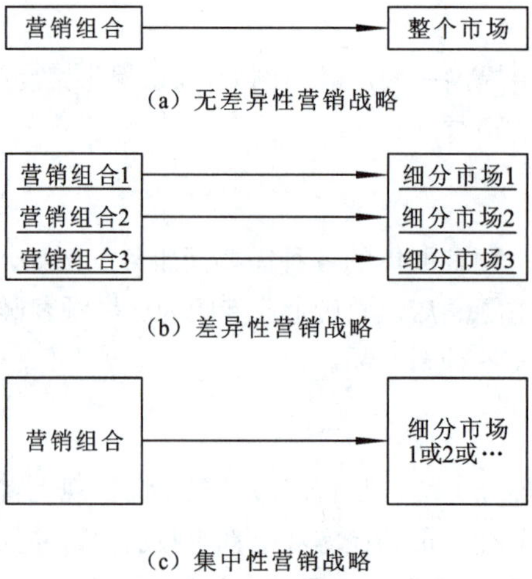

图 3-4　3 种目标市场选择策略

（六）影响目标市场策略选择的因素

由于无差异市场策略、差异市场策略和集中市场策略各有利弊，各有其适应性，酒店在选择目标市场营销策略时就不能随心所欲，必须考虑酒店本身的特点及产品和市场状况等因素，在对主客观条件全面衡量后才能加以确定。具体来说，酒店在选择目标市场营销策略时，通常应考虑以下几个因素：酒店资源、市场同质性、产品同质性、产品生命周期、竞争对手数目、竞争对手营销策略。

1．酒店资源

酒店资源包括酒店的人力、物力、财力及酒店形象等。如果酒店规模较大，实力雄厚，有能力占领更大的市场，可采用差异市场策略或无差异市场策略；如果酒店资源有限，实力不强，无力兼顾整体市场或几个细分市场，可采用集中市场策略。

2．市场同质性

市场同质性是指市场上消费者需求和偏好所具有的类似性。如果消费者的需求和偏好十分相近，购买数量和方式也大体相同，说明市场同质性较高，可采用无差异市场策略。如果市场需求的差别较大，就宜采用差异市场策略或集中市场策略。

3．产品同质性

产品同质性是指本酒店产品与其他酒店产品的类似性。如果本酒店产品同其他酒店产品相似，说明产品同质性高，适宜采用无差异市场策略；反之适宜采用差异市场策略或集中市场策略。

4．产品生命周期

一般而言，酒店产品所处市场生命周期的不同阶段，采用的营销策略也有规律可循。若产品处于导入期或成长期，竞争者少，宜采用无差异市场策略，以便探测市场的需求。产品进入成熟期，适于采取差异市场策略，以开拓市场。产品进入衰退期，应采取集中市场策略，集中力量于最有利的细分市场，以延长产品的市场寿命。

5．竞争者数目

当竞争者数目少时，一般采用无差异市场策略；当竞争者数目多、竞争激烈时，宜采用差异或集中市场策略。

6．竞争者的营销策略

酒店在选择目标市场的营销策略时，必须考虑到竞争对手所采取的营销策略。一般来说，酒店应采取与竞争对手相反的营销策略，以避免与竞争者直接抗衡。

目标市场策略选择的因素如表 3-3 所示。

表 3-3　目标市场策略选择的因素

目标市场策略	酒店资源	产品同质性	市场同质性	产品生命周期阶段	竞争者策略	竞争者数目
无差异	多	高	高	投入期	—	少
差异	多	低	低	成长期成熟期	差异	多
集中	少	低	低	衰退期	—	多

当然，究竟采用什么样的营销策略，在实践中要根据不同时期双方的具体情况做出抉择。如遇到强有力的竞争者实施无差异市场策略时，因可能有较次要的市场被冷落，酒店可乘虚而入，应采用差异市场策略予以占领；如果实力较强的竞争对手已经采用了差异市场策略，本酒店难以与之抗衡，则应进行更有效的市场细分，实行集中市场策略；如果竞争对手的力量较弱，而自己的力量较强，则可完全根据自己的情况确定营销策略。

案例分析

（1）斯威特·洛芙酒店管理公司的领导层立足新起点，把握新趋势，寻求新思路，开辟新航道，率先在北京市场打起“主题酒店”的大旗。

随着人们生活水平的不断提高，人们对酒店的服务要求越来越趋向于一种个性化体验。那些仅仅向他们提供住宿、餐饮、娱乐服务的传统旅游商务酒店，已难以满足人们的精神需求。于是，一种有着显著文化特色，并给人以特别感受的主题酒店便应运而生。

斯威特·洛芙主题酒店是一家以情侣概念为特色的精品主题酒店，酒店旨在成为北京地区最受年轻时尚情侣们欢迎的多主题特色酒店，浪漫、温馨、时尚、刺激等元素将在“斯威特”得到完美的呈现。“斯威特”通过对目标受众的分析，设计了16间风格各异的情侣主题房，代表着一种追求完美的爱情态度，代表着充斥于情侣间的浪漫、温馨、时尚、刺激等元素，同时也代表着酒店对积极认真的恋爱观的鼓励与欣赏。

（2）“斯威特”的竞争优势在于营销的差异化。“斯威特”秉承快捷经济型酒店性价比高的特点，提供不同于普通快捷酒店的差异化服务。“恋情”的主题概念能够让顾客以与传统快捷酒店同样的价钱享受一种与众不同的氛围，而不只是住宿。“斯威特”以一种差异化的产品切入酒店市场，能够在一定程度上避免过于激烈的市场竞争，并且能够吸引目标顾客的眼球。

（3）主题酒店将是中国未来酒店发展的一个新方向。随着市场竞争的日益激烈，酒店的竞争越来越趋向于一种更高质量的竞争，那就是文化的竞争。制度、文化和人情的全面结合是未来酒店竞争的一种升华。“以变应变，以变制变，创新发展”，是中国酒店业未来发展道路上的必然选择。主题酒店是国内外正在兴起的酒店发展的新形态，它让顾客在消费过程中得到一种文化的享受，毫无疑问，主题酒店将是中国未来酒店发展的一个新方向。作为正在兴起的酒店发展新形态，主题酒店的发展空间及其业内竞争力成为中国酒店业关注的焦点。

能力培养训练

（一）背景材料

大连双盛园美食广场

大连双盛园美食广场是一家以燕鲍翅和潮州菜为主的大型纯正中华餐饮酒店，位于大连市西部繁华的商业圈，地理位置优越，交通便利，距火车站和机场仅十余分钟车程。酒店主体建筑4层，营业面积达5 000余平方米，拥有尊贵豪华的VIP贵宾房、风格各异的KTV包房共40个；另设温馨典雅的多功能厅、零点餐厅等一流的服务设施，可同时容纳千余人就餐。

大连双盛园餐饮有限公司董事长黄淑卿，1978年从海鲜馆退休了，可她却是个闲不住的人，没等休息两年，她就花130元买了个小推车，自己做起了焖子沿街叫卖。没想到，自己做的焖子大受欢迎，买卖一发不可收拾，两年后，黄淑卿便开了第一家私营饺子馆——增盛饺子馆。

黄大妈告诉记者，当年开这个饺子馆是这么多年来做得最难的一件事，因为当年的政策还不太支持个体户，全大连就独此一家，后来生意红火又排挤掉一些同行，黄大妈也遭受了他们的很多白眼。

黄大妈的增盛饺子馆生意一天比一天红火，人们都是排着队来吃，两口大锅下饺子都不赶趟儿，最多的一天竟然包了400斤饺子。逐渐，一些同行竞争不过纷纷关门，随之而来的就是他们的一片骂声，更有甚者每天从增盛饺子馆楼上往下泼脏水，对于这些，黄大妈从来都是一笑置之，继续用自己的诚信经营着买卖。

勤劳的汗水终于换来丰厚的收获，在后来的几年时间里，黄淑卿与自己的孩子们在大连开了几家“双盛园”酒店，是以燕鲍翅和潮州菜为主的大型纯正中华餐饮酒店，并逐渐做到了全国，“双盛园”一下子变成了知名品牌。迄今为止，“双盛园”在全国已有18家分店，黄淑卿本人身价也一跃上亿元。

（二）训练目的

（1）通过训练，使学生更好地消化与理解酒店目标市场的概念、细分市场的评估标准、酒店目标市场策略以及影响目标市场策略选择的因素等理论知识。

（2）通过训练，培养学生有关酒店目标市场选择的学以致用能力。

（3）通过训练，培养学生独立分析问题的能力、创新能力与团队合作能力。

（三）训练内容与步骤

训练内容：

（1）大连双盛园美食广场早期采用的是什么目标市场策略？为什么？

（2）大连双盛园美食广场后期采用的是什么目标市场策略？为什么？

（3）大连双盛园美食广场为什么要进行目标市场策略的调整？

（4）从大连双盛园美食广场成功营销中获得怎样的启示？

训练步骤：

（1）个人分析回答第（1）、（2）个问题，分析思考第（3）、（4）个问题。

（2）小组内成员之间就第（3）、（4）个问题进行讨论交流。

（3）小组之间就第（4）个问题开展讨论交流。

学习评价

依据每个小组内每个人的表现情况，以及小组内互评、组间互评和老师的评价，确定个人能力水平和努力方向。评价细则如表3-4所示。

表3-4 评价细则

内容			评价		
学习目标		评价内容	小组互评	组间互评	教师评价
专业知识	应知应会	简述酒店目标市场的概念与评估步骤	Yes No	Yes No	Yes No
		简述选择目标市场策略的影响因素	Yes No	Yes No	Yes No
		酒店目标市场的主要策略有哪些	Yes No	Yes No	Yes No
		简述酒店目标市场评估的主要内容	Yes No	Yes No	Yes No
专业能力	1．掌握目标市场的主要策略 2．能够评估目标市场的优劣 3．能够优化目标市场策略	明确目标市场策略并正确选择酒店的目标市场营销策略	Yes No	Yes No	Yes No
		运用所学知识，评估与判断目标市场的优劣，并进行具体市场的选择	Yes No	Yes No	Yes No
		具备分析能力，考虑具体因素不断优化原有的目标市场策略	Yes No	Yes No	Yes No
通用能力	组织能力		Yes No	Yes No	Yes No
	沟通能力		Yes No	Yes No	Yes No
	解决问题能力		Yes No	Yes No	Yes No
	自我管理能力		Yes No	Yes No	Yes No
	创新能力		Yes No	Yes No	Yes No
态度	宽厚近人，高度责任感		Yes No	Yes No	Yes No
努力方向：			建议：		

课外作业

（1）从网上收集世界著名大酒店目标市场策略方面的资料，并加以学习与分析。

（2）调查当地知名酒店并分析其目标市场营销策略正确与否，如何改进？

目标三 酒店市场定位

随着国际酒店集团在我国的不断推进和深入，我国旅游酒店市场竞争更加激烈。为了在激烈的市场竞争中确立自己的优势，酒店如何细分市场找准自己的定位，对酒店的经营管理具有相当重要的现实意义。

酒店生存与发展的唯一途径是使其产品有竞争力。为此酒店要有计划、有步骤地树立自己产品特有的形象，使目标顾客了解酒店产品和服务的特点，即要进行市场定位。市场定位的实质是为了使酒店的产品别具特色，并在目标顾客的选择中占据比较独特的、重要的地位。同时，通过市场定位，酒店的经营者可明白本酒店所处的位置，明确面对的是什么类型和层次的顾客，才能根据需求设计酒店产品，展开促销活动。总之，酒店经营的成败取决于对目标市场的研究与分析，而关键又在于酒店的市场定位是否准确与可行。

案例介绍

以市场定位取胜的香港港丽酒店

作为希尔顿集团旗下屡获国际殊荣的奢华酒店代表，香港港丽酒店坐落于著名的高尚购物娱乐中心太古广场上，拥有466间豪华客房及44间尊贵套房，为商务及旅游人士提供环境舒适、设施完善的理想酒店选择。港丽酒店雄踞优越的地理位置，置身酒店客房，可坐拥璀璨醉人的维港美景，或如诗如画的太平山景观。1995年，美国权威的旅游杂志Traveler将香港港丽酒店（Conrad Hotel）评为全世界服务最好的酒店之一。在1994年，该酒店的入住率已经超过90%。要知道，对于星级酒店来说，年平均入住率能达到75%就相当不错了。而实际上，港丽酒店在1989年才刚刚成立，开业仅6年便登上世界酒店业的巅峰，港丽成功的秘诀何在？该酒店的副总裁加逊里一语道破天机：定位的威力。

在港丽酒店成立以前，曾有市场分析报告指出，香港其实是有两个完全不同的地区：一个是众多大企业——包括许多跨国公司在亚太地区的总部——所集中林立的香港岛；另一个是聚集了贸易公司，结合购物商场和五光十色生活的九龙半岛。维多利亚港则将它们隔开。尽管人们可以自由选择各种交通工具过海，但海港的存在终究还是造成某种天然屏障。因此，如果一位旅客的活动集中在香港岛，他会选择入住香港岛的酒店；反之，他会选择九龙。

筹建中的港丽酒店坐落于香港岛，她的首选目标是吸引那些主要在香港岛从事商务活动的人。当时，香港岛主要的酒店有：五星级酒店3家、四星级酒店7家、三星级酒店1家。其中五星级酒店主要吸引企业高级主管和富有的观光客，而四星级酒店则招揽中级主管或对较便宜的旅游行程感兴趣的个人。这些酒店业经过长期经营，都在香港岛建立了比较完善的运作系统。因此，当时的市场竞争已十分激烈。

港丽酒店所具有的优势是设施先进、环境舒适、服务具有特色、地点方便，这些都能够很好地满足商务人士的需求；其劣势在于酒店在市场中知名度不高，还没有树立自己的形象。基于这种分析，港丽酒店决定将目标市场初步定位于五星级的商务酒店。但正当港丽酒店准备投入正式运行时，却遇到了外部环境的急剧变化，其主要原因是海湾战争的爆发和美国经济的衰退，由此引起许多大企业纷纷削减商务活动费用，使港丽酒店的经营活动受到了十分不利的影响。为了扭转这种被动局面，树立港丽商务酒店的形象，港丽酒店不得不采取一系列的促销措施，如推出了40%的促销折扣，大规模在世界性杂志上刊登广告，成立了18个业务开发小组。经过精心组织实施，这些促销措施收到了显著成效。与此同时，港丽酒店针对环境的变化和自身的特点进行了重新定位，因为随着商务旅客的减少，港丽酒店很难将其他五星级酒店中的客户吸引过来。

相关知识

（一）酒店市场定位概念

定位：是为产品在潜在顾客的大脑中确定一个合适的位置。

酒店市场定位：是指为了让酒店产品在目标市场顾客的心目中树立明确及深受欢迎的形象而进行的各种决策及活动。

对酒店而言，酒店的产品定位并不是酒店要为产品做些什么，而是指酒店的产品要给顾客留下些什么，即给顾客造成自己的产品有别于竞争对手的印象和位置。实际上，产品定位就是要设法建立一种竞争优势，以使酒店在目标市场上吸引更多的顾客。

通常情况下，无论酒店是否意识到产品的定位问题，在顾客的心目中，一定商标的产品都会占据不同的位置。例如，希尔顿酒店在顾客认识中意味着“高效率的服务”，假日酒店则给人“廉价、卫生、舒适、整洁”的市场形象。

（二）酒店市场定位的意义

酒店市场定位的意义主要体现在以下两个方面：

1. 有利于建立酒店和产品的市场特色

现代酒店市场中，普遍存在着较为严重的供大于求的现象，使得同类型酒店使出浑身解数争夺有限的客源，潜在竞争跃跃欲试，随时准备出击，市场竞争环境恶劣，竞争压力巨大。为了使自己的产品获得稳定的销路，避免竞争乏力而被其他酒店取代，酒店势必从各方面为其产品培养一定的特色，树立起鲜明的市场形象，以期在顾客心目中形成一种特殊的偏好。如“希尔顿”和“假日”各自强调的酒店和产品特色一样，国内酒店中亦有个性鲜明的例子，如南京市酒店业中长期以来流传着“住‘金陵’、食‘丁山’、玩‘玄武’”的口号，正是对这3家酒店及其产品特色的高度概括，这3家酒店也正是通过强化其各自的产品特征，进而形成一种产品优势，从而依靠这些特色产品在市场中取得竞争的主动权。

2. 为酒店制定市场营销组合策略奠定基础

酒店通过产品与市场进行交换，从中获取利益，这是酒店经营的基本出发点。换而言之，酒店经营的基础是产品，没有产品，一切经营活动都将变成纸上谈兵。由此可以看出，酒店和市场营销组合受到酒店产品定位的限制。例如，某酒店决定在市场上销售豪华、优质、高价的组合产品，如此定位就决定了酒店产品必须是高水准、有稳定质量保证的、能体现顾客身份的。由此，酒店在宣传上就必须以这些特质作为强化的重点，让目标市场的潜在顾客接受这样的产品特质；同时，要求酒店内部应协调一致，通过严格执行操作程序和规范、强化技能培训等管理手段，保障产品的高品质。也就是说，酒店产品定位决定了酒店必须设计和发展与之相适应的市场营销组合。

（三）酒店产品定位方法

酒店产品定位的方法可以归纳为以下几种：

1. 根据属性和利益定位

酒店产品本身的属性以及由此获得的利益能够使顾客体会到它的定位，如酒店的“豪华气派”、“卫生和舒适”等。这种定位方法，酒店往往强调产品的一种属性，而这种属性通常是竞争对手所没有顾及到的。例如，成都香格里拉酒店的超五星级概念、如家快捷酒店的经济型概念等都是这一定位模式。

2. 根据质量和价格定位

价格与质量两者变化可以创造出产品的不同地位。例如，人们常说的“优质优价”、“劣质低价”正是反映了这样的一种产品定位思路。

3. 根据产品用途定位

同一个产品项目的各个用途及各种用途所适用的市场，是这种定位方法的基本出发点。同样是一个大厅，它可以作为大型宴会、自助餐的场地，也可以被当成会议大厅接待各种会议，还可以成为各种展示、展览的场所。对于这样的一个酒店产品，酒店可以根据其不同的用途，在挑选出来的目标市场中，分别树立起不同的产品个性和形象。

4. 根据使用者定位

这是酒店常用的一种产品定位方式，即酒店将某些产品指引给适当的使用者或某个目标市场，以便根据这些使用者或目标市场的特点建立起这些产品恰当的形象。许多酒店针对当地居民“方便、经济、口味丰富”的用餐要求，开设集各地风味为一体的大排档餐厅，便是根据使用者对产品的需求而进行的定位。九寨天堂洲际大饭店是采用此模式定位的酒店。

5. 根据产品档次定位

这种定位方式是将某一产品定位为与其相类似的另一种类型产品的档次，以便使两者产生对比。例如，一些酒店将自己客房产品的档次设定为与某一家公众认可的好酒店的客房档次相当,以求使顾客更易于接受他们的产品。这种做法的另一个方面是为某一产品寻找一个参照物，在同等档次的条件下通过比较，突出该产品的某种特性。如一些酒店推出的公寓客房，突出在与标准间同等档次的前提下具备的厨房设施，更加适合家庭旅游者使用，从而达到吸引家庭旅游者购买的目的。

6. 根据竞争定位

酒店产品可定位于与竞争直接有关的不同属性或利益。例如酒店开设无烟餐厅，无烟意味着餐厅空气更加清新。这实际上等于间接地暗示顾客在普通餐厅用餐，其他人吸烟会影响到自己的身体健康。罗曼酒店无烟楼层、圣淘沙无烟茶坊、金荷花酒店春节 7 天特价房等是采用此方法定位的案例。

7. 品牌定位

品牌是唯一的，具有排他性。酒店在定位时就恰恰选择这一因素，利用自己品牌的知名度与满意度来扩大在酒店市场上的影响力，以此招徕顾客进行购买与消费。

8. 混合因素定位

酒店产品定位并不是绝对突出产品的某一个属性或特征，顾客购买产品时不单为获得产品的某一项得益，因此，酒店产品的定位可以使用上述多种方法的组合来创立其产品的地位。这样做有利于发掘产品多方面的竞争优势，满足更为广泛的顾客需求，达到经营的平衡性，符合酒店的长期利益。

（四）酒店产品定位步骤

酒店产品定位要达到的主要目的就是使顾客能够将本酒店与其他竞争对手区别开来。要实现这一目的，通常必须开展以下几方面的工作：

1．确定竞争对手，分析竞争对手的产品

酒店的竞争对手实际上就是酒店产品的替代者，替代者有与本酒店相同或近似的特点，如相同或相近的地区、酒店星级、顾客群、价格等。

酒店在确定竞争对手的时候，常会出现这样的失误，即单纯地以星级或业务范围来作为判定依据，将同星级的酒店或业务范围类似的其他酒店都视为自己的竞争者。同样的三星级酒店，有的以旅游团队作为目标市场，有的以会议为主要目标市场，还有的则以商务散客为目标市场，分属于不同目标市场的酒店相互间不能成为直接竞争者。同样以会议市场作为目标市场，五星级酒店的会议市场与三星级酒店的会议市场又因为划分标准的差异而使目标市场有所不同。因此酒店产品的竞争对手范围应限定在同一或相近的目标市场中。

判断某一酒店的产品是否同本酒店的同类产品存在竞争，有一个简单的测试方法：在酒店降低产品价格时，观察对方的顾客是否转移过来，如果有顾客转换过来，则说明对方是本酒店的竞争对手，顾客转移得越多，则说明竞争程度较高，反之则较弱。

确定竞争对手之后，酒店必须采取多种渠道收集竞争对手产品的有关信息，了解目标市场上的竞争对手向顾客提供何种产品，其质量、数量、价格、特色等方面与本酒店同类产品比较有哪些优势和不足，从而明确竞争对手的产品定位情况。

对竞争对手产品的调查可以通过多种渠道。例如，向曾经购买竞争对手产品的顾客进行调查，了解他们的购买经历、对产品的评价等信息；也可以派人到竞争对手那里实地消费和观察，以获取准确的竞争对手产品的有关资料。可以记录对各个竞争对手的调查数据，可以汇总目标市场内的总体竞争情况并与本酒店进行劣势对比。

2．准确选择竞争优势，树立市场形象

通过上一步骤，酒店对目标市场内的竞争对手及其产品进行了细致深入的调查和优势分析，发现本酒店优势所在，这些优势就是酒店产品定位的主要基础。这一步主要是分析与找出酒店产品与服务可能形成的差别。具体包括：

（1）产品差别化。即从酒店产品质量，产品特色、档次等方面实现差别。寻求产品特征是产品差别化战略经常使用的手段。

（2）服务差别化。即向目标市场提供与竞争者不同的优异服务，酒店企业的竞争力主要体现在服务差别化上。

（3）人员差别化。即通过聘用和培训比竞争者更为优秀的人员以获取差别优势。

（4）形象差别化。即在酒店产品的核心部分与竞争者雷同的情况下塑造不同的酒店形象以获取差别优势。

（5）地理位置差别化。根据酒店所处地理优势定位，等等。

酒店产品的优势一经确定，就必须采取各种手段准确有效地向目标市场传播酒店产品的定位观念。酒店产品的优势不会自动地在目标市场上表现出来，要使这些优势能够发挥作用，影响顾客的购买决策，酒店需要以产品特色、优势为基础，树立鲜明的市场形象，通过积极主动而又巧妙地与目标市场中的顾客进行沟通，引起顾客的注意和兴趣，求得顾客的认同。

在对目标市场进行宣传、沟通时，酒店要尽量避免因宣传不当在公众中造成误解，影响酒店优势的发挥。例如，传播给公众的定位过低，不能显示自己的特色；或定位过高，不符合实际情况，误导顾客认为酒店只经营高档、高价产品；或是定位含糊不清，无法在顾客中形成统一明确的认识。

3．审时度势，调整酒店产品定位

顾客对于酒店及其产品的认识并非一成不变，产品的定位即使很恰当，在遇到下列情况时亦会发生偏差：

（1）目标市场中的竞争对手推出新产品，定位于本酒店产品附近，侵占了本酒店产品的部分市场，致使本酒店产品的市场份额有所下降。

（2）顾客的喜好发生了变化，使得对本酒店产品的偏爱转移到竞争对手的某些产品上。

当遇到上述情况时，酒店应根据变化，采取相应的办法，对本酒店产品进行定位调整甚至重新定位。在做出定位调整或重新定位决策之前，酒店应考虑以下因素：

首先，酒店要准确计算好自己的产品定位从一个目标市场转移到另一个目标市场的全部费用。

其次，酒店应分析将自己的产品定位在新的位置上时，能够得到怎样的回报。

收益的多少取决于目标市场的购买者和竞争者的数量，其平均购买率有多高，在目标市场中酒店产品的销售价格能定在什么水平上。

酒店应将收、支两方面的预测进行逐一比较，权衡利弊得失，然后再决定是否将本酒店产品定位在新的位置上，以避免仓促调整，造成得不偿失的局面。

（五）酒店产品定位策略

1．避强定位策略

是指酒店力图避免与实力最强的或较强的其他酒店企业直接发生竞争，而将自己的产品定位于另一市场区域内，使自己的产品在某些特征或属性方面与最强或较强的对手有比较显著的区别。

优点：避强定位策略能使酒店较快地在市场上站稳脚跟，并能在消费者或用户中树立形象，风险小。

缺点：避强定位意味着酒店企业必须放弃某个最佳的市场位置，很可能使酒店企业处于最差的市场位置。

采用条件：酒店对竞争者的市场地位、顾客的实际需求和本酒店产品的属性等进行充

分的评估分析，发现目标市场上竞争对手实力雄厚，无法与之正面抗衡时，酒店应将目光转移到竞争对手尚未顾及或忽略的市场空隙，组织自己的产品去满足那些市场上尚未得到满足或未被完全满足的需求，从而与竞争对手形成鼎足之势。这样的定位方式风险较小且易于成功。

美国20世纪60年代的经济型酒店如汽车旅馆（Budget Motels）成功的产品市场定位，对我国目前的酒店行业竞争具有十分现实的指导意义。这种旅馆对大众旅行提供了满足基本需求又可以省钱的选择。它没有会议室、宴会厅以及项目繁多的娱乐休闲设施，只提供卫生、舒适、价格低廉的客房，这对于过路、只求得到很好休息的客人来说是极具吸引力的。我国许多中小型酒店在面临大酒店和酒店集团的竞争压力时，往往采取追加投资，对产品进行更新改造，求上档次，求项目齐全，并以此作为竞争的本钱。这样做将对本已有限的资源造成更大的压力甚至浪费。实际上，我国的国内旅游正在兴起，国内旅游者将在今后一段时间内成为一个巨大群体，他们要求酒店提供与他们的经济能力相适应产品，这样的需求是一些四、五星级酒店所忽略的，而这正好是中、小型酒店的市场空隙，在这样的市场中将大有可为。

2．迎头定位策略

是指酒店企业根据自身的实力，为占据较佳的市场位置，不惜与市场上占有支配地位的、实力最强或较强的竞争对手发生正面竞争，而使自己的产品进入与对手相同的市场位置。

优点：竞争过程中往往相当惹人注目，甚至产生所谓轰动效应，酒店企业及其产品可以较快地为消费者或用户所了解，易于达到树立市场形象的目的。

缺点：具有较大的风险性。

采用条件：资源雄厚、实力强大的酒店常采取这样的产品定位策略。当发现目标市场竞争对手众多，但市场需求潜力仍然很大，此时酒店采取强行挤占的策略，选择与竞争对手重叠的市场位置，争取同样的潜在目标顾客，与竞争对手在产品、价格、促销、渠道等各个方面和环节展开直接面对面的拼争，与竞争对手共坐一席。

采取这种强硬的产品定位策略，酒店对竞争者和竞争的结果必须有充分、准确的估计和分析。酒店必须十分了解自己是否具备比竞争对手更为丰富的资源、更强的经营能力，是否能比竞争对手做得更为出色，竞争中的获利能否平衡为赢得竞争所付出的代价等。如果缺乏足够的认识，贸然逞强，将可能把酒店引入歧途，那是十分危险的。

3．创新定位策略

寻找新的尚未被占领但有潜在市场需求的位置，填补市场上的空缺，提供市场上没有的、具备某种特色的产品。例如，斯威特·洛芙主题酒店是提供情侣概念为特色的精品主题酒店。采用这种定位方式时，酒店应明确创新定位所需的酒店产品在技术上、经济上是否可行，有无足够的市场容量，能否为酒店带来合理而持续的盈利。

4．重新定位策略

酒店在选定了市场定位目标后，如定位不准确或虽然开始定位得当，但市场情况发生变化时，如遇到竞争者定位与本酒店接近，侵占了本酒店部分市场，或由于某种原因消费者或用户的偏好发生变化，转移到竞争者方面时，就应考虑重新定位。例如，港丽酒店针对环境的变化和自身的特点进行了重新定位。重新定位是以退为进的策略，目的是实施更有效的定位。

市场定位是设计酒店产品和形象的行为，以使酒店明确在目标市场中相对于竞争对手的位置。酒店在进行市场定位时，应慎之又慎，要通过反复比较和调查研究，找出最合理的突破口，避免出现定位混乱、定位过度、定位过宽或定位过窄的情况。而一旦确立了理想的定位，酒店必须通过一致的表现与沟通来维持此定位，并应经常加以监测，以随时适应目标顾客和竞争者策略的改变。

为避免恶性竞争的出现，即使是大酒店也应该有意识地去寻找新的市场空位，而不是只注重传统的“有利可图”的市场。在酒店制定产品定位策略时，上述几种策略同时并举，并在不同时期内有所侧重，将不失为一种明智的选择。

（六）酒店定位应该明确的问题

无论采取何种产品定位策略，酒店都应当注意以下问题：

（1）酒店的对象是谁？

（2）酒店的目标是什么？

（3）酒店在哪些方面与竞争对手有差异？

（4）怎样才能使自己与众不同？

（5）酒店在哪方面有可能占得先机？

（6）酒店是否已经利用了有形和无形的优势？

（7）酒店需要克服哪些不利条件？

（8）顾客最有可能挑选酒店提供的哪种产品？等等。

案例分析

（1）港丽酒店的成功在于一个良好的定位与创新。

对于酒店而言，恐怕没有任何一件事情比决定它在市场中的定位更为重要的了。为了赢得商机，酒店通常会试图找出最为有利的目标市场。港丽酒店，在香港这么一个大都市中，在众多知名的酒店面前，要求生存、谋发展，唯有推出与众不同的服务方式，才能以新的面目去吸引客户。港丽酒店以准确的定位、与众不同的性价比服务，吸引众多其他酒店客户，建立起了自己的品牌形象，并获得了成功，原因就在于大胆创新。

（2）酒店的定位不能是酒店的一相情愿，还有客户的认可。

一般情况下，酒店在确认它的目标市场之前，必须决定哪些具有竞争性的优点是它所能提供目标市场的。例如，出众的产品、良好的客户服务、价格、名气和声誉、创新的特色、方便程度、气氛等都是酒店可以赢得优势的渠道。然而，最为重要的是，这些优势必须是因客户的需求而定，得到客户的认可，酒店的定位不能是自己的一相情愿，只有客户的认可才是影响最终业绩与营业收入的决定性因素。港丽酒店正是抓住顾客的心里，才取得市场定位的成功。

港丽酒店以创新方法获得了不少客户，既满足了原五星级客户的需求，还得到了实惠；又吸引了不少原四星级客户，提升了档次。客户的需求总是在不断变化着的，这些客户不可能一成不变地适应着酒店的各种服务。要想在今后相当长的时间里，留住这些客户，就必须尽可能多地满足他们的进一步需求。例如，原四星级客户，让他们稍微多付一点钱后，就可以享受到五星级的服务和待遇，满足了他们的档次提升后的“面子”问题，获得了更好的享受和服务，而这类客户或许会从心底里希望能够再降低价格；而原五星级客户，在这种创新过程中，在同等条件下减少了费用开支，是一种实惠，他们不会考虑价格因素，可他们对于服务的要求会更高。

酒店的发展与政治、经济、社会、环境等因素都有着紧密联系。随着营销环境的变化，酒店必须适应环境，思考自己的定位是否能够适应环境，并不断进行动态的调整。

能力培养训练

（一）背景材料

花都英特国际商务酒店的星级定位

1．项目概况

成都英特国际商务酒店由美国英特国际＆特拉克斯投资管理公司投资，位于成都市天府大道的高新区南区，毗邻高新区管委会、海关大楼和中国联通大厦，项目定位为五星级商务型酒店。

2．市场背景

成都是四川省的政治、经济、文化中心，更是中国西南地区的科技、商贸、金融中心和交通枢纽，在西部大开发中占据着极其重要的战略地位。同时，成都也是西部大开发的最大受益者，国民经济飞跃发展，高星级酒店建设有着非常好的宏观背景。

五星级商务酒店起步相对较晚。截至 2006 年底，成都市共拥有 8 家五星级商务酒店，它们基本集中在以人民路为核心的中心商业区内，建设质量和硬件条件还停留在 20 世纪 90 年代的水平。但由于大量聘请国际管理公司，内部管理质量和服务水平相对较高，行业整体运营良好，为行业整体发展打下了良好的基础。

随着成都社会经济的迅速发展，行业有着更新换代的市场要求。英特国际项目南邻华阳地界的轿子世纪城，北与滨江路的香格里拉遥相呼应，它们都属于新一代的高星级商务酒店，位置上也相对集中，形成很好的集群效应。这些项目落成后，方圆数千米内客房数达 5 000 多间，将吸引大量海内外高端消费人士。成都原来的高星级商务酒店格局将被打破，客源将被由北向南流动。

3．星级定位

英特国际＆特拉克斯投资管理公司执行董事徐霖先生是美籍四川人，他对在国内投资实业雄心勃勃，同时坚定不移地认为成都是最值得投资的城市。

对于英特国际商务酒店，徐霖先生寄予了很高的希望，提出要建设成白金五星。

白金五星级是在2003年的《中国星级饭店评定报告书》提出的，目前在我国星评体系中是“至尊级别”，评定标准及其严格。例如：

（1）建筑主题鲜明，外观造型独具一格，有助于所在地建立旅游目的地形象。

（2）除有富丽堂皇的门廊及入口外，饭店整体氛围极其豪华气派。

（3）所有客房面积均在36平方米以上。

（4）具有层高5米、可容纳500人以上、布局合理、装饰豪华、格调高雅、符合国际标准的高级西餐厅，可提供正规的西式正餐和宴会。

按照这些标准，投资白金五星投资必须很大，建筑体量也要很大，本项目虽然总建筑面积达49 334平方米，但占地面积仅7 326平方米，受地块面积局限，条件不具备。

更重要的是，相邻的世纪城洲际酒店已经明确定位为以白金五星酒店为龙头的酒店群。其中洲际大饭店拥有近600间豪华客房，配套会展中心和大型会议中心。另外，酒店群景观也非常好。

（二）训练目的

（1）通过训练，使学生更好地消化与理解酒店市场定位概念、意义，市场定位的方法与步骤、策略，以及市场定位需要回答的主要问题等理论知识。

（2）通过训练，培养学生对有关酒店市场定位知识学以致用的能力。

（3）通过训练，培养学生独立分析问题的能力、创新能力与团队合作能力。

（三）训练内容与步骤

训练内容：

（1）花都英特国际商务酒店是怎样进行定位环境分析的？

（2）花都英特国际商务酒店定位的优势是什么？

（3）花都英特国际商务酒店采用的是什么定位方法与策略？

（4）花都英特国际商务酒店还可以怎样定位？

训练步骤：

（1）个人分析回答第（1）、（2）个问题，分析思考第（3）、（4）个问题。

（2）小组内成员之间就第（3）、（4）个问题进行讨论交流。

（3）小组之间就第（4）个问题开展讨论交流。

学习评价

依据每个小组内每个人的表现情况，以及小组内互评、组间互评和老师的评价，确定个人能力水平和努力方向。评价细则如表3-5所示。

表3-5 评价细则

内容			评价		
学习目标		评价内容	小组互评	组间互评	教师评价
专业知识	应知应会	简述酒店市场定位的意义	Yes No	Yes No	Yes No
		简述酒店市场定位的主要方法	Yes No	Yes No	Yes No
		明确酒店市场定位基本策略	Yes No	Yes No	Yes No
		简述酒店市场定位的基本步骤	Yes No	Yes No	Yes No
专业能力	1．能够选择运用酒店市场定位基本方法 2．能够进行酒店市场定位的实际操作 3．能够掌握定位策略的适用环境	结合实际需要选择恰当的定位方法	Yes No	Yes No	Yes No
		运用所学知识，结合实际情况进行定位操作	Yes No	Yes No	Yes No
		具备分析能力，根据环境变化，优化酒店市场定位策略	Yes No	Yes No	Yes No
通用能力	组织能力		Yes No	Yes No	Yes No
	沟通能力		Yes No	Yes No	Yes No
	解决问题能力		Yes No	Yes No	Yes No
	自我管理能力		Yes No	Yes No	Yes No
	创新能力		Yes No	Yes No	Yes No
态度	宽厚近人，高度责任感		Yes No	Yes No	Yes No
努力方向：			建议：		

课外作业

收集酒店市场定位成功案例并进行同学之间的交流与学习。

单元四

酒店产品开发与定价

无论是因公出差还是因私旅游，酒店都是整个旅程中的重要一环。在各类酒店信息如此繁多的今天，人们如何选择最适合他们的酒店，他们最注重的是什么？调查显示，有的人看中位置，有的看中服务，有的看中价格，有的看中安全，有的看中方便，有的看中以往的经历等。总地来说，酒店的产品与价格是影响人们选择酒店的重要属性。酒店的经营者要认真研究客户的需求变化，及时调整酒店的产品组合，不断开发新的产品，制定出企业与市场满意的合理价格，采用有效的促销策略，使企业在市场竞争中击败竞争对手，获得较大的市场份额。

学习目标

1. 能够对酒店产品进行开发与设计；
2. 能够对酒店产品定价。

目标一 酒店产品开发与设计

当今时代，唯一不变的事情就是变化，创新已成为时代发展的主旋律，大多数企业销售收入的三分之一强来自新产品及新服务。对企业而言，开发新产品具有重要的战略意义，它是企业生存和发展的重要支柱。开发新产品有利于促进企业成长，开发新产品可以维护企业的竞争优势和竞争地位，开发新产品有利于充分利用企业的生产和经营能力，开发新产品有利于企业更好地适应环境的变化。因此，随着科学技术的进步，产品的生命周期日趋缩短，企业要想持久地占领市场，就必须不断适应市场潮流变化，推陈出新。企业管理者应树立创新的思维观念，选择正确的新产品开发机会和产品，创造出更好的销售业绩。

案例介绍

如家酒店产品开发

如家酒店连锁于2002年6月由中国资产最大的酒店集团——首都旅游国际酒店集团、中国最大的酒店分销商——携程旅行服务公司共同投资组建，2006年10月在美国纳斯达克上市，作为中国酒店业海外上市第一股，“如家”始终以顾客满意为基础，以成为“大众住宿业的卓越领导者”为愿景，向全世界展示着中华民族宾至如归的“家”文化服务理念和民族品牌形象。

如家酒店集团旗下拥有如家快捷酒店、和颐酒店两大品牌，现已在全国30多个省和直辖市覆盖100多座主要城市，拥有连锁酒店500多家，形成了在业内遥遥领先的最大的连锁酒店网络体系。

经济型连锁酒店品牌——如家快捷酒店提供标准化、干净、温馨、舒适、贴心的酒店住宿产品，为海内外八方来客提供安心、便捷的旅行住宿服务，传递着适度生活的简约生活理念。在谈到经济型酒店的竞争力时，如家酒店连锁CEO孙坚一语道破：“一张舒服的床，热水，干净整洁的房间，温馨的环境，交通相对便利。”

“如家”客户数据库统计显示，入住“如家”的客户80%属于商务人群。在这一群体中，20～40岁之间的人占80%。这类消费群体多半属于商务旅行，对于豪华和享受不会过分追求，但要求安全、卫生和舒适。

如家经济型酒店的商业模式，一方面要求酒店在固定资产和设施投资上“勤俭节约”，另一方面在服务项目上也要遵循“删繁就简”的原则。客房员工比例为1:0.3～1:0.35，即每100间客房所需员工数仅为30～35人。在对于客人所需住宿用品成本的控制上，也控制在2.6元/间夜。

如家经济型酒店的立足之本，即对于住宿这一核心的关注与专注，说明设施投资和服务项目上的“经济性”，并不能说明“如家”所提供的服务会“打折扣”。

经济型酒店的“低价格”，使得企业要向获得足够的生存和发展空间，必须走集团化、连锁化的道路，从而实现规模效应。

中高端商务酒店品牌——和颐酒店，为境内外中高级商务及休闲旅游人士提供高科技智能化的酒店住宿产品和独具特色的“HOWEVER贴心服务”，让客户在人性化的舒适体验中畅享旅途的自然自在。

“如家”成立至今，以敏锐的市场洞察力、完善的人力资源体系、有力的管理执行力和强大的资金优势迅速建立起了品牌、系统、技术、客源等多个核心竞争力。作为行业标杆企业，“如家”正用实际行动引领着中国大众住宿业酒店市场走向成熟和完善。

如家酒店企业文化：公司借鉴在欧美完善成熟的经济型酒店模式，为商务和休闲旅行等客人提供“干净、温馨”的酒店产品，倡导“适度生活，自然自在”的生活理念。

如家的愿景：成为大众住宿业的卓越领导者。

如家的理念：把我们快乐的微笑、亲切的问候、热情的服务、真心的关爱献给每一位宾客和同事。

如家的使命：

(1) 为宾客营造干净温馨的“家”；

(2) 为员工提供和谐向上的环境；

(3) 为伙伴搭建互利共赢的平台；

(4) 为股东创造持续稳定的回报；

(5) 为社会承担企业公民的责任。

如家酒店服务理念：

(1) CONVIENCE（便捷）：便捷的交通，使宾客入住如家从此差旅无忧。

(2) WARMTH（温馨）：亲切的问候和照顾，让宾客仿佛置身温馨的家庭氛围。

(3) COMFORT（舒适）：在意每一个细节，专业服务为宾客带来舒适的住宿感受。

(4) VALUE（超值）：贴心的价格，高品质的服务，选择如家，超值就是这么简单。

相关知识

(一) 酒店产品的概念

酒店的产品就是能够提供给市场的、满足顾客多方面消费需求的有形产品与无形产品的有机结合。酒店产品是一个整体概念，它是由多种要素构成的集合体。根据市场营销有关产品整体概念的理论，酒店产品主要有以下 3 个层次构成：

1. 核心产品

核心产品是产品整体概念中最基本和最实质的层次，是指产品给顾客提供的基本效用和利益，是顾客需求的中心内容。顾客之所以愿意支付一定的货币来购买产品或服务，首先就在于产品的基本效用，拥有它能够从中获得某种基本利益或欲望的满足。如家酒店的核心产品是为顾客解决基本的食宿需求。

2. 形式产品

形式产品是指核心产品所展示的全部外部特征，即呈现在市场上的产品的具体形态或外在表现形式。具体包括：

(1) 酒店的地理位置：是指酒店在地理上所处的位置，表现在离市中心的远近，交通是否方便，周围环境是否优越，各种功能性服务场所是否齐全等方面。

(2) 酒店的建筑物：是指酒店建筑物本身的外观形象，表现在建筑物的面积大小、楼层高低、设计风格、豪华程度等。

(3) 酒店的设备与设施：是指酒店内各种设备与设施状况，表现在大堂、客房、餐厅、酒吧、会议室、康乐等服务场所内的设施、设备是否齐备、是否先进、是否舒适有档次等。

(4) 酒店的服务环境：是指有形产品综合作用而形成的一种感受，表现在空间的温度、湿度、周围的声音、气味、环境的整洁度、装饰布置程度、顾客和服务人员的数量、外表、行为等都决定着客人是否愿意在此逗留。

(5) 酒店的价格：是酒店产品的价格水平，价格能够给顾客提供酒店档次和质量的信息。具体表现在：高价格能提高客人对产品和和服务的信任感和期望值，低价格会使客人怀疑服务的水准和降低感觉中的服务价值。

(6) 酒店的员工：是指酒店员工的价值表现，体现在员工的仪容仪表、文明礼貌、形象气质、服务水平等给客人的印象。

(7) 酒店的顾客：是指酒店现有顾客的定位与构成，表现在酒店定位是商务型的酒店、旅游度假酒店、涉外酒店，还是经济型酒店等，影响顾客对酒店的选择。

(8) 品牌：是指能够将本酒店与竞争对手区别开来的标志，表现在酒店的商标名称、图案等，使客人看到后就能联想到其服务特色、企业文化等，刺激客人的购买欲望，提高酒店的营销效果。

3. 附加产品

附加产品是营销服务人员为目际顾客提供超出有形产品范围之外的额外服务和利益。具体包括：免费接送、洗衣、物品维修、车船机票代定、提供娱乐、赠送保险、酒店产品历史文化知识的传播、正确消费理念培养等。例如，客人在餐厅享受某种菜肴，以满足其生理上和精神上的需求（饱腹感、美味感、愉悦感），同时他（她）也希望能了解该菜肴的制作、由来以及营养成分等信息。

酒店产品整体可直观地由图 4-1 表示。

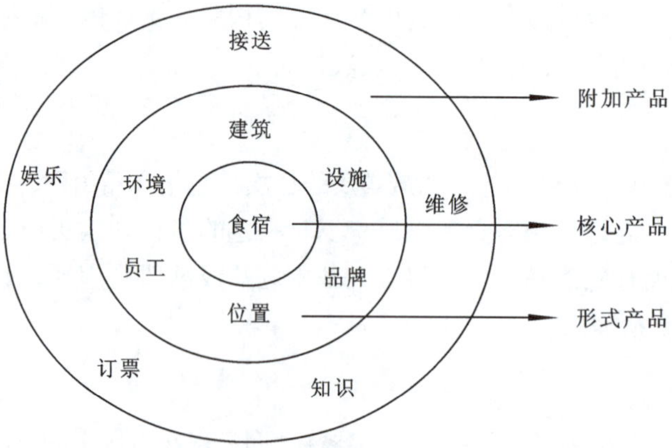

图 4-1 酒店产品整体示意图

（二）产品整体概念对企业营销管理的意义

1. 为酒店实行产品的差异化提供广阔的空间

产品整体概念理论给企业带来了新的竞争思路，企业必须走出同质产品、价格竞争的困境。

在核心产品同质化的情况下，企业一定要根据市场的需求，在形式产品和附加产品等方面创造差异，有别于竞争对手，来确立地位和赢得竞争优势。

2. 为酒店新产品开发提供了广阔的思路

产品整体概念理论反映了消费者对产品多层次、多侧面、多样化和不断发展变化的需求。在动态的营销环境中，企业要想获得持续的发展，就必须时刻把握住消费需求，企业进行产品设计时，除了要重视用户所追求的核心利益外，也要重视形式产品与附加产品的开发，设计与开发出新颖、独特的新产品，满足顾客更高层次的需求。

3. 为酒店客户价值的提升创造无限遐想

当今是服务竞争的时代，竞争的关键不仅在于企业能够生产什么产品，而且在于企业能否向顾客提供适当的附加利益。延伸产品在企业市场营销中的重要性日益突出，逐步成为决定企业竞争能力高低的关键因素。企业只有在向顾客提供令其满意的核心产品、形式产品的同时提供适当的附加利益，不断创造更大的客户价值，才能全面满足顾客的需要，才能立于不败之地。消费者市场需求具有无限的扩展性，也就是说，人们的需求是无止境的，永远不会停留在一个水平上。企业对附加产品开发是永无止境的，为客户创造价值是永无休止的。企业必须不断思索、不断尝试更新、更好附加产品的开发。

（三）酒店产品生命周期

产品生命周期，简称 PLC，是指产品的市场寿命，也就是产品从进入市场开始，直到最终退出市场为止所经历的市场生命循环过程。典型的产品生命周期一般可分为介绍期、成长期、成熟期和衰退期 4 个阶段。

1. 介绍期

也称产品投入期，是酒店产品投入市场的初始阶段，如一家酒店新落成或酒店推出新菜系等。在介绍期，消费者刚开始接触新产品，对新产品认识很少，产品销售量较少，增长缓慢，处于亏损或盈利较少状态。因此，这个时期的主要任务是开展酒店新产品宣传推广。酒店要投入大量人力、物力进行新产品宣传和促销工作，以建立和扩大产品知名度，增强顾客的认同感。在产品介绍期，酒店采取的主要营销策略是促销。

2. 成长期

酒店产品经过介绍期的宣传已经建立了一定的市场知名度，已经有很多顾客认识到该产品的存在，并有一定数量的顾客认同了该产品，产品销售急剧增加，越来越有竞争优势。由于酒店新产品销量迅速扩大，市场占有率逐渐提高，成本降低了，酒店盈利水平提高。这个阶段竞争对手不断增加，酒店的主要任务是继续提高酒店产品知名度，完善产品形象，提升产品价值。在产品成长期，酒店采取的主要营销策略是品牌策略、促销策略、价格策略等。

3. 成熟期

基于产品介绍期和成长期累积起来的产品知名度、认知度，酒店产品已经具有强势竞争力，顾客具有很强的产品忠诚度，酒店产品的影响力达到最大。在这一阶段，酒店产品销售量增长放缓，达到顶峰后开始缓慢下降，市场占有率最大化，盈利水平维持在很高的水平上。这一阶段的主要任务是维系和提升顾客的忠诚度，在更广泛的市场范围内维护和完善产品形象，延长顾客对产品的忠诚时间。在产品成熟期，酒店采取的主要营销策略是开发新市场、改进产品，调整市场营销组合，加快新产品的研制与开发。

4．衰退期

酒店产品经历了初创期、成长期、成熟期后，进入衰退期。顾客对酒店产品的认识和态度开始由满意转变为厌倦、不满，进而开始大批量转向其他酒店产品。这期间酒店产品影响力迅速下降，产品市场占有率、销售额、销售利润出现较大幅度的持续下降。这一阶段的主要任务是对酒店产品进行更新以延长产品生命周期。在产品衰退期，酒店采取的主要营销策略是抛弃、降价、自然淘汰等。

关于产品生命周期的 4 个阶段，可形象地用图 4-2 表示。

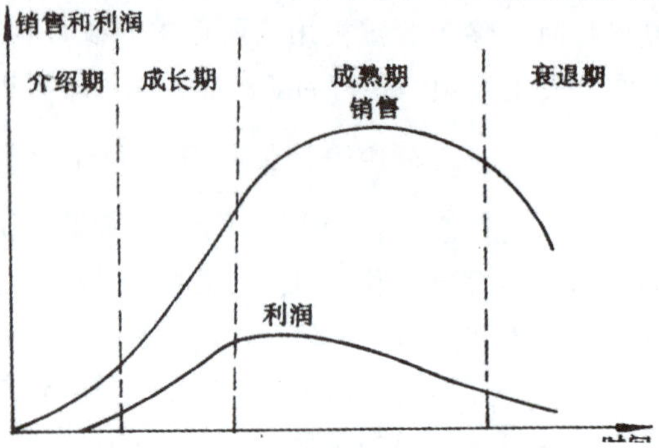

图 4-2　产品生命周期的 4 个阶段

（四）酒店新产品的开发与设计

一方面，随着科学技术的不断进步，产品生命周期越来越短；另一方面，在酒店企业经营中，市场瞬息万变，竞争越来越激烈，顾客需求的忠诚度不断下降，人们开始喜欢新的尝试，追求新的体验和时尚。这就迫使酒店企业的经营者必须越来越重视新产品的开发，认识到不断开发新产品是酒店企业生存与发展的关键，是企业能否取得竞争优势的一个重要条件。

1．酒店新产品概念及其分类

酒店新产品是指酒店企业向市场上提供的市场上从未有过的本企业的产品。按产品本身所具有的新质程度，可将酒店新产品分为以下几类：

（1）全新新产品：是指采用新原理、新结构、新技术等开发出的市场上从未出现过的产品。如可飞行的明日豪华酒店，指的就是 Aeroscraft，它是一艘重 400 吨的巨型软式飞艇，可用于搭载乘客，其内部空间巨大，相关设施也与豪华班机不相上下。这座飞行酒店的个头相当于两个足球场，依靠 1 400 万立方英尺（约合 39.6 万立方米）氦气、巨型氢燃料电池提供动力的推进器以及 6 个涡轮喷气发动机在空中漂浮和飞行。它能够容纳 250 名乘客，飞行高度可达到 8 000 英尺(约合 2 438 米)。除了让乘客体验飞行的快乐外，Aeroscraft 还为他们准备了贵宾包房、赌场、饭馆和特等包房，让他们尽情享受高科技带来的乐趣。全新型产品开发周期长，投资交多，风险大。

（2）换代新产品：又称部分新产品，是在原有产品的基础上，部分采用新技术、新材料制成的性能有显著提高的新产品。例如，过去酒店室内一般采用分体式空调，现在改为中央空调，还有酒店内智能一卡通的使用等，都属于换代新产品。

（3）改进新产品：是指不对原有产品进行重大改革，只是对它进行局部形式上的改变而生成的新产品。例如，对酒店进行房屋结构改造，为顾客增加健身房、游泳池等设施。

（4）仿制新产品：也称企业新产品，是指企业仿制市场上已有的新产品而推出的企业新产品。例如，效仿其他酒店，在本酒店推出原来没有的日本料理、韩国烧烤等。开发仿制新产品对我国企业很适用，在酒店市场上普遍存在。

2. 酒店新产品开发与设计的要求

(1) 必须以满足消费者的需求为出发点。企业的一切营销活动都是以市场需求为中心，新产品的开发必须以满足社会需要为出发点，适应目标市场的消费习惯、社会心理、产品价值观以及地域差异等。这样才能使设计与开发的新产品很快进入市场，并适销对路，具有强大的生命力。否则，开发的新产品只能停留在展示阶段，给企业造成一定的经济损失。同时，因为顾客的需求不断变化，决定了新产品的开发工作必须是永无休止，酒店企业一定要根据市场需求，对酒店产品不断改进、不断创新。

(2) 必须符合国家的方针政策、法律法规的要求。为了合理使用资源和保护人民的身体健康，国家在不同的时期，都要颁布各种政策和规范。例如，能源政策，标准化、系统化规范，环境保护和产品安全卫生标准等，这些都是酒店企业在开发新产品时必须遵守的。企业要注重节能与环保，开发绿色产品，引导健康消费潮流，不开发赌博、色情等违法产品。

(3) 必须满足企业经济效益的要求。企业应当根据自身的资源、设备条件、技术力量等确定新产品的开发方向。只有量力而行，扬长避短，才能收到事半功倍的效果，确保新产品开发成功，实现企业利益增长。为保证给酒店创造利润，在新产品开发之前必须进行可行性研究，同时讲经济效益，也要处理好近期与远期的关系，有时新增某设施近期可能亏损，如健身设施，但从长远考虑，为了提升酒店形象，为了达到星级标准，这类设施必不可少。

可见，酒店新产品开发与设计必须本着社会市场营销观念，既符合市场需要，又符合国家的有关要求，还能发挥企业的优势。

3. 酒店新产品开发与设计的过程

酒店新产品开发的主要过程是：

(1) 寻求创意。新产品开发过程是从寻求创意开始的。所谓创意，就是开发新产品的设想。虽然并不是所有的设想或创意都可变成产品，寻求尽可能多的创意却可为开发新产品提供较多的机会。所以，现代企业都非常重视创意的开发。为了保证酒店产品符合市场需求，新产品创意的主要来源有：顾客、科学家、竞争对手、酒店推销人员、经销商、酒店高层管理人员、市场研究公司等。除了以上几种来源外，酒店还可以从大学、咨询公司、同行业的团体协会、有关的创刊媒介那里寻求有用的新产品创意。一般说来，企业应当主要靠激发内部人员的热情来寻求创意。这就要建立各种激励性制度，对提出创意的职工给予奖励，而且高层主管人员应当对这种活动表现出充分的重视和关心。

(2) 甄别创意。取得足够创意之后，要对这些创意加以评估，研究其可行性，并挑选出可行性较高的创意，这就是创意甄别。创意甄别的目的就是淘汰那些不可行或可行性较低的创意，使酒店企业有限的资源集中于成功机会较大的创意上。甄别创意时，一般要考虑两个因素：一是该创意是否与企业的战略目标相适应，表现为利润目标、销售目标、销售增长目标、形象目标等几个方面；二是企业有无足够的能力开发这种创意，这些能力表现为资金能力、技术能力、人力资源、销售能力等。

(3) 营业分析。在这一阶段，企业市场营销管理者要对新产品将来的销售额、成本和利润进行估计，看看它们是否符合企业的目标。如果符合，就可以进行新产品开发。

(4) 试产试销。就是将产品的设计方案付诸实施，进行实验性销售。其目的在于了解产品的销路，检验市场营销组合的优劣，分析问题，解决问题。

(5) 投放市场。经过市场试销，有了足够的信息资料，应该将效果好的产品商品化，尽快投放市场，以获得预期的经营利润。在将产品正式投放市场时，酒店营销人员应制订一个完备的新产品投入市场计划，确定产品的价格、销售渠道和促销手段等，尽量扩大产品在市场中的占有率，提高产品的销售率和利润率。

(6) 信息收集反馈。新产品投放了市场，并不是说新产品开发工作就结束了。顾客在消费的过程中，会对新产品有各种各样意见与建议，酒店的营销人员必须及时对这些信息加以收集，及时反馈给开发部门与人员，对新产品进行进一步的改进，使新产品更加完美，增加产品的销售量。

4. 酒店新产品开发与设计的策略

酒店企业投入资金、人力、物力开发新产品的目的，是更好地满足顾客需要，获取更大的企业利润。但是新产品开发的风险又是客观存在的。不同的企业，由于实力不同，在新产品开发上的能力也各不相同，因此酒店企业应根据具体情况，选择适当的新产品开发策略。酒店新产品开发策略主要有以下几种：

(1) 抢先策略。抢先策略是指酒店企业在老一代产品衰退前，率先推出新产品，使其占领市场的新产品开发策略。

采用抢先策略的酒店企业，必须随时注意市场上消费者的需求动向，同时把握竞争对手的状况和变化。当消费者需求开始变化时，及时推出新产品，始终占据市场领先地位。选用该策略的酒店企业一般应具有较强的技术和管理实力，并且有一套灵敏的市场信息处理和反馈系统。一些酒店企业设立专门的产品研究部门，组织专业化的研究和试制人员，确定一系列的任务指标，这些就是在新产品开发上采用抢先策略的表现。

(2) 仿制策略。仿制策略是指酒店企业将市场上已经存在且竞争者很少的其他企业产品，仿制成自己的新产品的开发策略。

使用这种策略要求企业随时关注市场上新产品的动向，包括新的酒店形式、酒店装修风格、酒店经营新模式等，它们可供借鉴用于仿制出新的酒店；也包括其他酒店推出的受市场追捧的新产品，经过吸收、改良，成为本企业的新产品。

对大多数中小酒店企业来说，它们采用更多的仿制策略。因此，应就新产品仿制制订周密的计划，并建立一整套工作程序，力求在减少投入的同时，不断推出市场反应好的新产品，提高企业的市场竞争力。酒店企业广泛采用的“试味”就是仿制策略的体现。

(3) 最低成本策略。最低成本策略是指在新产品开发时力求降低成本，以便用较低的价格渗透市场，扩大市场占有率。

该策略要求酒店企业在开发新产品时，通过餐厅经营的组织形式、经营模式等的创新，通过烹饪方法、原料使用等技术手段的改进，或通过生产组织消耗控制等管理水平的改善，努力降低新产品的成本，使之有活力迅速占领市场。

(4) 市场服务策略。市场服务策略是在原有产品基础上，通过提供附加服务，增加产品的让渡价值，进一步吸引消费者关注的策略。市场服务策略创造的实际上是一种改良新产品，也是使酒店产品寿命周期再循环的一种手段。

5. 酒店新产品发展趋势

酒店新产品的开发是根据市场需求的特点决定的。纵观国际酒店发展情况，我国酒店业新产品的发展趋势是：

（1）酒店向娱乐中心发展。酒店娱乐设施增加，逐渐占据了酒店的中心位置。健身、钓鱼、游泳、滑冰等建筑扩大，使酒店、客房成为高层次的娱乐中心。

（2）酒店向保健中心发展。酒店内的健身疗养设备增加，有健身房、康复室，建设温泉、泥疗中心，有疗养、消遣、减肥、体美条件。

（3）酒店向会议中心发展。酒店增加会议设施，提供举办大小型会议、博览、展销等会议的场合和各种条件，为国内、国际会议提供足够的设备。

（4）酒店向教育中心发展。由于国内外教育事业的多层次发展，为酒店提供了大批需求者。酒店适应其发展，在酒店内设教育培训中心，既解决有关消费者的住店问题，又使他们在酒店内得到接受教育的机会。

（5）酒店向商务中心发展。随着国内国际商业旅游者规模的扩大，酒店的商务行政设施明显增加，有的酒店开辟商务行政楼或楼层，为国内外的公司、商社提供工作、生活、通信、商务洽谈等服务。

案例分析

如家酒店经营者深知，企业的市场竞争力往往体现在其产品满足消费者需求的程度上。现代酒店市场上企业间的竞争日趋激烈，企业要想在市场上保持竞争优势，必须不断创新，开发新产品，给客户新的感受，为客户创造新的价值。只有紧紧围绕“以客户为中心”开展酒店的营销管理活动，企业才能在高手如林的酒店市场中脱颖而出。如家酒店从无到有、从小到大正是酒店经营者以现代营销观念为指导的一个典型应用。

（1）分析营销环境，以满足顾客需求为出发点开发新产品。国内经济的连续增长和人们旅游需求的逐渐旺盛，一方面，各种各样的商务活动催生出了一个商旅人士的住宿市场。另一方面，“假日经济”和人们休闲方式的改变还带来了庞大的旅游市场。正是在这样的市场环境和潜在市场之下，“如家”诞生了。“如家”借鉴在欧美完善成熟的经济型酒店模式，为商务和休闲旅行等客人提供“干净、温馨”的酒店产品，倡导“适度生活，自然自在”的生活理念。如家经济型酒店的核心竞争力在于“一张舒服的床，热水，干净整洁的房间，温馨的环境，交通相对便利”。

（2）全方位的卓越服务，完美的整体产品，满足顾客多层次需求，创造了更大顾客价值。如家经济型酒店的立足治本，即对于住宿这一核心的关注与专注，说明设施投资和服务项目上的“经济性”，并不能说明“如家”所提供的服务会打折扣。

如家酒店的客房虽然面积小、设施简单，却在有限的空间中开发出了让客户感觉洁净温馨的商旅体验。“如家”紧紧围绕商旅客户或者自助游客户的需求，专注于“床铺”这一经济型酒店的核心需求，开发出一系列“如家”一样的服务设计组合。通过在客房布置席梦思床、现代化家具、24 小时热水淋浴、空调、电视、电话、互联网接入、免费书籍和个性化床上用品等，为客户营造出一个“温馨如家”的住宿环境。

（3）“连锁”效应，扩大了酒店品牌的市场效应。自成立以来，“如家”除了自建直营酒店之外，还通过特许经营的方式来扩充如家经济型酒店的规模和数量。对于特许经营加盟商，“如家”提供包括品牌支持、销售支持、工程和维护、特许服务、利润维护、标准手册、培训、酒店管理和网络技术支持等内容的“特许经营九大服务支持”，以保证服务的标准性和复制性，同时还对“如家”的品牌起到了快速扩张的“连锁”效应。到 2006 年底，“如家”品牌旗下共有 134 家酒店营业，覆盖 53 个城市。

在“如家”的经济型连锁模式之下，旗下每家酒店的平均客房数量为 120 间，2006 年度“如家”每家酒店客房的平均营业收入为 169 元 / 天。集团化和标准化背景下的“连锁”复制模式，“如家”的经济型品牌之旅带来了规模化的“连锁”品牌效应。

能力培养训练

（一）背景材料

免费提供旅游自行车

金石酒店免费为客人提供旅游自行车——体现酒店细节服务的延伸。“初秋的季节，骑上自行车出去旅行是一件非常惬意的事情！”金石国际大酒店的总经理高楠笑着对记者说。该酒店在过去一年的时间里，独出心裁免费为客人提供旅游自行车服务，受到了业界以及客人的一致好评。据了解，金石国际大酒店是陕西唯一一家推出这项特色服务的酒店。

金石国际大酒店是一家按照五星级标准建设而成的酒店，位于西安市南二环以东。初秋的一天，记者走进了金石国际大酒店，一进门就发现在酒店大厅最显眼的“黄金地段”上整齐地停放着 4 辆自行车。乍一看，不禁让人产生这样的疑问：酒店大厅最显眼的位置怎么成了“自行车寄存处”？当记者准备问大厅服务员时，眼前的一张写着“免费提供旅游自行车”的牌子帮记者答疑解惑。

想出这个好点子的人是金石国际大酒店的总经理高楠。“一个好点子是需要有灵感的。夏日里的一天，我在曲江看到有一对自行车爱好者骑着自行车从我身边驶过，样子很酷。”高楠说，正是在这样的场景让他产生了为客人提供该项服务的念头。

高楠解释说，酒店行业的竞争压力很大，酒店在满足客人吃住的基础上，推出这样的服务是对客人细节服务的一种延伸，把客人留住，让客人真正去感受在酒店的生活，让客人感受到酒店是真正在替客人着想。中国是自行车大国，人人都会骑自行车，一来可以健身，二来还很环保，目前有 6 辆自行车为客人服务，在酒店的周边分布着大雁塔、大唐芙蓉园、曲江南湖、陕西历史博物馆等重点景区，客人入住后，早上可以骑上自行车出去晨练，晚上有时间可以骑上自行车去周边进行自助旅行。为了便于为客人服务，酒店还精心考察了周边的环境和路线，制作了路线图，就连自行车的寄存处也为客人提前进行考察，并标了出来。等天气冷了，酒店还为客人提供专门出去旅游的中巴车，每小时发出一趟。

据了解，在过去一年的时间里，金石国际大酒店已经免费为来自海内外的 3 000 多名客人提供了自行车旅游服务。

（二）训练目的

（1）通过训练，使学生更好地消化与理解酒店产品整体的构成、新产品的主要类型，理解新产品开发的程序、新产品开发的趋势等理论知识。

（2）通过训练，使学生提高酒店营销环境分析能力、观察能力，捕捉市场信息能力。

（3）通过训练，培养学生有关酒店产品的开发与设计的学以致用能力。

（4）通过训练，培养学生独立分析思考的能力、创新能力以及团队合作能力。

（三）训练内容与步骤

训练内容：

（1）金石国际大酒店有哪些创新之举？

（2）金石国际大酒店此举出于怎样的考虑，会给酒店经营带来哪些影响？

（3）金石国际大酒店开发新产品属于哪一种类型？

（4）从产品整体角度分析金石国际大酒店开发的新产品是属于哪一层次，满足的是顾客哪些方面的需求？

（5）金石国际大酒店还可以提供什么服务产品？

训练步骤：

（1）个人分析并回答第（1）、（2）、（3）个问题，分析思考第（4）、（5）个问题。

（2）小组内成员对第（4）、（5）个问题进行学习交流。

（3）就第（5）个问题，小组之间开展讨论交流。

学习评价

依据每个小组内每个人的表现情况，以及小组内互评、小组间的互评和老师的评价，确定个人能力水平和努力方向。具体的评价细则如表 4-1 所示。

表 4-1 评价细则

内容			评价		
学习目标		评价内容	小组互评	组间互评	教师评价
专业知识	应知应会	简述酒店产品整体构成	Yes No	Yes No	Yes No
		简述酒店新产品的种类	Yes No	Yes No	Yes No
		明确酒店新产品开发设计的要求	Yes No	Yes No	Yes No
		简述酒店新产品开发的程序	Yes No	Yes No	Yes No
专业能力	1. 能够运用酒店产品整体理论	明确实行酒店差异化营销的途径与方向	Yes No	Yes No	Yes No
	2. 能够明确新产品开发的要求	能够分析与选择适合企业开发的新产品	Yes No	Yes No	Yes No
	3. 能够掌握产品开发策略	具备分析能力，选择最佳新产品开发策略	Yes No	Yes No	Yes No
通用能力	组织能力		Yes No	Yes No	Yes No
	沟通能力		Yes No	Yes No	Yes No
	解决问题能力		Yes No	Yes No	Yes No
	自我管理能力		Yes No	Yes No	Yes No
	创新能力		Yes No	Yes No	Yes No
态度	宽厚近人，高度责任感		Yes No	Yes No	Yes No
努力方向：			建议：		

课外作业

（1）选取你熟悉的酒店进行新产品开发方面的市场调查，分析评价并提出新产品开发的合理建议。

（2）通过各种媒介了解世界各地有哪些全新酒店新产品已经或即将问世。

目标二 酒店产品的定价

酒店产品的定价是一门科学，也是一门艺术。价格制定的是否合理及其策略运用的是否得当，直接关系到酒店企业市场营销组合的科学性、合理性、竞争性，进而影响到酒店企业市场营销的成败。影响酒店制定产品价格的因素很多，既有酒店可控的因素，又有酒店企业不可控的因素。酒店企业要想使制定出的产品价格既能让市场上消费者接受，又能使企业获得合理的利润，同时在市场同行中又具有很好的竞争性，就必须综合考虑影响价格的各种因素，确定合理的定价目标，采用科学的定价方法完成酒店产品的定价。

案例介绍

海航中高档酒店定价策略

1．海航酒店集团中高档酒店价格分析

酒店客房价格是一个波动价，会随季节、顾客、环境、竞争、政策等因素影响而发生变化。

（1）旅游淡旺季对价格的影响。海南新国宾馆淡旺季价格对比如表 4-2 所示。

表 4-2　海南新国宾馆淡旺季价格对比

季节 / 门市价／元 / 房型	旺　季	淡　季	幅　度
	2008 年 10 月 1 日—2009 年 3 月 31 日	2009 年 3 月—4 月	
豪华商务房	1 980	1 000	980
豪华海景套房	2 288	2 200	88
豪华海景连通套房	4 088	4 000	88
豪华商务套房	3 088	3 000	88
豪华园景沙龙房	1 680	1 400	280
豪华海景沙龙房	1 880	1 600	280

（2）旅游淡旺季对不同房型价格的影响状况如图 4-3 所示。

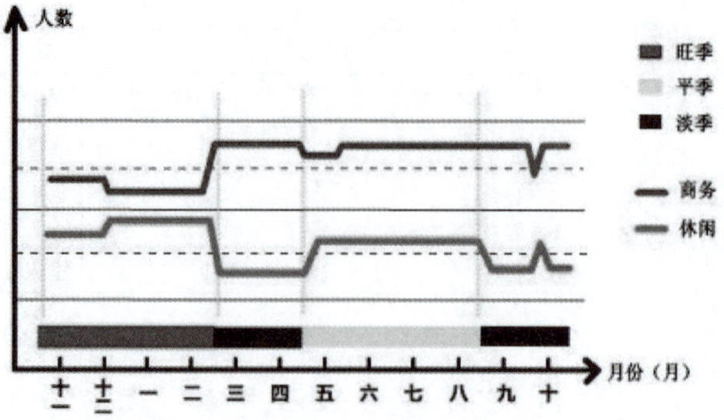

图 4-3　旅游淡旺季对不同房型价格的影响

总体而言，商务房比标准房价格高，而商务房和标准房在不同的时间又有所变化：旺季休闲型游客增多，商务房价格相对下降，标准房价格相对增长；淡季商务型客人增多，商务房

价格相对上涨，而休闲房价格相对下降。

海航旗下酒店基本是按照传统定价策略，即成本决定价格。商务房成本高，定价高；标准房成本低，定价低。

2. 定价策略

定价策略围绕收益管理理论展开，即如何通过把恰当数量的产品在适当的时间以恰当的价格出售给恰当的宾客，从而实现企业收益的最大化。

因此，采取以成本为基础，以市场细分为标准的差别化定价策略，其实质就是价格歧视——对不同的消费者销售同一种商品收取不同价格的行为。

传统的客房价格是针对不同客房的类型来制定的，例如，商务客房的价格一般高于标准房，套房的价格高于普通标准间等，房价的差异主要反映不同客房的不同成本。

在定价策略中，虽然不同房型之间的差价仍然存在，但定价的基本依据是市场需求而非供给成本，也就是客房价格由市场需求决定。对同一种客房产品，采用多级房价策略比单一房价能带来更高的客房收入，如果不考虑实施多种房价的成本，采用客房价格级别越多，酒店满足细分市场的需求的程度就越高，就能获得更高的收益并应对市场竞争状况。

例如，五星级酒店确定了主、次、辅 3 个层次的目标客源：第一个层次的目标客源是国家首脑、政府官员，大型国际会议，科技、经济、文化、艺术、教育、体育等各界人士，世界各国贸易商人；第二个层次是普通的散客和一些较豪华的旅游团队；第三个层次是国内社会各界人士。对于每一个层次的目标市场，同一房型在成本的基础上都会制定不同的价格，以适应其消费能力。

海航酒店集团 2009 年 3—4 月酒店价格情况如表 4-3 所示。

表 4-3　海航酒店集团 2009 年 3—4 月酒店价格情况

地　区	酒 店 名 称	星　级	房　　型	价格 / 元	
				门 市 价	售　价
海口地区	海南新国宾馆	★★★★★	豪华商务房	1 000	658
			豪华海景套房	2 200	700
			豪华海景连通套	4 000	1 550
			豪华商务套房	3 000	1 250
			豪华园景沙龙房	1 400	530
			豪华海景沙龙房	1 600	580
	海口海航国际商务酒店	★★★★	高级商务房	699	298
			豪华商务房	899	378
			高级套房	1 699	440
			高级商务房	699	338
			豪奇套房	1 299	450
			行政套房（原至尊套房）	1 999	680
	海口美兰海航酒店	★★★	豪华大床房	480	198
			豪华双标房	480	198
			豪华套房	1 188	600

续表

地　区	酒店名称	星　级	房　型	价格 / 元	
				门市价	售　价
三亚地区	亚太国际会议中心	★★★★★	山景房	1 288	600
			海景房	1 588	650
			海景沙龙房	2 088	1 258
			海景行政房	3 080	1 858
	海南康乐园海航度假酒店	★★★★★	棕榈泉园景房	1 550	658
			棕榈泉池景房	1 650	1 480
			高尔夫别墅客房	1 950	618
			高尔夫别墅套房	4 950	2 180
			风吕客房	1 950	618
			风吕套房	3 650	1 580
			康乐别墅套房	4 950	2 180
博鳌地区	海南博鳌海航度假酒店	★★★★	高级花园标房	680	199
			豪华海景双标房	768	219

相关知识

（一）酒店产品价格的概念

酒店价格是指消费者购买酒店产品所需支付的货币量，是酒店产品价值的货币表现。

一般价格由成本、税收、利润 3 部分构成。

价格 = 成本 + 税收 + 利润

（二）影响酒店产品定价的因素

为了合理地制定酒店产品的价格，酒店企业在定价时必须考虑下列影响价格的各种因素：

1．酒店产品成本

酒店产品成本是由酒店产品的生产过程和流通过程所花费的物质消耗和支付的劳务报酬所形成的，它是构成酒店产品价值和价格的主要组成部分，是酒店企业价格的最低界限。酒店企业在制定产品价格时，要使总成本得到补偿并获得利润，酒店产品的价格就要超过酒店产品的成本。酒店产品的成本是影响酒店产品价格的最直接、最基本的因素。

产品的总成本包括两种：一种是固定成本，即不随产销量变化而变化的成本，如租金、折旧、行政管理费用等；另一种是变动成本，或称可变成本，即随产销量变化而变化的成本，如原材料费、包装费、运输费等。固定成本与变动成本之和即为某产品的总成本。

2．酒店产品供求关系

酒店产品价格除受成本影响外，还受该产品的供求关系影响。当酒店产品供求关系发生变化时，酒店产品的价格也要发生变化。一般而言，在旅游旺季时，酒店产品供不应求，产品的价格呈上升趋势；而在旅游淡季，酒店产品供大与求，产品价格呈下降趋势。需求是酒店产品价格的上限，不能因价格过高导致产品无人问津。

3. 酒店市场竞争状况

酒店市场竞争状况是影响酒店产品定价的重要因素。酒店市场的竞争越激烈，对酒店产品的定价影响就越大。在竞争激烈的酒店市场中，顾客对价格的敏感度较高，酒店为使产品价格具有竞争力，可以将价格定得低一些或市场平均价。在垄断性的市场上，没有竞争对手或竞争对手很少，产品定价的自由度较大，酒店企业可视其他影响因素灵活定价，可以适当高一些。竞争状况决定了企业产品价格的具体水平以及日后调整价格的方向与调整幅度。

4. 酒店企业营销目标

酒店企业在市场营销中总是根据不断变化的市场需求和自身实力状况，并出于短期或长期发展考虑，确定酒店企业的营销目标和酒店产品的价格。酒店为了尽快收回投资，往往把获取利润作为营销的首要目标，因而所确定的产品的价格就远远高于成本；如果为了获取较大的市场份额，则往往把提高市场占有率作为营销的首要目标，因而所确定的产品价格对顾客有吸引力，甚至表现为优惠价等特殊价格形式。

5. 汇率变动

汇率变动是指国际货币比价的变动状况。汇率变动的影响主要通过酒店产品的报价形式反映出来。若外国货币升值对海外顾客有利，有利于促进海外顾客的增加，酒店产品的价格定得可以高些;若旅游目的国家的货币升值,就有可能造成入境顾客减少,酒店产品的价格也就应有所降低。

6. 通货膨胀

通货膨胀是流通领域中的货币量超过了货币需求量引起的货币贬值、物价上涨等现象。

通货膨胀使单位货币购买力下降，使酒店企业产品的生产成本、经营费用增加，从而迫使企业提高酒店产品的价格，影响海外顾客数量，影响酒店企业的正常经营活动。

7. 政府宏观管理

为了维护市场秩序、规范市场行为，限制酒店企业不正当竞争或牟取暴利，政府以行政、法律手段制定酒店产品的最高价和最低限价，维护酒店企业和顾客的利益。酒店企业在制定产品价格时必须遵循国家的有关方针、政策，不能违反国家有关物价政策。

（三）酒店产品定价目标

酒店产品定价目标是指酒店企业在制定酒店产品价格时所要达到的目的。酒店产品的定价目标与酒店市场营销目标直接相关,受企业营销目标的制约。通常酒店的定价目标主要有以下几种：

1. 以获取利润为定价目标

利润是考核和分析企业营销工作好坏的一项综合性指标，是企业最主要的资金来源。以利润为定价目标有 3 种具体形式：预期收益、最大利润和合理利润。

(1) 获取预期收益目标。预期收益目标是指企业以预期利润为定价基点，并以利润加上商品的完全成本构成价格出售商品，从而获取预期收益的一种定价目标。酒店企业应当考虑酒店产品特征、顾客对价格的反应以及企业在同类企业中的地位和在市场竞争中的实力等因素。

预期收益定得过高，企业会处于市场竞争的不利地位；定得过低，又会影响企业投资的回收。一般情况下，预期收益适中，可能获得长期稳定的收益。

（2）获取最大利润目标。最大利润目标是指企业在一定时期内综合考虑各种因素后，以总收入减去总成本的最大差额为基点，确定单位商品的价格，以取得最大利润的一种定价目标。当酒店企业的产品在市场上处于绝对有利地位时，往往采取这种定价目标，它能够使酒店企业在短期内获得高额利润。

（3）获取合理利润目标。合理利润目标是指酒店企业在补偿正常情况下的社会平均成本基础上，适当地加上一定量的利润作为商品价格，以获取正常情况下合理利润的一种定价目标。酒店企业在自身力量不足，不能实行最大利润目标或预期收益目标时，往往采取这一定价目标。这种定价目标以稳定市场价格、避免不必要的竞争、获取长期利润为前提，因而产品价格适中，顾客乐于接受，政府积极鼓励。

2．以占领市场为定价目标

一个酒店企业的利润高低并不必然反映这个企业的市场地位，更不能反应它同其他竞争企业的关系，而市场占有率则能准确反应企业在同行业的地位和竞争实力。因此，许多酒店企业以市场占有率作为自己的定价目标。

（1）以低价占领市场。以低价占领酒店市场为目标，就是在提高产品与服务质量、降低产品成本的前提下，使产品的价格低于主要竞争者的价格，以低价迅速打开销路，挤占市场，从而提高酒店企业的市场占有率。待占领市场后，再通过增加服务内容和提高服务水平等方式逐步提高酒店产品价格。

（2）以高价占领市场。以高价占领市场为目标，就是在酒店产品上市初期，以高于竞争对手的价格，利用顾客的求新、求名心理，尽可能在短期内获取最大利润，待竞争激烈时，以先期获得的超额利润为后盾，调低价格，从而扩大销售，占领市场，击败竞争对手。

3．以生存为定价目标

当企业遇到经营困难时，为维持经营、等待转机机会，让企业度过暂时的生存危机，酒店经营者一般会以低于产品总成本、但高于单位变动成本的方法制定产品的价格。这样可以使企业维持正常开支，只是固定成本没有得到全部或部分补偿，在固定资产更新之前，企业可以谋求更好的发展，解决企业固定资产更新改造资金。

4．以适应竞争为定价目标

酒店企业在分析自身酒店产品的竞争力和竞争地位的基础上，为了应付与防止竞争，往往以对酒店市场有绝对影响的竞争对手产品的价格为依据，来制定本酒店产品的价格。为了应付竞争，有的酒店以低于竞争者的价格销售，有的接受市场价格，以竞争者相同的价格销售，并随竞争者的价格升降；在设施和服务方面优于竞争者的酒店，则以高于竞争者的价格销售，确定以优取胜。为了酒店企业与行业的正常发展，保持稳定的利润，酒店企业应以稳定价格为目标，避免价格竞争给企业与行业带来的负面影响。

5．酒店企业确定定价目标应当注意的问题

各酒店企业在确定定价目标时，应着眼于企业的经营环境、营销目标、企业规模等多方面的因素，统筹考虑。不同的企业，其定价目标不同。即便是同一企业，在不同的时期，由于

主客观因素的变化，定价目标也应不尽相同。在选择与确定定价目标时，应当着重解决好以下几方面的问题：

一是定价目标的确定，应当建立在需要和可能的基础上。各种定价目标的侧重点不同，要求企业具备与之相适应的条件。企业在选择估计目标时，既要考虑自身的需要，又要使其建立在具有充分经济依据及市场条件的基础上，使需要与可能相结合。

二是选择与确定定价目标，应当坚持全局观念，保持各目标的一致性。各种定价目标如何取舍、协调，均应本着使企业获利这一根本要求，视具体情况而定。

三是对企业定价目标的选择，并非一劳永逸，而应视具体条件加以更改。例如，当企业刚刚进入市场时，可以采用低价开拓市场，进入成长期时，企业便可以将追求最大利润作为定价目标。

（四）酒店企业定价程序

由于价格高低不仅影响到酒店企业自身利益，还关系到顾客的利益以及竞争者利益，因而为产品定价既重要又困难。掌握和采用科学的定价程序，对于酒店企业制定合理价格是十分重要的。一般来说，酒店企业的定价程序为：

(1) 确定定价目标。就是首先明确定价的出发点，是为了投资收益率、市场占有率、稳定价格、防止竞争、利润最大化还是度过暂时困难、塑造形象等。

(2) 测定需求。酒店企业产品的价格会影响需求，需求的变化影响企业的产品销售以致企业营销目标的实现。因此，测定市场需求状况是制定价格的重要工作。在需求的测定中，首要问题是了解市场需求对价格变动的反应，即需求的价格弹性。

需求的价格弹性可用公式表示：

$$\text{需求的价格弹性}（E）=\frac{\text{需求量变动的百分比}}{\text{价格变动的百分比}}$$

计算结果有 3 种情况：

① 当 $E>1$ 时，即价格变动率小于需求量变动率时，此产品富于需求弹性，或称为弹性大。需求的价格弹性大的产品一般适合低定价，实行薄利多销。

② 当 $E=1$ 时，即价格变动率同需求量的变动率一致，此产品具有一般需求弹性。

③ 当 $E<1$ 时，即价格的变动率大于需求量的变动率，此产品缺乏需求弹性或者非弹性需求。需求的价格弹性小的产品一般适合高定价，获取高额利润。

影响需求弹性大小的因素主要有 3 个：商品替代品的数目和相近程度、商品在消费者收入中的重要性以及商品有多少用途。

(3) 估算成本。酒店企业在制定价格时，要进行成本估算。在正常的情况下，产品价格的最高限度取决于市场需求、竞争及有关限制因素；而最低价格不能低于产品的总成本，这是企业价格的下限。

(4) 分析竞争状况。对竞争状况的分析包括 3 个方面的内容：①分析企业竞争地位；②协调企业的定价方向；③估计竞争企业的反应。

(5) 选择定价方法和策略。根据定价目标等选择具体的定价方法，如成本导向定价法、需求导向定价法还是竞争导向定价法，确定定价策略与技巧，吸引更多的顾客。

(6) 选定最后价格。在最后确定价格时，必须考虑遵循这样 4 项原则：①商品价格的制定与企业预期的定价目标的一致性，有利于企业总的战略目标的实现；②商品价格的制定符合国家政策法令的有关规定；③商品价格的制定符合消费者整体及长远利益；④商品价格的制定与酒店市场营销组合中的非价格因素是否协调一致、互相配合，为达到酒店营销目标服务。

（五）酒店产品定价方法

定价方法是酒店企业在定价目标指导下，对产品进行具体计算的方法。酒店企业常用的定价方法主要有以下几种：

1. 成本导向定价法

就是酒店企业以酒店产品成本为基础的定价方法。酒店在定价时，首先要考虑收回在生产经营中的全部成本，然后再考虑取得一定的利润。

（1）成本加成定价法。成本加成定价法是指在单位产位成本基础上加上预期的利润比例所制定的价格。成本加成定价法是最基本的定价方法。其公式为：

单位产品价格 = 单位产品总成本 ×（1+ 加成率）

例如，某酒店某菜肴的原材料成本为 10.00 元，确定成本加成率为 50%，试确定该菜肴的销售价格。

价格 =10 ×（1+50%）=15（元）

例如，某酒店客房引进一批付费休闲食品，其中瓜子每袋 3 元，薯片每袋 5 元，客房部加成 60%卖出，问卖出价是多少?

瓜子价格 =3 ×（1+60%）=4.8（元）

薯片价格 =5 ×（1+60%）=8（元）

成本加成定价法的优点：计算方便，可保证酒店获得正常的利润。

成本加成定价法的缺点：以生产为导向，只考虑了酒店的成本因素，而没有分析需求弹性与消费者心理，不能使酒店获得最长远的利益。

一般来说，成本加成定价法比较适用于酒店餐饮产品的定价。

（2）盈亏平衡定价法。该方法是根据盈亏平衡点原理来定价的一种方法，这是侧重保本经营的定价方法。在市场不景气的临时困难情况下，保本经营总比停业的损失要小得多，而且企业有灵活的回旋余地。计算公式：

盈亏平衡价格 = 全年总成本 ÷ 全年总产量

例如，某宾馆拥有客房 400 间，据测算，每间客房分摊的固定成本为 200 元，单位变动成本为 30 元（间、天），预计全年客房出租率为 70%。问宾馆制定何种价格才能使宾馆保持盈亏平衡?

盈亏平衡价格 = 全年总成本 ÷ 全年总产量

=（400 × 200+400 × 70% × 30）/400 × 70%=316（元）

即：宾馆的房价若订为 316 元，宾馆就不亏不赢。

盈亏平衡定价法的优点是计算方便；缺点是产品销售量难以控制，因为它取决于市场的供求状况，不取决于企业自身。

（3）目标利润定价法。目标利润定价法是根据酒店企业的总成本和估计的总销售量，确定一个应得到的目标利润，从而制定酒店产品的价格的方法。计算公式：

目标利润价格 =（全年总成本 + 目标利润）÷ 全年总产量

例如，上例中若该宾馆成本利润率为 30%，试确定目标利润价格。

目标利润价格 =（全年总成本 + 目标利润）÷ 全年总产量

$$= (400 \times 200+400 \times 70\% \times 30) \times (1+30\%)/400 \times 70\%=410\text{（元）}$$

目标利润定价法的优点是计算方便，可保证酒店获得目标的利润；缺点是销售量难以控制，比较适合垄断型酒店采用。

（4）千分之一法（或称为拇指法则）。千分之一法是根据客房造价来确定房价的一种方法，即将每间客房的房价确定为客房平均造价的千分之一。计算公式：

客房的平均造价 = 酒店的造价总额 ÷ 酒店房间总数

客房价格 = 客房的平均造价 ÷1000

如果一家拥有 300 间客房的酒店总造价为 6 000 万元，若每间客房布局基本统一，则平均每间客房的造价为 20 万元，每间客房每晚的房价应为 200 元。

采用千分之一法制定房价，其科学性和合理性受以下两个条件的制约：

① 酒店客房的类型、面积、设施设备的豪华程度等基本相同。

② 酒店客房、餐饮及娱乐设施等规模和投资比例适当。

使用千分之一法定价，酒店管理者可以迅速做出价格决策。但是，该方法有赖于各项假设的可靠性，且未考虑到当前的各项费用及通货膨胀。因此，据此制定的客房价格只能作为参考，为酒店明确一个大致的房价范围。

（5）赫伯特定价法。赫伯特定价法是 20 世纪 50 年代，美国酒店和汽车旅馆协会主席赫伯特主持发明的。它是以目标收益率为定价的出发点，在已确定计划期各项成本费用及酒店利润指标的前提下，通过计算客房部应承担的营业收入指标，进而确定房价的一种客房定价法。与千分之一法相比，赫伯特定价法要合理得多。它是根据计划的营业量、固定费用及酒店所需达到的投资收益率来确定每天客房的平均房价。计算公式：

应获得的客房销售额 = 酒店总投资 × 目标投资回收率 + 酒店营业费用、企业管理费 + 客房部门经营费用 − 其他部门经营毛利

客房价格 = 应获得的客房销售额 /（可供出租房间数 × 计划期天数 × 预计出租率）

一般而言，新建酒店往往采用此种方法定价。这个公式的缺陷在于客房部必须承担实现计划投资收益率的责任。由计算可看出，其他部门盈利高，房价可低些，一旦其他营业部门亏损，房价则上升。事实上，酒店管理者应该明确，其他部门经济效益低，不应由高昂的、缺乏竞争力的房价来弥补，同时，其他部门的高额利润也不应成为制定过低房价的理由。

2. 需求导向定价法

需求导向定价法是指根据顾客对酒店产品需求强度、对酒店产品的理解和认识程度以及可支付的价格水平为依据，来确定酒店产品价格的一种方法。常用的方法有理解价值定价法。

理解价值定价法是一种先估计和测定酒店产品在顾客心中的价值水平，再以此为依据制定出商品价格的方法。

顾客对酒店产品往往有自身的价值理解，这种价值理解实际上是顾客对酒店产品质量、特色以及服务质量的评估。当一个顾客购买某一酒店产品时，他便根据对这个产品的印象，自我评估它的价格，只有这个价格，顾客才愿意接受，市场营销学上将其称为顾客理解价值。

这种方法的具体做法是：酒店企业首先通过广告宣传或者其他传播途径，把酒店产品介绍给顾客，使顾客对酒店产品条件、环境、格调、特色以及服务等有一个初步的印象。然后通过

市场调查，了解掌握顾客对酒店产品价值的理解，以此作为定价标准。如果在这个定价水平下，酒店企业所获得的利润同其经营目标相符合，就可以开发产品；如果在这个价格水平下利润很低，甚至会亏损，酒店企业就应该考虑放弃经营。这种方法的关键是如何分析和测定决定产品的理解价值水平。测定的方法有直接评议法、相对评议法、相对评分法、诊断评议法等。

3．竞争导向定价法

竞争导向定价法就是以酒店市场竞争对手的价格为基础制定价格的一种方法。常用的方法有以下几种：

（1）随行就市定价法：是指酒店企业以酒店市场上同类酒店产品的平均价格为基础来确定酒店产品价格的方法。在酒店业中，随行就市定价法是一种很普遍的定价方法。采用这一定价方法，可以是酒店企业在激烈的市场竞争中，既减少了风险，又获得行业平均利润，有利于酒店市场的健康发展。

（2）率先定价法：是一种主动竞争的定价方法，是酒店企业根据自身酒店产品的实际情况以及与竞争对手酒店产品的差异程度来制定酒店产品价格的方法。

在制定价格时，酒店企业首先将竞争对手酒店产品价格与其估算价格进行比较，分为高、中、一致 3 个层次；其次，将本企业酒店产品的性能、质量、成本、产量等与竞争对手进行比较，分析造成价格差异的原因；再次，根据上述综合因素确定本企业酒店产品的特色、优势，在此基础上确定酒店产品的价格。为了适应酒店市场的竞争，酒店企业还要注意竞争对手产品价格的变化，相应调整本企业酒店产品价格。一般具有较强的规模与实力的酒店适合采用此方法定价。

（3）追随领导企业定价法：是指拥有较丰富的后备资源的酒店企业，为了应付或者避免竞争，或者为了稳定市场以利于长期经营，采用以同行业中影响最大的酒店企业的产品价格为标准，来制定本企业酒店产品价格的一种定价方法。

（六）酒店产品定价策略

价格策略是酒店企业进行价格决策的基本措施和技巧。酒店企业常以下采用 4 种定价策略：

1．新产品定价策略

新产品进入市场能否有效地打开销路，价格起着非常关键的作用。价格定得合理，就能增加产品的受关注程度和受欢迎程度。常用的新产品定价策略有 3 种：

（1）撇脂定价策略：是一种高价格策略，是在酒店新进入市场初期，将产品价格定得很高，以便迅速收回投资的定价策略。

撇脂定价策略的优点：尽快收回新产品投资，并在短期内获取收益；以高价树立优质产品的形象；为以后降价创造了条件。

撇脂定价策略的缺点：高价产品投放市场，限制用户消费，不利于开拓市场；高利润富有吸引力，促使竞争对手加入；掩盖酒店企业管理的缺陷，不利于降低成本。

适用条件：酒店提供的产品具有无可比拟的优质性或独特性，或产品市场寿命较短，或易于模仿，或受专利技术保护，或短期内供不应求的产品。

（2）渗透定价策略：是在酒店新进入市场初期，将产品价格定得很低，以便吸引顾客，扩大市场占有率的定价策略。在酒店形成买方市场的情况下，许多新开业的酒店都是以这种方式进入市场的。

渗透定价策略的优点：运用价格优势，可以迅速占领市场；能有效地限制竞争者加入。

渗透定价策略的缺点：投资回收期长；降低价格的余地较小。

以上两种策略各有利弊，酒店企业可根据表 4-4 所示因素的不同程度权衡抉择。

表 4-4　两种定价策略的利弊分析

程度　因素 策略	顾客需要紧迫程度	与竞争产品的差异程度	市场需求潜量	企业生产力	价格需求弹性	产品仿制可能性	企业投资回收要求
渗透策略	低	小	大	大	大	大	慢
撇脂策略	高	大	小	小	小	小	快

(3) 满意定价策略。吸取撇脂策略和渗透策略的优点，选取一种比较适中的价格，既保证企业获得一定的初期利润，又具有可接受性。

2. 心理定价策略

利用顾客的心理因素进行合理定价，巧妙地对客人的消费欲望进行刺激。常用的心理定价策略有 4 种：

(1) 尾数定价策略。给酒店产品定一个以零头数结尾的非整数价格，在顾客心目中留下一个价低的印象，适用于低档产品的定价。

(2) 整数定价策略。以整数价格给产品定价，以这种价格来反映产品较高的质量。

(3) 分级定价策略。根据产品的质量、构成、价值等因素，将酒店产品定为不同档次的价位，以体现不同产品的价值。

(4) 吉祥数定价策略。根据人们对数字的迷信和禁忌心理而采取的一种定价策略，如选一个含有 6、8 或 9 的吉祥数作为酒店产品的价格。香港、广东一带较流行此定价法。

3. 折扣定价策略

即在实行产品交易过程中，通过对实际价格的适量调整，让顾客得到一部分优惠，鼓励顾客购买。折扣定价策略包括即期折扣策略和延期折扣策略。

(1) 即期折扣策略：即顾客在购买酒店的产品时立即获得优惠。包括：

① 数量折扣：酒店根据顾客购买产品的数量或次数来决定是否给予折扣及折扣幅度，以鼓励顾客多买或重复购买为目的。

② 季节折扣：根据顾客购买行为的发生时间来确定是否给予或给予多少折扣，酒店产品是一种季节性很强的产品，有明显的淡、旺季之分，季节变换可以作为酒店打折的一个原因。

③ 时间折扣：根据每天早中晚不同的时间段或一星期中每天客流量的变化，拟订不同的价格。

④ 现金折扣：指对酒店中间商实行的一种折扣及对提前支付账款的顾客给予的一种优惠，如某顾客在指定付款日期前若干天支付了账单，酒店因此给他折扣，使其少付一部分费用。

⑤ 功能折扣：依据顾客的身份或产品的功能来确定折扣，中间商一般能得到酒店较大的折扣，但是给予散客的折扣幅度通常较小。

⑥ 有效的整体折扣：将酒店的一系列产品组合成一个整体进行“打包”销售，并给予较大的整体折扣。顾客购买这个“打包”的产品时，可以获得比单项购买多得多的优惠。

(2)延期折扣策略，指顾客购买酒店产品时获得的在进行第二次购买时才能享受的优惠。包括：

① 价值返还：即向顾客提供一种附加价值。但只能以后享用此附加价值，如酒店向在本店举办婚宴的顾客赠送周年纪念消费券或小孩满月消费券，这些消费券不能即时消费。

② 连续购买优惠：顾客购买酒店产品后，可以获得酒店的优惠券，使顾客在下次购买酒店产品时获得优惠。

③ 代理佣金：主要是针对中间商的价格折扣，如在年初，酒店和中间商以书面的形式商定，若双方在年底实现双方商定的目的，酒店即把佣金支付给中间商，若没有实现，则不予兑现。

4. 差别定价策略

是酒店企业根据顾客对酒店产品的需求强度和需求弹性的差别，对酒店相同的产品制定不同价格的策略。具体类别是：

（1）顾客差别定价策略：就是酒店企业针对不同的顾客，对酒店相同的产品制定不同的价格的策略，如针对顾客的不同国籍、不同职业、不同年龄等实行差别定价。采用这种定价策略，可以稳定客源，维持酒店企业的基本销售收入。

（2）产品差别定价策略：是酒店企业对不同形式的同类酒店产品制定不同的价格。如同一酒店，可能有总统套房、商务套房、标准间等不同规格和标准的客房，其价格也是不同的。采用这种定价策略，可以满足不同顾客的需求，使酒店产品更具有针对性。

（3）位置差别定价策略：酒店企业销售相同的产品，可根据不同的位置所创造出的需求强度差别而制定不同的价格，如酒店客房朝向不同则价格不同等。

（4）时间差别定价策略：在不同的时间，顾客对产品的需求有明显的不同，酒店企业对同一酒店产品在不同的时间制定不同的价格。如酒店企业对同一产品根据季节等不同定价不同。

酒店在采用差别定价策略时必须注意以下几个问题：

（1）酒店市场必须是可以细分的，不同的细分市场需求强度不同。

（2）以较低价格购买酒店产品的顾客没有可能以高价把产品转卖他人。

（3）竞争者没有可能在企业以较高价格销售产品的市场上低价竞销。

（4）差别定价不会引起顾客反感。

（5）差别定价采取的形式不违法。

案例分析

酒店市场需求受多方面因素的影响，酒店企业必须根据外部环境的变化，及时调整产品的价格，才能保证酒店正常的经营活动。海航酒店集团对酒店产品价格科学管理，基本是按照传统定价策略：成本决定价格。商务房成本高，定价高；标准房成本低，定价低。在此基础上，灵活运用各种价格策略和手段，综合考虑季节、顾客、环境、竞争、政策等因素影响，采用差别定价策略为酒店产品制定合理价格。

首先，时间差别定价策略成功应用。海航酒店集团将酒店市场分为淡季和旺季，由于季节的不同，顾客对产品的需求有明显的不同，采用时间差别定价策略，海航酒店对同一酒店产品在不同的季节制定出不同的价格，更好吸引顾客，增强市场竞争能力。

其次，产品差别定价策略成功应用。就是对不同形式的同类酒店产品，如不同规格和标准的客房，制定不同的价格，以满足不同顾客的需求。酒店在建成之前，就要根据自己酒店的投资、豪华程度、当地市场的状况等综合因素，对不同成本造价房型确定不同的门市价。这个价格一般比较高，往往是旺季时的价格。在淡季要对其进行相应的价格调整。不同的季节，不同客房，价格不同。另外，即便是相同的季节，价格调整的幅度也是不一的，也要考虑市场的具体情况。

例如，旺季休闲型游客增多，商务房价格相对下降，标准房价格相对增长；淡季商务型客人增多，商务房价格相对上涨，而休闲房价格相对下降，以更好地适应不同细分市场上顾客的需求。海航酒店集团分布在3个地区的6家酒店都是这样对价格实施管理。

能力培养训练

（一）背景材料

圣诞大餐价格的出炉

距离2008年圣诞节还有不到一个月，杭州各家酒店的圣诞树就已经陆续亮起了灯，圣诞气氛渐浓。作为酒店重要盈利项目，圣诞大餐的菜单也相继出炉。不过，各家酒店制定圣诞大餐价格时，绝对可以用“谨慎”二字形容。大多数酒店决定，圣诞大餐不涨价，少数酒店甚至还小幅下调。

杭州开元名都大酒店的圣诞大餐价格出炉，880元一位，与2007年持平。酒店的公关经理陈静说，定下这个价格，他们考虑了很久。圣诞活动年年都搞，而且每年都在升级，因为像这种大型节日活动最能体现酒店的档次和水准。今年，酒店在菜式选择、表演安排、现场抽奖等各个方面都加了码，成本自然就提高了。“可是，在定价的时候，考虑到经济大环境，酒店决定，宁可缩减利润空间，今年也不提价了。”

据了解，圣诞大餐的消费群体主要有两类，一类是追求时尚生活的年轻人，还有一类就是企业客户。“按照惯例，每年的圣诞大餐，至少有一半是企业买来送客户的。”陈静说，2008年，像房产、券商这些企业的经济效益都不行，而往年他们是圣诞大餐的买单大户。

不少酒店和开元名都一样，圣诞大餐的价格与2008年持平。浙江世贸君澜大饭店将圣诞大餐分成1 388元/位、1 688元/位、1 888元/位3个档次，和2008年差别不大。雷迪森广场酒店的圣诞套餐价格也和2008年持平，如宴会厅的价格每位1 388元，较低价的还有388元一位的日式圣诞套餐。

也有一些酒店，悄悄将2008年的圣诞大餐价格进行了小幅下调。例如，香格里拉饭店2007年曾在宴会厅推出2 288元/位的天价圣诞大餐，2008年的价格降到1 788元/位，整整降了500元。而且，这个高价餐也并非圣诞大餐主力，香格里拉饭店着重推介的还是798元一位的平安夜自助餐。

2008年，一些经济实惠的圣诞套餐也出现在高星级酒店的菜单上。例如，开元名都大酒店推出198元/位的圣诞自助餐，价格只比平时贵了60元。

（二）训练目的

（1）通过训练，使学生更好地消化与掌握影响定价的基本因素、定价的主要方法和定价主要目标等理论知识。

（2）通过训练，培养学生有关酒店产品定价的学以致用的能力。

（3）通过训练，培养学生独立分析思考的能力、创新能力以及团队合作能力。

（三）训练内容与步骤

训练内容：

（1）影响酒店圣诞节定价的因素有哪些？

（2）杭州开元名都大酒店此次圣诞节的定价目标是什么？

（3）香格里拉饭店此次圣诞定价的策略是什么？

（4）还有哪些定价目标可以考虑？

（5）还有哪些定价策略可以运用？

（6）为海航酒店集团、杭州开元名都大酒店设计一套新的定价方案。

训练步骤：

（1）个人分析并回答（1）、（2）、（3）个问题，分析思考第（4）、（5）、（6）问题。

（2）组内成员之间就第（4）、（5）、（6）个问题进行讨论交流。

（3）小组之间就第 6 个问题开展讨论交流。

学习评价

依据每个小组内每个人的表现情况，以及小组内互评、小组间的互评和老师的评价，确定个人能力水平和努力方向。评价的具体细则如表 4-5 所示。

表 4-5　评价细则

内容			评价		
学习目标		评价内容	小组互评	组间互评	教师评价
专业知识	应知应会	简述影响定价的基本因素	Yes　No	Yes　No	Yes　No
		简述定价的主要目标有哪些	Yes　No	Yes　No	Yes　No
		定价程序包括哪些主要环节	Yes　No	Yes　No	Yes　No
		简述定价的主要方法	Yes　No	Yes　No	Yes　No
专业能力	1. 了解定价的具体方法 2. 能够准确分析影响定价因素 3. 能够评价产品价格	明确成本与需求导向定价法，能够分析应用	Yes　No	Yes　No	Yes　No
		运用所学知识，能够选择恰当的定价方法与定价策略，进行产品定价	Yes　No	Yes　No	Yes　No
		具备分析能力，动态调整产品的价格	Yes　No	Yes　No	Yes　No
通用能力	组织能力		Yes　No	Yes　No	Yes　No
	沟通能力		Yes　No	Yes　No	Yes　No
	解决问题能力		Yes　No	Yes　No	Yes　No
	自我管理能力		Yes　No	Yes　No	Yes　No
	创新能力		Yes　No	Yes　No	Yes　No
态度	宽厚近人，高度责任感		Yes　No	Yes　No	Yes　No
努力方向：			建议：		

课外作业

（1）调查两种不同类型的酒店企业，了解其定价目标、定价方法及定价策略，分析其有什么不同，为什么不同？

（2）收集资料，分析金融危机对高端酒店带来的冲击，你受到什么启发？对酒店业未来发展有什么想法与建议？

（3）同学之间就以上问题进行交流讨论。

单元五

酒店产品销售

酒店产品的销售及销售管理是酒店企业经营活动的重要内容，酒店企业的投资能否收回，目标利润能否实现，都依赖于酒店企业的产品销售活动开展得如何。酒店企业竞争的成败在很大程度上取决于销售竞争的成败。

随着酒店市场的不断发展，现代酒店企业的销售活动也变得日益复杂。为适应多变的环境，酒店企业必须深入分析影响企业产品销售的内外因素，建立起顺畅、快捷、经济、牢固的销售网络，更好地服务顾客，扩大产品的销售。同时，要开展必要的促销活动，把酒店企业的产品及企业自身充分展示给酒店市场的消费者，加深顾客的了解与信任，为顾客日后选择酒店企业时打下良好的基础。

学习目标

1. 能够对酒店产品的流通实施评估与管理；
2. 能够制定酒店产品的促销策略；
3. 能够开展酒店内部推销。

目标一 酒店产品的流通

酒店企业的产品和服务是面向广大消费者的，因而酒店企业必须千方百计使酒店产品在市场上加快流通，需要建立多种流通的渠道去销售酒店的产品和服务。只有酒店企业的流通渠道畅通，酒店产品才能在适当的时间、适当的地点，以适当的方式提供个酒店目标市场，从而满足顾客的需要，实现酒店企业的营销目标。

酒店企业流通渠道有多种形式。酒店企业在选择流通渠道时，要充分考虑影响流通渠道的各种因素，对可供选择的流通渠道进行科学的评估与决策，并对流通渠道进行必要的管理和控制，及时解决流通渠道中的各种问题，保证酒店企业的产品流通顺畅。

案例介绍

曲阜春秋大酒店是如何销售自己的

随着全球 Internet 用户的增加，提供酒店预订服务的网站也迅速增多。酒店预订单中来自于第三方代理商的比例逐年增高，有些酒店已超过了 50%，代理商（订房中心）渠道已成为酒店销售中的一个重要环节。从一些酒店了解到，少数具有垄断性质的订房中心正利用他们手中的客户预订量优势对酒店进行施压，对酒店在佣金、定价方面等提出排他条件，甚至与具有公共服务性质的 114 查号台合作，强行拦截酒店预订客户。很多酒店在与这样的代理商合作后发现，在合作初期迅速获得许多订单的喜悦过后，原来本应是酒店的直接客户渐渐都跑到垄断型代理商那里去了，酒店的预订量在经过短暂的冲高后回落，然后就是向垄断型代理商支付高额的佣金。部分酒店迫于垄断型代理的压力或图省事改变了原有的代理政策，提高返还佣金门槛，迫使原有的中小订房中心无法预订而不得不委屈地通过垄断型代理商进行预订，这样恶性循环，酒店预订渠道变得越来越窄。

在这样的酒店销售背景下，酒店该如何去销售自己的产品？到底应该采取什么样的方式来销售，使得酒店在这样的金融危机下也得以良好的生存与发展？从下面旅游人与曲阜春秋大酒店的孔祥生经理的谈话中，就可以了解曲阜春秋大酒店是如何销售自己产品的。

旅游人：孔经理，您好！从曲阜春秋酒店的销售渠道上看，目前，贵酒店的客户源主要是哪些群体呢？

孔经理：我们曲阜春秋酒店是一家涉外豪华三星级旅游饭店，隶属于瑞马（RM• 山东）香江酒店管理（集团）公司。从开业到现在以来，我们酒店客户群体主要以当地客户、中外游客居多。酒店的优质服务与较好的硬件设施，在广大的客户群里有良好的口碑，因此我们的回头客也很多。

我们酒店针对不同客户群体，有不同的销售渠道。依靠单一的销售渠道，只会把酒店带入死胡同，而依靠酒店代理商，酒店是否会从代理商那里得到更多的预订单？预订单的增加又是否会为酒店带来更多利润呢？实际情况并非如此。中国酒店预订行业在经过了几年的飞速发展后，客户资源渐渐被少数几家具有实力的订房中心所垄断，成为预订行业的主导。在市场经济时代这本无可非议，但某些巨头在垄断后的一些行为则不能不说已经对酒店预订行业造成了严重的影响。因此，如何正确选择酒店的销售渠道显得尤其重要。

旅游人：针对酒店产品的销售，您是如何去选择酒店销售渠道的呢？

孔经理：首先，曲阜春秋酒店曲阜市中心，东靠孔子六艺城，西临杏坛剧场，与京沪高铁曲阜站一步之遥，地理位置优越，交通便利，根据这个情况我们的广告营销是不可或缺的。其次，大家都知道曲阜市是我国首批历史文化名城，历史文化底蕴丰厚，前来旅游的中外游客日益增多，所以我们酒店和当地旅行社的合作也是我们的一个重要的销售渠道。再次，为了方便广大客户了解，预定我们酒店房间，我们的网络销售在酒店销售产品中地位也显得尤其重要，很多客户通过我们自己独立网站或者各个合作网站了解到我们酒店产品，纷纷通过网络，电话等预订我们的房间。

其实，越来越多的酒店已经意识到渠道单一对酒店造成的危害，并开始努力改变这一现状。

建立自己的网站是酒店能够获得直接预订客户的渠道之一，而目前国内星级酒店对电子商务在销售渠道中的应用也基本上是限于利用网站进行宣传或简单的预订。电子商务在酒店更深层次的系统应用，包括电子预订单管理、代理渠道管理、会员管理、佣金结算、适时房态、电子银行支付、信用担保以及网络促销等则基本空白。若能充分利用电子商务系统的功能，则酒店将会大大提高预订单处理效率，降低预订成本，并可充分建立自己的多种渠道，加强直销，加强资源共享，彻底摆脱对垄断型代理商的依赖。因此，保证渠道多元化，减少对垄断代理商的依赖，成为酒店的必然选择。

旅游人：好的，非常感谢孔经理在百忙之中接受我们的采访，我们也衷心地祝愿曲阜春秋酒店生意兴隆，蒸蒸日上。

孔经理：谢谢！我们酒店将以优质的服务，高品质的产品来回报广大客户的厚爱，也希望通过邀客来平台，把我们的产品更好的推广出去！共同发展！

旅游人：好的，再次感谢孔经理！

相关知识

（一）酒店产品的流通概述

1. 酒店产品流通渠道

酒店产品流通渠道是指酒店产品和服务从酒店向顾客转移过程中所经历的路线、途径和方式，通过移动实现所有权或使用权的转移。

酒店产品流通渠道的起点：酒店企业；渠道的终点：顾客；中间环节：主要有酒店代理商、航空公司、旅游代理商、旅游批发商、旅游零售商、旅游协会、酒店协会等。

2. 酒店产品流通的基本模式

（1）直接流通渠道：又称零层渠道，就是酒店企业在酒店市场营销活动中不通过任何中间环节，而是酒店自己直接把产品销售给顾客的一种流通形式。即：酒店→消费，具体形式如下：

一是顾客到酒店企业购买。

二是顾客通过各种直接预订方式购买，如电话预订和互联网预订，尤其是网络营销方式。

在信息时代，互联网全民普及并成为人们获取信息、消费、分享、交流与交易的关键渠道与工具，网络也就成为酒店企业新的流通平台。随着科学技术的进步，现在酒店自身的网站已经可以进行即时预订和确认。首先，酒店要根据自身实力和需求来建立自己的网络营销预订系统，通过对网站的建设、宣传推广吸引新客户，促成老客户直接在线预订。其次，和知名的网络营销平台合作，如订房联盟、同程、51766 等，通过成为会员，扩大宣传和知名度。在这些平台上注册了信息，就会有很多的会员去浏览。潜在的客人可以清楚地了解会员酒店的设施、房价、地理位置、交通地标，非常方便地为他们选择酒店提供指引。再次，和一系列的生活咨询搜索平台，如酷迅、口碑、火车时刻等合作，给客人提供人性化的服务信息，吸引客人注意。最后，在一系列的论坛和社区发文合作，如天涯社区、地方论坛等，吸引广大散客的注意，这也为酒店的营销提供了便利。

三是顾客通过酒店企业自设零售系统购买。

直接流通渠道的优点：酒店和顾客可以直接沟通，有利于获得顾客信息，有助于酒店改进产品和提高服务质量，提高管理效率。可见，酒店通过网络营销一方面树立了形象，另一方面也延伸了对客人的服务，增加了酒店服务的附加值。

直接流通渠道的缺点：对酒店市场的拓展有限，流通的成本比较高。

直接流通渠道比较适合对大的消费团体、商务公司、政府部门等市场进行产品销售。

（2）间接流通渠道：就是酒店企业通过旅游中间商等中间环节把酒店的产品销售给最终顾客的流通渠道。根据参与酒店产品流通的性质不同的中间环节的多少，间接流通渠道具体可分为：

① 一级流通渠道：就是酒店企业与顾客之间只通过一种形式的中间环节，就完成酒店产品的销售流通途径。

例如：酒店→旅行社→顾客；

酒店→酒店代理商→顾客；

酒店→旅游零售商→顾客；

酒店→会议促销机构→顾客；等等。

这种形式只适用于营销批量不大，酒店市场狭窄或单一的酒店产品，有利于酒店企业降低成本、减少开支，从而提高酒店企业的经济效益。

② 二级流通渠道：就是酒店企业与顾客之间需要通过两种形式的中间环节，才能完成酒店产品的销售流通途径。

例如：酒店→旅游批发商→旅行社→顾客；

酒店→航空公司→旅行社→顾客；等等。

这种形式适用于规模较大的酒店企业。酒店企业可以利用中间环节的资源，发挥他们作用，为酒店企业开拓更加广泛的产品市场。

③ 多级流通渠道：就是酒店企业与顾客之间需要通过两种以上的形式的中间环节，才能完成酒店产品的销售流通途径。

例如：酒店→旅游代理商→旅游批发商→旅游零售商→顾客；

酒店→酒店代理商→酒店批发商→酒店零售商→顾客；等等。

这种形式适用于国际酒店和国际旅游企业。企业可以利用中间商，尤其是代理商的力量，为酒店企业开拓更广泛的产品市场，增强酒店的国际市场竞争能力。

间接流通渠道的优点：能够减少酒店与顾客之间的接洽次数，尤其是减少跨地域的接洽，节省时间和人力，降低交易费用，提高经济效益；可以弥补酒店营销财力和人力的不足；中间商在执行市场营销职能方面，有着酒店所不具备的许多优势。

间接流通渠道的缺点：影响酒店企业对产品销售的控制能力，不利于酒店企业与顾客直接的信息沟通。

（二）影响选择流通渠道的因素

酒店流通渠道的选择包含两层含义：一是流通模式的选择，即是否选择中间商；二是选择什么样的中间商。酒店企业选择酒店产品的流通渠道，会受到许多因素的影响和制约，酒店企业必须充分考虑这些影响因素。

1. 酒店产品因素

酒店产品是酒店企业进行流通渠道选择时首先考虑的因素。酒店产品的性质、种类、档次等方面影响和制约着酒店产品流通渠道的选择。

(1) 酒店产品的性质。一般情况下，对于专业性、主题性较强的酒店，如商务型酒店、汽车旅馆等，主要采用直接渠道销售自己的酒店产品；对通用型酒店，如机场旅馆、度假酒店、包机公司以及国际旅游酒店，往往采用间接流通渠道作为酒店产品的主要流通方式。

(2) 酒店产品的价格：对于高档的酒店产品，因其价格昂贵，顾客少，且多为回头客，这类酒店产品往往采用直接渠道销售；而较低档次的大众化的酒店产品，由于市场面较广、顾客多，采用间接流通渠道则更容易在较大的市场空间内吸引广大的顾客。

(3) 酒店产品新旧。为使酒店开发的新产品迅速投入市场，及时打开销路，通常需要酒店企业采取强有力的促销措施。由于中间商对新产品不甚了解等因素，一般需要采用直接销售方式。对于已经打开销路的产品，可根据需要以及中间商的意图，选择更有效的其他流通途径。

2. 酒店市场因素

要确定酒店产品流通方式，就必须充分考虑酒店市场的诸多因素——酒店市场的大小、市场竞争的强烈程度以及市场需求的特点等情况对酒店产品流通渠道选择决策的影响作用。

(1) 酒店市场的大小。如果酒店企业的产品面向的市场范围广阔，仅凭企业直接向消费者推销产品，不但会耗费巨大的人力、物力，而且经营费用很高，销售效率也很低，这就需要选择多级间接渠道。如果酒店企业的产品面向的市场范围很小，说明现实与潜在的顾客较少，分布范围不大，相对比较集中，企业就可采用直销或只采用一级渠道销售。

(2) 市场竞争状况。酒店企业在进行流通渠道决策时，还应考虑竞争对手所采用同类产品的渠道模式，以便在市场竞争中占据主动地位。一般情况下，酒店企业应与竞争对手采取系统的销售渠道，进行市场竞争。但如果本酒店企业的产品在质量、价格、功能、服务等方面优于竞争对手，应选择与竞争对手相一致的销售渠道，这样更有利于赢得竞争的胜利。假若本酒店企业的产品在质量、价格、功能、服务等方面不如竞争对手产品优越，则可选择不同的销售渠道及不同的中间商，以避免与其直接对抗。

3. 酒店企业自身因素

进行酒店产品流通渠道的选择还必须考虑酒店企业自身的状况，包括酒店的经营规模、市场形象、资金能力、营销能力等因素的影响。

（1）企业的经营规模。如果酒店企业的经营规模很大，产品和服务内容种类繁多，面向的市场范围广泛，采用单一渠道就会显得力不从心，满足不了产品流通的需要，一般应采用间接渠道和多种渠道的结合，以取得更大的销售效果。当企业产品和服务的种类不多、市场有限时，选择的渠道就不宜太多。否则，不利于加强流通渠道的管理，不利于节约流通费用的开支。

（2）企业的形象与资金。资金雄厚、市场形象好的酒店企业，可以灵活选择流通渠道，甚至可以建立自己的销售网点，而不需要任何中间商。反之，资金不足，知名度、美誉度不高的酒店企业，则应更多地借助中间商的帮助，来促进企业产品的流通。

（3）酒店企业的营销能力。酒店企业产品的市场经营能力和水平，对流通渠道的选择也有相应的影响。如果酒店企业经营销售管理水平很高，销售力量强大，市场推销能力能够满足本企业产品的销售需要，那么就可以采取直接面向消费者出售产品的销售渠道，没有必要再借助中间商的力量。反之，企业的经营水平不高，自我销售能力有限，就必须依靠中坚商的力量，选择有中间商参与的间接销售渠道。

（4）酒店企业的流通策略。酒店企业的流通策略常常会影响产品流通渠道的选择。如果企业要加强对流通渠道的控制，以便控制产品的最终价格，就应选择中间环节较少的销售渠道；如果企业注重加强产品的广告促销，则中间商往往愿意为其分销产品；如果企业乐于为中间商提供完善的服务和各种便利，提供产品促销帮助，这样就能争取到大量中间商，从而影响流通渠道的选择。

4. 中间商因素

中间商因素主要有以下几个：

（1）合作的可能性：中间商普遍愿意合作，酒店企业可以根据需要选择，采用比较宽泛的流通渠道；如果中间商不愿合作，则只能选择直接渠道，或较少的中间商帮助酒店产品的流通。

（2）费用：利用中间商帮助实现产品的流通，要支付一定的费用。如果费用较高，则只能采用直接或较少中间商采用的窄渠道。

（3）服务：如果中间商能够提供较多的高质量的服务，酒店企业可以采用较宽渠道；反之，若中间商无法提供所需服务，酒店企业只有选择直接或较少中间环节的短渠道。

5. 经济形势

经济景气，形势看好，酒店产品流通渠道的余地较大；当经济萧条、衰退时，市场需求下降，酒店企业就必须减少一些中间环节。

（三）酒店市场中间商的主要类型

1. 酒店代理商

这是一些专门替酒店进行推销并接受客人预订的中间商。他们同时充当许多酒店业务推销代理人的角色，为酒店提供经济而又有效的推销服务。作为酒店外地客源市场上的销售代理人，其主要职责是为酒店推销产品和服务以吸引顾客。

销售代理人同时为许多相互间不存在竞争的酒店提供服务，熟悉市场情况，具有完备的推销系统，通常还拥有经验丰富的推销员，他们与主要客源市场有着广泛而密切的联系，所以由酒店代理商经手推销的生意一般比自己推销的生意要多。

一些酒店常在客源较为集中的地方报刊上刊登广告，广告上写明代理人的电话号码，如果有人想预订客房，只须给代理人打个电话就可以了。酒店代理商替酒店推销和代办个人预订业务，要收取佣金和一定的手续费。酒店在利用代理商销售产品和服务时，酒店营销人员要推动、诱导、指导他们，为酒店争取更多的客源。

2. 旅游中间商或旅游代理商

包括旅游批发商和旅游零售商。两者的区别主要是在业务经营上有所不同，但两者之间并无严格的界限，许多旅行社、旅游公司，既经营批发，又兼营零售。

旅游批发商一般专门从事包团旅游和销售活动，他们通过与航空公司、游轮公司、酒店的直接谈判，安排组织各种不同价格、时间和目的的包团旅游，再向旅游零售商或直接向旅客进行销售。对酒店来说，旅游批发商是非常重要的销售渠道，他们将酒店的客房一次性地购买下来，还能与其他项目如交通、风景点等结合起来，形成特定的旅游产品，再直接或间接地销售。

旅游零售商是直接面对旅游消费者的旅行社、旅游公司。其向旅游者（包括一般游客、公司或企业的公务旅行者以及由公司支付费用的奖励旅游参加者）提供咨询服务，为旅游者组织安排交通工具和吃、住、游等活动。对于酒店产品的销售来说，他们也同样起着很大的作用，酒店通过旅游中间商销售产品，需要支付一定的佣金。

在许多发达国家中，旅游代理商很多。据统计，美国有 2 万多家，日本有 7 000 多家，英国有近 3 000 多家等。

3. 旅游促销机构

它在促进酒店销售方面发挥着重要的作用。酒店应经常参加促销机构举办的会议和其他活动，通过与促销机构合作，以及与该机构其他成员（如航空公司、铁路公司、观光浏览团等）的相互帮助促销，来销售酒店的产品。

4. 会议促销机构

这是一种代理机构和销售组织，主要任务是为其代理的地区、城市招揽各种会议、研讨班，吸引会议旅游者，并为会议做好各方面的服务工作。有些会议促销机构属于市政府的一个部门，多数则是独立组织或是当地商会的一个部门，会议促销机构的经费主要来源于其成员的会费。会议促销机构的成员，既可以是那些直接或间接可从会议和团体客人中获益的公司和企业，如汽车酒店、出租汽车公司、向会议提供服务的公司等；也可以是借会议间接获益的公司和企业，如为酒店提供商品的供应商、公用事业公司、娱乐公司、观光旅游点等。在许多国家，会议旅游占据了全部旅游中相当的部分，而会议促销机构在会议旅游方面发挥着不容忽视的作用。所以酒店业也很重视通过与会议促销机构的合作，来销售自己的产品和服务。

5. 航空公司

许多航空公司除了向客人提供交通运输服务外，还普遍以中间商的身份向客人介绍酒店，代酒店接受订房。其他一些交通运输公司，如汽车出租公司、铁路公司等，也可成为酒店的销售渠道中的一个成员。

6. 旅游协会、酒店协会

酒店通过加入这类协会，可以借助它们来推销酒店产品。比较重要的、有名气的是“世界一流酒店组织”，它由200多家豪华酒店组成，形成一个全球性的酒店促销与预订联合体。它不是酒店集团，不拥有也不经营任何酒店，但经营着一个促销与预订公司，为其遍及世界各地的成员提供服务。

7. 加入特许经营系统

通过它来扩大酒店经营服务，有些经营特许权组织，如喜来登和希尔顿，拥有遍布世界各地的预订系统，可以通过举办会议、订货会，吸引体育运动、团体旅游等方式，来扩大团体订房业务。

8. 酒店预订系统

这是在很多地方设立分支机构，为委托其预订客房的酒店做预订工作的公司。他们受酒店委托，代表酒店向旅行代理商、大公司、大企业及其他需要酒店设施的客户进行推销和代理预订。除了很多独立的预订系统外，有些大酒店集团的预订系统，不仅为本集团中的成员提供服务，也为其他所有酒店提供预订服务，如希尔顿集团的预订系统，不仅为本集团中的成员提供服务，也为其他所有酒店提供预订服务。

（四）酒店产品流通渠道的管理

酒店企业建立流通渠道后，还要加强对流通渠道的管理，以实现企业营销目标。

1. 酒店流通渠道的管理

主要是指对流通环节中中间商的选择、激励和评估。

（1）选择渠道成员：酒店企业在选择中间商时要建立明确的标准体系，对中间商的销售能力、信誉、发展状况、历史背景、发展潜力等因素进行综合考虑。选择中间商时应注意以下基本条件：

① 该中间商能否接近企业的目标市场。

② 中间商的地理位置是否有利。

③ 中间商的市场覆盖面有多大。

④ 中间商资金大小、信誉高低、营业历史的长短和经验是否丰富。

⑤ 从业人员的数量多少，素质高低。

⑥ 中间商管理能力和信息反馈能力的强弱。

在进行选择时，应尽量选择与本酒店目标关联一致、市场经验丰富、市场反馈能力强、经营实力强大、信誉好、工作热情高的中间商纳入酒店企业的流通渠道。

（2）激励渠道成员：酒店选择完其渠道成员后，要激励他们各尽其职。激励中间商的基本点是要经常了解中间商的需要，确定满足中间商需要的程度，协调与中间商的关系。酒店要与中间商密切联系，彼此了解对方的利益。这样做，常常会发现一致的利益，有利于双方消除分歧。依据激励采取的手段不同，可分为直接激励和间接激励等。

直接激励实质是一种奖励政策，指通过给予物质或金钱奖励来肯定渠道成员在销量和市场规范操作方面的成绩。采用返利的形式奖励是实际营销活动中应用最广泛的激励方法。具体形式有：

① 返利政策：酒店企业要制定返利政策，明确返利的标准、返利的形式、返利的时间。

② 价格折扣：酒店企业要利用价格策略激励中间商，在数量、等级、现金、季节等折扣上调动积极性。

给予中间商尽可能丰厚的利益是直接激励的重要策略。酒店企业应本着公平合理、利益均沾的原则，从双方的长期利益出发处理经营收益的分配问题，以调动每一层次人员的积极性，渠道才能顺畅，效率才能提高，尤其针对初进入市场或知名度不高的产品。

间接激励是指通过帮助营销渠道成员提高服务水平、提高销售效率和效果来扩大其利益，从而激发他们的积极性。通常采用以下几种方式：

① 提供适销对路的优质产品。这是激励中间商的一个有效措施。酒店把中间商视为消费者的总代表，在产品的数量、质量、品种、价格和服务等方面尽可能满足中间商的要求，为其创造良好的营销条件。

② 积极开展促销活动。加强对中间商广告和促销的支持，减少流通阻力，提高酒店产品销售力，促进销售。通过广告宣传等形式来开拓产品销售市场，既能提高产品品牌知名度，又帮助中间商赚取利润，从而激发其推广产品的热情。

③ 协助中间商进行人员培训。帮助中间商培训人才的业务技能、沟通技巧、管理能力和营销能力等，提高中间商的整体水平，提供中间商在市场上的竞争力，使中间商盈利能力有所提高。

(3) 评估渠道成员：酒店企业应采取切实可行的方法，对流通渠道的成员进行考核与评估，才能有效管理好流通渠道。考核与评估的主要标准有：

① 中间商销售指标完成情况；

② 中间商为酒店提供的利润情况；

③ 中间商推销酒店产品的积极性怎样；

④ 中间商对酒店产品的宣传推广情况；

⑤ 中间商为竞争对手工作的情况；

⑥ 中间商之间的关系及配合情况；

⑦ 中间商对顾客的服务水平情况；

⑧ 中间商开发新市场的情况；

⑨ 中间商销售量占酒店企业销售量的比例大小；等等。

酒店对中间商评估高低，不应单从预订数量多少来判断，必须考虑其预订的质量。根据给酒店带来的实际利益，从中找到关键中间商客户，是酒店所确定的销售渠道管理的重点。对客户评估可以采用多项目评分标准区分关键客户、关键潜在客户和一般客户；对中间商评估可以实行多角化和全方位的评估，这样可以较为全面和真实地反映中间商在酒店销售额中的地位和作用。

2. 酒店流通渠道的调整

流通渠道的调整方法通常有 3 种：

(1) 增减中间商：即对现有渠道的中间商进行增减变动。酒店企业对效率低下、推销不利的中间商可以剔除，但一定要慎重行事，不能对酒店产生负面影响。有时，根据企业的发展需要，酒店企业可增加中间商数量，以增强产品的市场扩散能力。如企业决定在某一目标市场增加一家中间商，不仅要考虑到这么做会给企业带来的直接收益，还要考虑到对其他中间商的需求、成本和情绪的影响等问题。

(2) 增减流通渠道：考虑到酒店市场的变化，酒店企业从提高流通效率的角度考虑，当在同一流通渠道中增加个别成员不能解决问题时，酒店企业就可以考虑增减流通渠道。这么做需要对可能带来的直接、间接反应及效益做广泛的分析。有时，撤销一条原有的效率不高的渠道，比开辟一条新的渠道难度更大。

(3) 变动流通渠道：是对酒店企业现有分销体系、制度做通盘调整，如变间接销售为直接销售。这类调整难度很大，因为它不是在原有渠道的基础上进行修补、完善，而是改变酒店企业的整个分销政策。它会带来酒店企业市场营销组合有关因素的一系列变动。

在以上调整方法中，第一种属于结构性调整，立足于增加或减少原有渠道的某些中间层次或具体的中间商；后两种属于功能性调整，立足于将工作在一条或多条渠道的成员重新分配。酒店企业现有的流通渠道是否需要调整，调整到什么程度，取决于销售渠道和流通任务是否平衡。如果矛盾突出，就要通过调整解决问题，恢复平衡。

(五) 酒店产品流通渠道新发展

1. 垂直营销系统

垂直营销系统是由酒店企业、酒店批发商和酒店零售商所组成的一种统一的联合体。

例如，某个渠道成员拥有其他成员的产权，或者是一种特约代营关系，或者这个渠道成员拥有相当实力，其他成员愿意合作。垂直营销系统可以由酒店支配，也可以由批发商或零售商支配。垂直营销系统有利于控制渠道行动，消除渠道成员为追求各自利益而造成的冲突。它们能够通过其规模、谈判实力和重复服务的减少而获得效益。

垂直营销系统的主要形式如下：

(1) 集权式垂直营销系统：由同一个所有权下的相关酒店和分销部门组合而成。

它通常有一家酒店拥有并统一管理一系列酒店、酒店批发商、酒店零售商，控制渠道的若干层次甚至整个销售渠道，综合酒店、批发、零售业务。

例如，假日酒店有一个自我供应的网络，包括地毯厂、家具制造厂以及大量为其所控制的再分销机构。公司式垂直营销系统的发展一般通过产业链。如泰达集团、锦江集团就是这样，他们不仅做酒店、旅游，上游的土地开发、客运物流、商业娱乐这一块都做，下游的异地订票、订礼品、订花，也都在逐渐集团化，纳入发展的范围，这是中国酒店发展的趋势。

(2) 管理式垂直营销系统：由某一家规模大、实力强的酒店企业出面组织，把不同所有权的酒店企业和分销商联合起来的营销系统。这一著名酒店企业以其信誉与实力有能力赢得中间商们的贸易合作和支持。

例如，金陵连锁酒店与国航、东航、海航、南航、深航结盟，将充分发挥双方在各自行业领域内的品牌、资源和服务的专业化优势，为双方的客户、金陵、上航带来三赢局面。

美国分时度假企业的营销渠道不断拓展，知名企业凭借自身丰富的经营网络和社会资源，将原本局限在行业内部的营销渠道扩展到与企业相平行的其他行业渠道，与目标客户相关的一些组织也被纳入分时度假的市场营销渠道，提高了分时度假营销的广度。分时度假是房地产、旅游、酒店等多种行业相结合的产业，因此美国分时度假企业常采用与高尔夫俱乐部、旅行社、旅游电子商务、旅游网站合作营销。例如，美国分时度假企业 Fairfield Communities（良园度假公司）与高尔夫产品企业 Taylor Made 合作，共同为对方产品作宣传；Sunterra（阳光地带度假公司）与家庭购物网（Homeshopping Network，电子零售业务先驱）共同协作，推出网上销售分时度假产品的业务。

（3）合同式营销系统：指不同层次的独立的酒店企业和中间商，以合同为基础建立的联营系统。

① 连锁式销售渠道：一般指以一个信誉好、实力强大的大酒店为渠道领袖，联合一些小型酒店或酒店集团，控制某一类或某一地区的销售渠道。

连锁式销售渠道的优点：注重渠道内部各成员的协调，凡参加联合体的成员，都在统一的预订系统内获取资源；渠道内统一管理水平和服务质量，并在资金上相互合作，发挥个别成员所无法达到的形象与代表性作用，从而大大有利于酒店的市场地位。

例如，喜来登酒店与度假村集团（Sheraton Hotels and Resorts）是喜达屋（Starwood）酒店集团中最大的连锁旅馆品牌。“喜来登”在中国内地的投资相当可观，所拥有旅馆据点数目并不亚于第一个进入中国的外资连锁旅馆万豪集团。“喜来登”除了在沿海城市如上海、厦门、苏州，中山设有据点之外，在内陆城市也有旅馆分布，如成都、西安、桂林甚至乌鲁木齐都有。

南京金陵酒店管理公司是中国领先的酒店连锁经营的专业机构，拥有高星级“金陵”连锁酒店和经济型“金一村”连锁旅店两个品牌。公司伴随着中国酒店业市场化进程而成长，在不断积累、总结 20 多年高星级酒店经营管理的成功经验基础上臻于成熟，在酒店连锁经营的市场竞争中独树一帜，快速发展，业绩斐然，形成了深受国际同业尊重和赞誉的管理风格与“金陵”品牌。目前，“金陵”连锁经营着 56 家高星级酒店和 12 家金一村连锁旅店，遍及全国多个城市与地区。2008 年，“金陵”荣膺“中国饭店业民族品牌 20 强”第 3 位，并成功跃入《HOTELS》杂志“全球酒店集团 50 强”。

② 特许经营式渠道：一般是以特许者（声誉较好的酒店或酒店集团）为一方，若干特许经营者（一般中、小型酒店）为另一方，用契约形式固定双方的权利和义务，形成相关联的销售渠道。

例如，美国的圣达特 (Cendant) 有酒店 6 403 座、房间 518 435 间，品牌为“豪生”、“天天”、“速 8”，是全球排名第一的特许经营酒店集团，特许经营饭店数占 100%。

特许经营式渠道的优点：一是接受特许的经营者，可以享受特许者的商标声誉，节约开发市场的时间和促销费用；二是特许者的订房系统和设立在各地区的销售机构能帮助接受特许的酒店推销客房、宴会和会议业务；三是特许者的声誉、经营专业技术通过转让后，可以为企业增加一定的收入。

2. 水平营销系统

是指由两个或两个以上的酒店企业联合开发一个营销机会，又称共生营销。这些酒店缺乏资本、技能、生产或营销资源来独自进行商业冒险，或者承担风险，或者它发现与其他酒店联合可以产生巨大的协同作用。酒店间的联合行动可以是暂时性的，也可以是永久性的，也可以创立一个专门的酒店。

（1）酒店委托管理渠道：酒店委托管理是非股权式的一种酒店经营方式。通过酒店业主与酒店管理公司签署酒店管理合同来约定双方的权利、义务和责任。酒店业主雇用酒店管理公司作为自己的代理人，承担酒店经营管理职责。作为代理人，酒店管理公司以酒店业主的名义，拥有酒店的经营自主权，负责酒店日常经营管理，定期向酒店业主上交财务报表和酒店经营现金流，并根据合同约定获得管理酬金。酒店业主作为委托人，为酒店提供土地使用权、建筑、家具、设备设施、运营资本等，并根据合同约定承担相应的法律与财务责任。酒店委托管理的核心和载体为酒店业主与酒店管理公司签订的酒店管理合同，它是双方权利与义务得以实现的保证。

（2）酒店企业之间联合开发市场的渠道：就是两个或两个以上的酒店企业联合开发一个营销机构。例如，佰翔酒店集团已与全球顶级酒店品牌美国喜达屋酒店集团正式签约，双方将合作共同拓展厦门高端酒店市场。双方合作的重点项目航空港大厦佰翔汇馨酒店是喜达屋在中国福建签约的第一家酒店。此次合作的内容主要是集合双方各自的优势来共同开发厦门酒店市场。佰翔集团与喜达屋集团签约后，将采用全球先进的国际酒店管理经验及理念，并充分发挥自身在厦门本土的资源优势，双方将努力把面对面服务做强做大，打造最具有中国特色的五星级豪华服务机构。

3. 扩张式渠道

是指某一实力强大的酒店投资新建同一品牌的其他酒店，或新建其他品牌的酒店，谋求规模发展和多元化发展的优势。

（1）统一式销售渠道：是一家实力强大的酒店企业，在市场需求的驱动和经济效益的牵引双重作用下向集团化、系统化方向发展，在全国或世界各地区设立分店，形成跨国公司式的大型酒店集团。酒店集团在各地区设立分店，采取同一商标、统一经营服务项目、管理系统、培训系统和客房预定系统。例如，希尔顿酒店就是这样的酒店集团。

优点：在更大市场范围销售酒店产品，传播酒店品牌，获取丰厚的经济利益。

（2）多品牌发展：不少集团还由单一品牌向多品牌发展。

进入 21 世纪，消费者的需求发生了质的变化，酒店的标准化和规范化服务已不能满足他们的需求，国外酒店集团在加速全球化的过程中也不断地进行着多元化发展。酒店集团的多元化包括市场定位的多元化和产品功能的多元化。市场定位的多元化是酒店集团在日益激烈的市场环境下为求生存和发展而进行的深度市场细分；产品功能的多元化则是酒店集团为追求更优质的服务、满足更多的市场消费者而进行的酒店产品和服务的创新改造。酒店集团通过多元化发展能够提升酒店服务质量，增加酒店经济效益。多元化发展是提升酒店集团竞争能力的重要途径。

例如，洲际集团陆续推出“皇冠假日”、“洲际”、HolidayInn 等品牌；马里奥特集团由主推“万豪”品牌到目前推出全品牌发展战略，既有高档的“丽嘉卡尔顿”、“万豪”、“万丽”，又有中高档的“万怡”、“新世纪”、“华美达”；雅高集团在中国市场拓展了“索菲特”、“诺富特”等品牌后，又将三星级“美居”品牌引入中国。

在全球范围内，早期的国际酒店集团多是通过购买不动产方式扩张（如希尔顿、喜来登等），从 20 世纪 50 年代起，希尔顿酒店集团和假日酒店集团分别以委托管理和特许经营的方式扩张。到了 20 世纪 90 年代，越来越多的酒店通过特许经营和委托管理模式发展壮大。

（六）著名国际酒店发展情况介绍

国际酒店的介绍

（1）洲际集团（Intercontinental Hotels Group，英国）：在 100 多个国家有酒店 3 250 座、房间 536 318 间；品牌为“洲际”、“假日”、“皇冠”、“假日快捷”、“恒桥公寓”、Candlewood；特许经营约占 88.9%，委托管理约占 6%，带资管理及其他占 5.1%。

（2）圣达特（Cendant，美国）：有酒店 6 403 座、房间 518 435 间；品牌为“豪生”、“天天”、

“速 8”，是全球排名第一的特许经营酒店集团，特许经营饭店数占 100%。

（3）万豪国际（Marriott,美国）：有酒店 2 656 座、房间 479 882 间；品牌为“万豪”、“万丽”、“万怡”、“丽嘉”、“华美达”、“新世界”、“行政公寓”；特许经营占 53.1%，委托管理 42.3%，带资管理及其他 4.6%；旗下“华美达”完全实行特许经营。

（4）雅高（Accor，法国）：有酒店 3 894 座，房间 453 403 间；品牌为“老沃特尔”、“伊比斯”、“墨奇勒”、“佛缪勒第 1”、“汽车旅馆第 6”；带资管理 46.5%，租赁饭店 21.8%，委托管理 15.4%，特许经营 1.3%；索非特和老沃特乐以委托管理为主。

（5）精品国际（Choice Hotel International，美国）：有酒店 4 810 座、房间 388 618 间；品牌为 Clarion Hotels、Comfort Inn&quality Suits、Quality Inns Hotel&suites、Sleep Inn、Econo Loddge、Rodeway Inn、Mainstay Suites；100% 特许经营，是位于世界排名第二的酒店特许经营公司，并引入战略联盟的新经营模式。

（6）希尔顿（Hilton，美国）：有酒店 2 161 座、房间 349 965 间；品牌为“希尔顿”；特许经营 23.8%，委托管理 3%，带资管理及其他 73.2%。

（7）最佳西方（Best Western International，美国）：有酒店 4 110 座、房间 310 245 间。

（8）喜达屋（Starwood Hotels And Resorts Worldwide，美国）：有酒店 738 座、房间 229 247 间，品牌为“圣·瑞吉斯”、“福朋”、“寰鼎”、“至尊精选”、“W 饭店”；特许经营 41.8%，委托管理 28.5%，带资管理及其他 29.7%。

（9）香格里拉（Shangri-la Hotels And Resorts，香港）：有酒店 45 座、房间 180 000 间；品牌为“香格里拉”、“商贸”、“嘉里中心”；以带资管理工作为主，委托管理为辅。

（10）凯悦（Hyatt International Corporation，美国）：有酒店 210 座、房间 14 万间；品牌为“凯悦”、“君悦”、“柏悦”；以特许经营为主。

其中，香格里拉集团和凯悦集团的资料截至 2004 年 1 月，其余为 2005 年。

案例分析

旅游业和酒店业的发展的空间非常大，越来越多的企业采取多种渠道来进入同样的或者不同的市场。曲阜春秋大酒店在充分分析市场环境之后，选择正确的产品销售渠道，实现了销售渠道科学设立与管理，取得了良好的销售业绩。

（1）正确分析销售环境，决心建立酒店自己的销售渠道。曲阜春秋大酒店发现，随着全球 Internet 用户的增加，提供酒店预订服务的网站也迅速增多。酒店预订单中来自于第三方代理商的比例逐年增高，有些酒店已超过了 50%，代理商（订房中心）渠道已成为酒店销售中的一个重要环节。但是，少数具有垄断性质的订房中心正利用他们手中的客户预订量优势对酒店进行施压，对酒店在佣金、定价方面等提出排他条件，甚至与具有公共服务性质的 114 查号台合作，强行拦截酒店预订客户，这给酒店企业正常的经营活动带来极其不利的影响，使酒店企业经济利益受到严重的损害。曲阜春秋大酒店经营者们认识到，要想使酒店企业健康发展，必须打破以往酒店产品的流通模式，不能把酒店企业自己的命运单纯地依赖于中间商。

（2）实现流通渠道多元化发展。曲阜春秋大酒店越来越意识到渠道单一对酒店造成的危害，并开始努力改变这一现状。他们的具体做法是：一是结合企业优越的地理优势，开展广告宣传，以便争取较多的客源，拉动产品的销售；二是充分利用当地的各种资源，与当地旅行社的合作，建立酒店重要的销售渠道；三是走网上营销之路，建设酒店企业自己的网站或者同各个网站合作，实现网络、电话等预订，增加产品直接销售，保证酒店实现经济利益最大化。

(3) 销售渠道的动态管理是必不可少的。影响产品流通渠道建立与选择的因素很多，有酒店企业自身的、酒店市场的、酒店产品的和中间商等方方面面的因素。酒店企业在建立与选择流通渠道时，必须综合考虑各种因素的影响，使酒店企业产品销售通畅、快捷、经济。同时，企业还要对渠道及其成员进行评价、激励与调整，不能让渠道束缚甚至阻碍酒店企业的发展。

能力培养训练

（一）背景材料

"金陵"与上航的合作

2009 年 8 月，金陵连锁酒店与上海航空股份有限公司签署合作协议，"金陵"正式结盟上航金鹤俱乐部。继与国航、东航、海航、南航、深航结盟后，金陵与上航的合作使金陵成为目前唯一一家联手国内 6 大航空巨头的中国本土酒店集团。

"金陵"与上航的此次合作，充分发挥了双方在各自行业领域内的品牌、资源和服务的专业化优势，为双方的客户、金陵、上航带来三赢局面。双方旅客的满意度也将因为可享受到更优质及附加值更高的服务而得到提升。

上航是世界上最大的航空联盟——"星空联盟"的正式成员，加入星空联盟后，上航金鹤俱乐部会员不仅可通过乘坐上航航班在中国国内旅行时累积里程，还可以通过搭乘其他联盟成员航空公司的班机在星空联盟全球航线网络内轻松地获取上航金鹤里程。

据悉，根据双方协议，从 2009 年 8 月 10 日起，超过 45 万的金陵贵宾会员持上航金鹤俱乐部会员卡，每次以符合奖励标准的房价入住参与金陵贵宾计划的金陵连锁酒店，即可获赠 800 千米或 400 千米的上航里程奖励；入住金一村连锁旅店亦可获赠 100 千米上航里程奖励。金陵贵宾会员也可通过登录 www.jinlingelite.com，将拥有的金陵积分兑换成上航里程。

（二）训练目的

(1) 通过训练，使学生更好地消化与理解酒店产品基本流通渠道，明确影响酒店选择渠道的因素、酒店市场分销渠道发展趋势等理论知识。

(2) 通过训练，培养学生有关酒店产品流通的学以致用能力。

(3) 通过训练，培养学生独立分析问题的能力、创新能力与团队合作能力。

（三）训练内容与步骤

训练内容：

(1) 金陵连锁酒店与上海航空股份有限公司签署合作协议意义何在？

(2) 金陵连锁酒店与国航、东航、海航、南航、深航结盟，属于哪种渠道形式？

(3) 曲阜春秋酒店、金陵连锁酒店产品流通渠道的建设与发展，要考虑哪些主要影响因素？

(4) 金陵连锁酒店还可以采取哪些方式加大其产品的流通与销售?

(5) 金陵连锁酒店还可以采取哪些方式方法激励中间商与个人消费者?

训练步骤:

(1) 个人分析回答第(1)、(2)个问题，分析思考第(3)、(4)、(5)个问题。

(2) 小组内成员之间就第(3)、(4)、(5)个问题进行讨论交流。

(3) 小组之间就第(4)、(5)个问题开展讨论交流。

学习评价

依据每个小组内每个人的表现情况，以及小组内互评、组间互评和老师的评价，确定个人能力水平和努力方向。评价细则如表5-1所示。

表5-1 评价细则

内容			评价		
学习目标		评价内容	小组互评	组间互评	教师评价
专业知识	应知应会	简述产品流通有哪些基本渠道	Yes No	Yes No	Yes No
		简述选择产品流通渠道的影响因素	Yes No	Yes No	Yes No
		酒店市场的主要中间商有哪些	Yes No	Yes No	Yes No
		简述酒店市场分销渠道发展趋势	Yes No	Yes No	Yes No
专业能力	1. 了解中间商管理的方法 2. 能够评估中间商的优劣 3. 能够优化流通渠道	明确中间商选择的标准和激励方法	Yes No	Yes No	Yes No
		运用所学知识，判断中间商优劣，并进行调整	Yes No	Yes No	Yes No
		具备反思能力，优化原有的渠道方案	Yes No	Yes No	Yes No
通用能力	组织能力		Yes No	Yes No	Yes No
	沟通能力		Yes No	Yes No	Yes No
	解决问题能力		Yes No	Yes No	Yes No
	自我管理能力		Yes No	Yes No	Yes No
	创新能力		Yes No	Yes No	Yes No
态度	宽厚近人，高度责任感		Yes No	Yes No	Yes No
努力方向:			建议:		

课外作业

(1) 登录携程网，了解其业务范围有哪些。

(2) 走访熟悉酒店，了解其产品销售渠道状况，并分析评价其优劣。

(3) 针对上述问题，学生之间学习交流。

目标二 酒店产品的促销

进入21世纪，市场竞争更为激烈。这就要求酒店企业在开展市场营销活动中，不仅要开发适销对路的产品，制定出有吸引力及竞争力的价格，选择高效的酒店产品流通渠道，还要通过各种途径开展促销活动，塑造企业产品及企业自身的良好形象，吸引顾客购买本企业的产品。成功的市场营销策略，往往会给酒店企业带来意想不到的销售效果和社会效果。促销是企业市场营销活动中最为丰富多彩的环节之一。酒店企业要综合考虑各种影响因素，通过广告、人员推销、营业推广、公共关系及其组合等促销手段，借助各种媒体力量，将酒店企业产品及相关信息传递出去，最终促进企业产品的销售。

案例介绍

东郊宾馆 2009 年春节特惠活动简介

2009 年春节即将来到，东郊宾馆将借新春之际对长期支持与关心我们的每一位宾客奉上丰厚的新年特惠大礼。本次特惠活动将为喜庆的中国年更填一份暖意，东郊宾馆将是您欢度春节长假最舒适的去处，这里有豪华的住房、精美的菜肴、有趣的户外活动，更有东郊宾馆每位员工热情周到的服务恭候您的到来！

活动时间：2009 年 1 月 23 日—2009 年 2 月 1 日；

活动方式：购买宾馆春节特惠券，并获赠宾馆各营业场所抵用消费券，在东郊宾馆所有营业场所均可使用及享受特别折扣优惠；

活动房型：豪华大床房、景观大床房、豪华双床房、豪华家庭房；

价格：票价 2 588 元，获东郊宾馆春节特惠券一张，并可持券在活动期间入住东郊宾馆两晚（仅限连续两晚入住，含每日 2 份自助早餐，另加早餐 80 元 / 份），随券附赠东郊宾馆消费券 500 元及 SPA 抵用券 100 元（消费券均不可折现）。

活动配套：

（1）宾客入住同时参加新年抽奖，中奖率 100%。奖品设置如下：

特等奖 1 位，东郊宾馆 VIP 消费卡一张（价值人民币 5 000 元）。

一等奖 2 位，东郊宾馆豪华标准房住宿券一张（价值人民币 2 277 元）。

二等奖 3 位，南通鹏欣国宾馆住宿券一张（价值人民币 1 298 元）。

三等奖 5 位，东郊宾馆游泳券两张（价值人民币 600 元）。

四等奖 10 位，东郊宾馆自助晚餐券一张（价值人民币 228 元）。

五等奖 20 位，进口红葡萄酒或白葡萄酒一瓶（价值人民币 168 元）。

欢乐奖不限人数，精美纪念挂件一份（价值人民币 20 元）。

（2）活动期间入住的宾客将在入住第一天获赠迎宾水果一份。

（3）宾馆迎宾楼门口指定区域将专门布置“新年许愿树”，来宾在入住的同时可获得“许愿卡”一张，并可至礼宾部由礼宾员统一安排投掷“许愿卡”。

（4）活动期间可在东郊宾馆东大门草坪区域放飞风筝，来宾可自带风筝，也可至宾馆礼宾部购买并登记预约放飞时间。

（5）来宾入住客房可免费使用客房宽带、健身中心 50 米 ×25 米游泳池及健身房。

（6）活动期间，来宾可在宾馆健身中心歌舞厅免费欣赏专场电影，具体电影场次安排请查阅活动期间电影播放表。

(7) 活动期间可在宾馆指定湖泊范围进行免费垂钓活动。活动期间宾馆将安排免费花园游览服务，来宾只须提前至礼宾部预约即可畅游东郊 1 200 亩园林。

活动优惠：

(1) 来宾在宾馆餐饮消费可凭优惠券获 7 折优惠，并可使用消费券抵用餐费（酒水、燕、鲍、翅、送餐服务、包厢宴请、套餐及年夜饭不参加优惠活动，免服务费）。

(2) 宾馆餐厅活动期间可使用消费券并免服务费。

(3) 健身中心球类运动项目可享 5 折优惠，其他娱乐项目可享受 8 折优惠。

(4) 宾馆 SPA 中心及足浴按摩可免服务费。

班车出行服务：

酒店每日预备定点班车接送服务以满足客人的出行需求，于早 10 点酒店迎宾楼发车至龙阳路地铁站并于 10 点 15 分返回，下午 1 点 30 分酒店迎宾楼发车至龙阳路地铁站并于 1 点 45 分返回（凭酒店房卡上车）。

东郊宾馆公关营销部

2009 年 1 月

相关知识

（一）酒店促销概述

1. 酒店促销的概念

酒店促销是指酒店企业借助各种媒介，通过人员或非人员促销的方式，向目标市场传递酒店企业和酒店产品或服务项目与其配套设施等信息，帮助顾客认识酒店产品和服务所能带来的利益，从而引起顾客的注意和兴趣，唤起顾客需求，影响顾客的购买行为，达到促进酒店产品销售目的的市场营销活动。因此，酒店促销的实质是酒店与顾客之间的信息沟通。

2. 酒店促销的方式

要想有效地与顾客沟通，必须通过一定的促销方式进行。促销方式一般来说分两大类：

(1) 人员推销：是指酒店通过推销人员深入到中间商或顾客，直接进行酒店产品的推荐和介绍工作，促使顾客采取购买行为的促销方式。

(2) 非人员推销：是指酒店通过广告、公共关系及营业推广的方式，传递酒店企业及企业产品信息，塑造企业形象，加深顾客的了解、注意和兴趣，进而促进产品销售的促销方式。

3. 酒店促销的作用

酒店促销的作用体现在以下几个方面：

(1) 沟通信息：良好的沟通是赢得支持的前提。通过促销宣传，可以使顾客了解酒店企业和酒店企业产品的信息，从而引起顾客注意，激发其购买欲望，为实现和扩大销售做好舆论准备。

(2) 突出酒店产品特点，提高竞争能力。在激烈的市场竞争中，酒店通过促销活动宣传本企业产品的特点，努力提高产品和企业的知名度，促使顾客加深对本企业产品的了解和喜爱，增强信任感，从而也就提高了企业和产品的竞争力。

（3）强化酒店企业形象，巩固市场地位。通过促销活动，可以树立良好的企业形象和产品形象，尤其是通过对名、优、特产品的宣传，更能促使顾客对企业产品及企业本身产生好感，从而培养和提高“品牌忠诚度”，巩固和扩大市场占有率。

（4）影响消费，刺激需求，开拓市场。新产品上市之初，顾客对它的性能、用途、特点并不了解，通过促销沟通，引起顾客兴趣，诱导并创造新的需求，从而为新产品打开市场建立声誉。

4. 酒店促销组合策略

（1）酒店促销组合是指酒店管理者为达到一定的销售和促进销售的目的，将广告、人员推销、营业推广和公共关系各种促销方式有机结合并加以综合应用，以实现最佳促销效果的一种策略。

（2）影响酒店促销组合的因素：

① 促销目标。就是酒店企业从事促销活动所要达到的目的。在酒店企业营销的不同阶段，营销活动的目的不同，要求有不同的促销目标和营销策略，无目标的促销活动收不到理想的效果。若酒店促销的目标是迅速扩大产品销售量和市场份额，就以广告、营业推广为主要促销手段；若酒店的促销目标是在市场上塑造酒店企业良好形象，就以公共关系和企业广告为主要促销手段；若酒店的促销目标是追求短期销售效果，就以营业推广和广告为主要促销手段；等等。

② 产品因素。主要包括：

一是产品的性质。不同性质的酒店产品，其购买者和购买目的不相同，因此，对不同性质的产品必须采用不同的促销组合和促销策略。一般来说，价格昂贵、购买风险较大的酒店产品，顾客不满足一般酒店广告所提供的信息，对这类酒店产品，人员推销、酒店公共关系往往是重要的酒店促销手段。对购买频繁、价格不高以及季节性较强的酒店产品，酒店广告、酒店营业推广往往是重要的促销手段。

二是酒店产品的市场生命周期。促销目标在酒店产品市场生命周期的不同阶段是不同的，这决定了在市场生命周期各阶段要相应选择不同的促销组合，采用不同的促销策略。在投入期，促销目标主要是宣传介绍酒店产品，以使顾客了解、认识商品，产生购买欲望，广告起到了向消费者、中间商宣传介绍酒店产品的功效。因此，这一阶段以广告为主要促销形式，以营业推广和人员推销为辅助形式。在成长期，由于酒店产品打开销路，销量上升，同时也出现了竞争者，这时仍需要加强广告宣传，但要注重宣传酒店企业产品特色，以增进顾客对本企业产品的购买兴趣，若能辅之以公关手段，会收到相得益彰之佳效。在成熟期，竞争者增多，促销活动以增进购买兴趣与偏爱为目标，广告的作用在于强调本酒店企业产品与其他同类产品的细微差别。同时，要配合运用适当的营业推广方式。在衰退期，由于酒店新产品的出现，使原有酒店产品的销量大幅度下降。为减少损失，促销费用不宜过大，促销活动适宜针对老顾客，采用提示性广告，并辅之适当的营业推广和公关手段。酒店产品市场生命周期不同阶段的促销方式如表 5-2 所示。

③市场条件。市场条件不同，促销组合与促销策略也有所不同。从市场地理范围大小看，若促销对象是小规模的本地市场，应以人员推销为主；而对广泛的全国甚至世界市场进行促销，则多采用广告形式。从市场类型看，消费者个体市场因消费者多而分散，多数靠广告等非人员推销形式；而对用户较少、批量购买、成交额较大的商务性等组织，则主要采用人员推销形式。

此外，在有竞争者的市场条件下，制定促销组合和促销策略还应考虑竞争者的促销形式和策略，要有针对性地不断变换自己的促销组合及促销策略。

表 5-2　产品生命周期不同阶段的促销方式

产品市场生命周期	促销目标	促销主要方式
投入期	认识、了解产品	各种广告、营业推广
成长期	增进兴趣、偏好	改变广告形式，利用公共关系
成熟期		
衰退期	促成信任购买	营业推广为主，辅之减价等

④ 促销预算。酒店企业开展促销活动，必然要支付一定的费用。费用是酒店企业经营十分关心的问题，并且企业能够用于促销活动的费用总是有限的。因此，在满足促销目标的前提下，要做到效果好而费用省。酒店企业确定的促销预算额应该是企业有能力负担的，并且是能够适应竞争需要的。为了避免盲目性，在确定促销预算额时，除了考虑营业额的多少外，还应考虑到促销目标的要求、产品市场生命周期等其他影响促销的因素。

（二）酒店广告

1. 酒店广告的概念

酒店广告是指酒店以付费的方式，通过一定的大众传播媒介向酒店目标市场传递有关酒店产品、服务、观念等信息，以打动顾客、吸引顾客购买的一种促销方式。

2. 酒店广告的种类

酒店广告从不同的角度来划分，可以有不同的种类。

（1）按广告的具体内容分类：

① 酒店产品广告：即宣传介绍酒店产品信息的广告。

② 酒店企业广告：即提高酒店企业知名度与形象的广告。

③ 酒店产品与企业结合广告：即同时宣传企业与产品的广告。

④ 观念广告：指酒店把自己所推崇的某种观念向大众传播，一般表现为企业精神、口号、奋斗目标，或对大众的希望等。

（2）按广告的方式分类：

① 报道式广告：即运用陈述原理向消费者介绍酒店产品性能、档次、质量、服务、价格等特征的广告，一般多用于酒店产品的介绍期。

② 竞争式广告：主要着重宣传本酒店产品的独到之处和本酒店的竞争优势，使顾客感到本酒店的产品能带来更多的利益，一般多用于成长期和成熟期的产品宣传，力争培养顾客对酒店或酒店产品的偏好。

③ 提醒式广告：这种广告一般是在产品已在市场上树立了一定形象后，为了使顾客不遗忘这种产品，继续酒店产品的重复购买行为而做的广告，一般多用于衰退期的产品宣传。

（3）按广告的空间范畴分类：

① 国际性广告：即超越国界的广告，通俗地讲，就是广告主把广告做到国外。

② 全国性广告：即利用全国性媒介，在全国范围内做广告。

③ 区域性广告：即在某一区域的大众传播媒介上发布广告。

④ 地方性广告：即在某一地方区域的大众传播媒介上发布广告。

(4) 按广告的媒介分类：

① 印刷广告：包括广告主自行或者委托广告经营者利用单页、招贴、宣传册等形式发布，介绍自己所推销的商品或者服务的一般形式印刷广告。

② 电波广告：指借助无线电波而做的广告，如广播电台广告、电视广告、电影广告、幻灯广告等。

③ 户外广告：在户外公共场所利用一定的媒介所做的广告，一般包括招贴、海报、旗帜、气球、产品模型、霓虹灯、灯箱、招牌、路牌等。

④ 邮寄广告:通过邮政部门寄发、散布的印刷广告，包括商品目录、说明书、宣传小册子、明信片、贺年卡、信函、挂历等。

⑤ 交通广告：在火车、飞机、轮船、公共汽车等交通工具及旅客候车、候机、候船等地点进行的广告宣传。

⑥ 展示广告：就是一种按每千次展示计费的图片形式广告，可以投放在 RSS Feed 和博客页面中。

⑦ 其他媒介广告：上述形式之外的一些宣传媒介，如印有广告的文化衫、旅行袋、徽章、自制音像制品等。

3. 酒店广告决策

酒店广告决策一般包括 5 项重要内容：确定广告目标、编制广告预算、决定广告信息、选择广告媒体、评估广告效果。

(1) 确定广告目标。酒店广告目标取决于酒店企业整个市场营销目标，但在企业实现其整体目标的每个阶段，广告都起着不同的作用，即有着不同的目标。归纳起来有 3 种：

一是以告知为目标。即只向目标顾客介绍酒店的产品，树立酒店产品的良好市场形象，使顾客对酒店产品产生初步的认识和了解，如向顾客介绍一种酒店新产品等。这种广告目标多用于产品生命周期的投入期。

二是以说服为目标。即强调酒店产品与竞争对手产品的差异，突出本酒店产品的优点和特色，使顾客形成品牌偏好的广告。这种广告目标多用于产品生命周期的成长期和成熟期，以不断争取新顾客，扩大酒店企业的市场份额。

三是以提醒为目标。一方面是在成熟期对已经畅销的酒店产品做广告，目的是加深顾客的印象，提醒其购买；另一方面是对季节性的酒店产品在旺季或淡季时做广告，起到提示作用。

(2) 编制广告预算。广告目标确定之后，酒店企业就要编制广告预算。

广告预算是指企业投入广告活动的费用计划，它规定了在广告计划期限内开展广告活动所需要的经费总额、使用范围和使用方法。

广告预算主要包括广告调研策划费、广告设计费、广告制作费、广告媒介费和广告管理费以及广告活动所需的机动费用。在广告预算中，一般各种费用所占比例大体是：

① 广告调查和策划费用约占广告费总额的 5% 左右；

② 广告设计和制作费约占广告费用的 5% ～ 15%；

③ 广告媒介费是广告费用的主要组成部分，约占总费用的 80% ～ 85%；

④ 广告管理费占 10% 左右。

编制广告预算可以采用量力支出法、销售额比例法、竞争对等法或目标任务法。此外，还要考虑以下几个因素：

① 产品的生命周期。引入期必须投入大量的广告费用，充分利用各种媒体进行广告宣传，以增加产品的暴露度。成长期广告规模较引入期有所缩小，广告内容侧重于突出产品的特征。衰退期企业如果进行广告宣传，其规模也一定非常小，属于“提醒性”广告。

② 市场竞争状况。同类产品竞争者的数量与实力也影响企业的广告预算。如果竞争对手进行大规模的广告宣传，本企业必然要扩大广告宣传的规模，广告预算也随之增加。否则本企业的广告活动就收效甚微，达不到预期的目标。

③ 品牌的市场地位。一般而言，保持现有的市场占有率的广告费用远远低于扩大市场占有率的广告费用。

④ 广告频次。广告频次是指在一段时间内，某一广告在特定媒体上出现的次数。次数越多，其广告支出也就越大。广告频次与广告预算额成正比，较大的广告频次需要较多的广告费用，因为广告需要购买广告时间。

(3) 决定广告信息。决定广告信息即设计广告内容，就是要确定广告要说什么以及如何说。酒店广告信息主要是来自酒店产品的信息，它表明酒店产品提供的主要利益。酒店企业可以通过与顾客、经销商、专家以及竞争者的沟通，形成各种广告思想，其中顾客是好主意的最主要来源。

决定广告信息一般要经过 3 个步骤：

① 广告信息的产生。广告创意人员可以利用各种不同的方法构思广告信息。可以从顾客、经销商、专家及竞争者的谈话中收集素材，产生灵感，再进行创作。

② 广告信息评估与选择。酒店广告信息有吸引力应有下列 3 种特色：

一是趣味性，指出能使顾客渴望或感兴趣的酒店产品特点。

二是独特性，提及本酒店产品如何优于竞争对手产品。

三是可信性，顾客对酒店广告的真实性是否怀疑。

酒店企业应对酒店广告的趣味性、独特性和可信性进行评估。

③ 广告信息表达。酒店企业推出的信息必须设法争取目标顾客的注意与兴趣。广告需要醒目、易记的用语，选择一种有效的广告格调，此外还要注意广告的格式。一是插图，插图必须足以吸引读者的注意；二是标题，标题须能有效地吸引足够的人来阅读；三是内容，为广告的主要部分，必须简洁且具有说服力。最重要的则是把这 3 个要素有效地密切结合起来。

(4) 选择广告媒体。酒店广告信息必须通过一定的媒体才能传递给顾客，这就要求酒店企业恰当地选择媒介。

目前，可供酒店企业选择的我国 10 大广告媒介是：电视、报纸、互联网、墙体、分众传媒、户外、杂志、电台 / 收音机、海报、手机。酒店企业在选择时，除了要了解各种个媒体的特点外，还应考虑以下因素：

① 媒介的覆盖范围；

② 媒介的权威性；

③ 媒介的针对性；

④ 媒介的时效性；

⑤ 所做广告商品的性质与特征；

⑥ 媒介的有关数量指标；

⑦ 媒介的费用；

⑧ 法律、法规的限制。

(5) 评估广告效果。一般来说，从以下几方面来评估广告效果：

① 广告的销售效果：又称经济效果，是指广告活动促进产品或服务的销售，增加企业利润的程度。企业运用各种传播媒体把产品、服务以及观念等信息向目标顾客传达，其根本目的就是刺激顾客采取行动，以使产品销售扩大，利润增加。广告的经济效果是企业广告活动最基本、最重要的效果，也是测评广告效果的主要内容。

计算公式为

$$广告效果比率=\frac{销售增加率}{广告费增加率}\times 100\%$$

采用此法测算广告效果，只能作为衡量广告效果的参数，因为商品销售的增减及增长的快慢是由多种因素决定的，广告的影响只是诸因素之一。而在诸因素中要把广告因素单独抽取出来，又是难以办到的。并且广告作用的发生不一定有即时性，常常附有延迟性的影响。所以，广告效果测定还应主要从广告本身的效果来测定。

② 广告的传播效果：又称广告本身效果或心理效果，是指广告传播活动在顾客心理上的反应程度，表现为酒店广告对顾客的认知、态度和行为等方面的影响。广告的心理效果是一种内在的并能够产生长远影响的效果，一般是以广告的收视率、收听率、产品知名度等间接促进销售的因素为根据的。广告本身效果的测定，主要包括以下项目：

一是注意度测定，是指对各种媒体广告的读者率、收听率、收视率的测定。

二是记忆度测定，指对广告重点内容的记忆，如企业名称、商品名称、商标、商品性能等，其中主要是知名度的测定，目的是了解消费者对广告印象的深刻程度。

三是理解度测定，指消费者对广告所表达的内容和信息的理解程度的测定。测定理解度，对改进广告创作技术有重要参考价值。

四是购买动机形成测定，目的是测定广告对顾客的购买动机形成究竟起多大作用。

广告自身效果测定的方法，可采取市场调查、实验以及专家评价等形式。当然，仅有上述广告的经济效果测定还不够。广告所传播的范围广，对社会影响大，因此，广告也要注意对社会的影响，其效果测定也应包括社会效应的内容。

③ 广告的社会效果：是指广告在社会道德、文化教育等方面的影响和作用。企业广告能够传播商品知识，可以影响人们的消费观念，会被作为一种文化而流行推广等。由于广告所具有的特性，广告对社会所产生的效果是深远的，需要重视和引导。

广告的社会效应如何，主要是看它是否对社会负责，具有社会责任感。广告的社会责任包括：

一是实事求是，广告的生命在于真实，切不可做欺骗性宣传。

二是不可诽谤，广告要受法律责任的约束。

三是造福社会，从社会道德观念出发，以增进社会福利为准则。

四是团结人民，广告要尊重各民族人民的风俗习惯，加强各民族人民的团结。

五是遵守国家政策法令。

（三）酒店人员推销

1. 酒店人员推销的含义

酒店人员推销是酒店企业利用推销人员直接与顾客接触、洽谈、宣传介绍酒店的产品，以达到促进产品销售目的的促销方式。

2. 酒店人员推销的特点

（1）销售的针对性。与顾客直接沟通是人员推销的主要特征。由于是双方直接接触，相互间在态度、气氛、情感等方面都能捕捉和把握，有利于销售人员有针对性地做好沟通工作，解除各种疑虑，引导购买欲望。

（2）销售的有效性。人员推销的又一特点是提供产品实证，销售人员通过展示产品资料等，解答质疑，从而使顾客确信产品的性能和特点，易于引发顾客购买行为。

（3）密切买卖双方关系。酒店推销人员与顾客直接打交道，交往中会逐渐产生信任和理解，加深双方感情，建立起良好的关系，容易培育出忠诚顾客，稳定酒店企业销售业务。

（4）信息传递的双向性。在推销过程中，酒店销售人员一方面把酒店企业信息及时、准确地传递给目标顾客，另一方面把市场信息、顾客（客户）的要求、意见、建议反馈给企业，为企业调整营销方针和政策提供依据。

3. 酒店人员推销的不足

（1）费用支出较大。由于人员推销直接接触的顾客有限，销售面窄，人员推销的开支较大，增加了产品销售成本。

（2）对推销人员要求较高。人员推销的成效直接取决于推销人员素质。尤其随着科学技术的发展，新产品层出不穷，对推销人员的要求越来越高。

4. 酒店人员推销的任务

（1）传递信息。推销人员要与顾客保持联系，及时把酒店企业有关产品及其他相关信息传递给顾客，为顾客提供购买决策参考资料。

（2）开拓市场。推销人员不仅要了解和熟悉现有市场的需求动态，还要努力发现潜在顾客，创造需求，开拓新的市场。

（3）销售产品。推销人员通过与顾客直接接触，说服顾客购买，从而达成交易。

（4）收集信息。推销人员利用直接接触市场和顾客的便利性，进行市场调查和情报收集工作，为酒店企业开拓市场和制定营销决策提供依据。

（5）提供服务。推销人员不仅要把酒店产品销售给顾客，还代表酒店提供其他服务，帮助客户解决实际问题，树立酒店的良好形象。

5. 酒店人员推销的方式

（1）上门推销。上门推销是最常见的人员推销形式。它是由酒店推销人员携带产品样品、说明书和订单等走访顾客，推销产品。这种推销形式可以针对顾客的需要提供有效的服务，方便顾客，故为顾客广泛认可和接受。

（2）柜台推销。又称门市推销，是指酒店在适当的地点设置固定门市，由销售人员接待进入门市的顾客，推销产品。柜台推销与上门推销正好相反，它是等客上门式的推销方式。由于门市里的产品种类齐全，能满足顾客多方面的购买要求，为顾客提供较多的购买方便，并且可以保证产品完好无损，故顾客比较乐于接受这种方式。

（3）会议推销。会议推销是指酒店推销人员利用各种会议向与会人员宣传和介绍产品，开展推销活动。譬如在订货会、交易会、展览会、学习交流会等会议上推销酒店产品。这种推销形式接触面广、推销集中，可以同时向多个推销对象推销产品，成交额较大，推销效果较好。

6. 酒店人员推销工作的要诀

要诀 1：充分了解产品和服务。如果推销员的任务是开发会议销售业务，就要对酒店的各类房价，各种服务设施，各种会议厅的面积、内部布局、容纳人数、空间高度，以及各种音响设备的性能等方面的情况了如指掌，否则就不能算是完全了解，无法成功推销。

要诀 2：充分了解客户的需要。在推销之前要充分了解客户的需要，有针对性地做好推销的各种准备，设计好推销技巧，减少工作中遇到的被动局面，提高推销效率和效果。

要诀 3：充分了解自己的销售形象。推销人员要把握自己的销售形象，通过装束、言谈、举止等方面的表现，给客户留下良好的印象。推销人员可能非常了解酒店产品和客户的需求，但推销工作仍然可能会失败，就是因为没有意识到销售形象的影响。推销人员要调整自己的形象去适应客户的预想。

7. 酒店销售人员推销必知

（1）推销产品首先要推销自己。

（2）微笑是推销的唯一通行证。

（3）礼节、仪表、谈吐、举止是印象的来源，业务员必须多在这方面下功夫。

（4）强烈的第一印象的重要规则是让人们感到自己的重要。

（5）对推销员来说，善于聆听比善于辩解更重要。

（6）了解客户并满足他们的需要。

（7）推销的成败，与事前准备的功夫成正比。

（8）事前的充分准备与现场的灵感综合出来的力量，往往很容易瓦解坚强对手获得成功。

（9）任何准客户都有其一攻就垮的弱点。

（10）推销员不仅要用耳朵去听，更要用眼睛去看。

（11）在取得一鸣惊人的成绩之前，必先做好枯燥乏味的准备工作。

（12）推销成功的同时，要使客户成为自己的朋友。

（13）推销的机会往往是稍纵即逝，必须迅速、准确地判断，以免错失良机。

（14）推销失败的第一定律是：与客户争高低。

（15）销售前的奉承不如销售后的服务，后者才会永久地吸引客户。

（16）信用是推销的最大本钱，人格是推销最大的资本。

（17）成交并非是销售工作的结束，而是下次销售活动的开始。

（18）对业务员来说，销售学知识无疑是必须掌握的。

（19）一次成功的推销不是一个偶然发生的故事。

（20）最优秀的推销人员是那些态度最好、商品知识最丰富、服务最周到的推销员。

（四）酒店营业推广

1. 酒店营业推广的概念

营业推广又称销售促进，是指酒店在某一特定时期与空间范围内，为了配合广告和人员推销，通过刺激可鼓励中间商和顾客，并促使他们尽快购买或大量购买酒店产品而采取的一系列促销措施和手段。

2. 酒店营业推广的作用

酒店营业推广作为参与市场竞争的有效工具，其作用主要体现在以下几方面：

（1）通过酒店营业推广，能够刺激购买行为，在短期内达成交易。这是酒店营业推广的首要目的，尤其是在推出新产品或吸引新顾客方面，由于营业推广的刺激性比较强，较易吸引顾客的注意力，使顾客在了解产品的基础上采取购买行为，也可能使顾客追求某些方面的优惠而使用产品。

（2）通过酒店营业推广，酒店企业向顾客提供一些特殊的优惠条件，可以有效地抵御和击败竞争者。因为营业推广的很多手段，譬如销售奖励、赠券等通常都附带价格上的让步，其直接受惠者大多是经常使用本酒店产品的顾客，从而使他们更乐于购买和使用本酒店产品，以巩固酒店的市场地位。

（3）通过酒店营业推广，可以有效地影响中间商，与中间商保持中长期业务关系；可以奖励品牌忠实者，以便培养忠诚的顾客。

3. 酒店营业推广的特点

酒店营业推广有 4 个明显特点：

（1）非经常性。酒店营业推广是对广告、人员推销、公共关系的一种补充措施，以非常规性和非周期性的使用方式出现，只是用于酒店短期和额外的促销工作中，承担酒店短期的特定目的和任务的促销工作。

（2）灵活多样性。酒店营业推广可以通过多种多样的方式，刺激、鼓励酒店中间商和顾客购买酒店的产品。如推广津贴、销售竞赛、批量折扣等针对中间商的营业推广方式，以及赠送纪念品、抽奖、会员卡等针对顾客的营业推广方式。

（3）强烈刺激性。可根据顾客心理和市场营销环境等因素，采取针对性很强的营业推广方法，向消费者提供特殊的购买机会，具有强烈的吸引力和诱惑力，能够唤起顾客的广泛关注，立即促成购买行为，在较大范围内收到立竿见影的功效。

（4）短期高效性。营业推广活动是在特定时间和空间范围开展的，酒店中间商和顾客为了享受各种优惠条件，会在活动时限内采取购买行动，因而营业推广效果非常明显。

营业推广的不足：

（1）影响面较小。它只是广告和人员销售的一种辅助的促销方式。

（2）刺激性强烈，但时效较短。它是企业为创造声势获取快速反应的一种短暂促销方式。

（3）顾客容易产生疑虑。过分渲染或长期频繁使用，容易使顾客对卖方产生疑虑，反而对产品或价格的真实性产生怀疑。

4. 酒店营业推广的方式

（1）面向消费者的营业推广方式：

① 赠送促销。向消费者赠送酒店纪念品、礼品等。

② 赠折价券。在顾客购买酒店产品时，持券消费可以免付一定金额的货币。折价券可以通过广告或直邮的方式发送。

③ 价格优惠。顾客购买酒店产品直接享受较低的价格。

④ 抽奖促销。顾客购买一定的酒店产品之后可获得抽奖券，凭券进行抽奖获得奖品或奖金。抽奖可以有各种形式。

⑤ 优先照顾。对符合条件的顾客或中间商给予特殊关照。

⑥ 现场促销。酒店企业派促销员在销售现场演示本企业的产品，向顾客介绍产品的特点、用途和使用方法等。

⑦ 参与促销。通过顾客参与各种酒店促销活动，如技能竞赛、知识比赛等活动，能获取企业的奖励。

⑧ 鼓励重复购买。对重复购买者给予的优惠政策。

⑨ 酒店俱乐部。酒店企业把顾客组织化，对已成为酒店俱乐部会员的顾客，在消费时可以享受酒店优惠价格。

（2）面向中间商的营业推广方式：

① 价格折扣。酒店企业为争取中间商销售自己酒店的产品，给予中间商一定的价格折扣，刺激中间商销售本酒店产品的积极性。

② 推广津贴。酒店企业为促使中间商帮助本酒店推销产品，可以支付给中间商一定的推广津贴，鼓励中间商开展一定的广告宣传活动。

③ 销售竞赛。根据各个中间商销售本酒店产品的实绩，分别给优胜者以不同的奖励，如现金奖、实物奖、免费旅游、度假奖等，以起到激励的作用。

（3）面对内部员工的营业推广方式：主要是针对酒店企业内部的销售人员开展的营业推广活动，鼓励他们热情推销酒店产品，或促使他们积极开拓新市场。一般可采用的方法有销售竞赛、销售奖励等形式。

5. 酒店营业推广的设计

酒店营业推广的设计过程如下：

（1）确定推广目标。确定酒店营业推广目标，就是要明确推广的对象是谁，要达到的目的是什么。只有知道推广的对象是谁，才能有针对性地制定具体的推广方案。在不同类型的目标市场上，营业推广目的是不同的。如对顾客来说，营业推广目的是鼓励经常和重复购买，吸引新顾客试用，建立品牌知晓和兴趣，树立品牌形象等；对中间商来说，营业推广目的是促使中间商购买新产品和提高购买水平，鼓励淡季购买等；对推销人员来说，营业推广目的是鼓励对酒店新产品的支持，刺激季节性销售和提高销售水平等。

（2）选择推广工具。营业推广的方法很多，但如果使用不当，则适得其反。因此，选择合适的推广工具是取得营业推广效果的关键因素。酒店企业一般要根据目标对象的接受习惯和产品特点、目标市场状况等来综合分析并选择推广工具。

（3）确定推广时机。营业推广的市场时机选择很重要，如季节性产品、节日产品、礼仪产品，必须在季前节前做营业推广，否则就会错过时机。

(4) 确定推广期限。即营业推广活动持续时间的长短。推广期限要恰当，过长，消费者新鲜感丧失，产生不信任感；过短，一些消费者来不及接受营业推广的实惠。

(5) 确定推广的总预算。即酒店营销人员决定拿出多少费用开展营业推广活动。酒店企业要权衡推广费用与经营效益的得失，确定营业推广的费用预算。常用的方法：一是参照上期费用来确定当期预算；二是比例法，即根据营业推广费用占促销费用的比例来确定；三是总和法，即先确定各个营业推广项目的费用，再相加确定总营业推广费用。

(五) 酒店公共关系

1. 酒店公共关系的含义

酒店公共关系是指酒店在从事市场营销活动的过程中，为了获得酒店内部以及外部社会各界的了解、信任和支持，塑造酒店良好的市场形象而采取的一系列的营销活动。

与广告、营业推广一样，公共关系是一种重要的促销方式，包含以下具体内容：

(1) 公共关系是与酒店企业相关的社会公众的相互关系。这些社会公众主要包括：酒店供应商、酒店中间商、顾客、竞争者、金融机构、保险机构、政府部门和新闻传媒以及酒店企业内部公众等。酒店企业每时每刻都与这些公众发生经济联系与社会联系。

(2) 公共关系的核心是建立良好的社会形象。酒店企业开展的一切公关活动都是围绕建立良好的酒店企业形象来进行的。良好的企业形象，可使企业在市场竞争中占据有利地位。

(3) 公共关系的最终目的是促进酒店产品的销售，提高市场占有率。

2. 酒店公共关系的特点

(1) 真实性与持久性。酒店公共关系传播的信息，或借助于事实本身，让人耳闻目睹；或通过他人之口，如新闻媒介，告知天下。这样可以避开广告自卖自夸之嫌，突破社会公众的防范和戒备心理，能够深入人心，因此可信度高，效果持久。

(2) 新颖性和独特性。在现代社会，促销的手段层出不穷，广告更是无处不在，但难以引起公众的注意，甚至产生反感。酒店公共关系却独辟蹊径，它不是直接刺激顾客的购买行为，而是以新闻报道或其他活动传播酒店信息，容易引起社会公众的高度关注。

(3) 间接性和主动性。酒店公共关系促销具有间接性，即不是直接推销产品，也不是像广告那样直接宣传酒店的产品，而是采取比较委婉的方式，通过塑造酒店企业良好形象来促进酒店产品的销售。另外，酒店企业要积极主动地开展公共关系活动，加强与社会公众的联系，使社会公众充分地了解和认识企业，有助于树立良好的酒店企业形象。

3. 酒店公共关系方式

公共关系活动是一门综合性的艺术，要实现公关目标，就必须善于运用公关活动。酒店企业常用的公关活动的方式有以下几种：

(1) 通过新闻媒介传播酒店的信息。这是企业公共关系最重要的活动方式。酒店企业可以通过新闻报道、记者招待会、人物专访等形式，利用各种新闻媒介对酒店企业的新产品、新措施与新动态进行宣传并邀请记者参观酒店，还可以撰写各种与酒店有关的新闻稿件等。这不仅可以节约广告费用，而且由于新闻媒介的权威性与广泛性，使得公共关系比广告宣传更为有效。

(2)加强与酒店外部公众的联系。酒店应通过同社会各方面的广泛交往来扩大酒店的影响，改善酒店的经营环境。酒店通过与他们建立公开的信息联系，争取他们的了解与支持，并通过他们的宣传，加强酒店及其产品的信誉与形象建立。

(3) 酒店自我宣传。酒店可以利用各种能自我控制的方式进行酒店形象的宣传，如编制与发放酒店的宣传资料、纪念册、创办酒店刊物等，以增加公众的了解与兴趣。

(4) 举行专题活动。通过各种活动，扩大影响。这方面的活动包括：举办各种庆祝活动，如店庆、开工典礼、开业典礼等纪念活动；开展工作竞赛活动，如知识竞赛、技能竞赛等活动；以及各种展览会、研讨会等，扩大酒店的宣传和影响。

(5) 参与各种公益活动。通过参与各种社会公益活动和社会福利活动，协调酒店与社会公众的关系，树立良好形象。这方面的活动包括：赞助社会各种公益活动、为社会慈善捐款、为政府分忧解难、为酒店社区公众献爱心等。

(6) 借助公关广告。通过公关广告介绍酒店，树立酒店整体形象。公关广告的目的是提高酒店的知名度和美誉度。公关广告的形式和内容如下：

① 致意性广告：即向公众表示节日庆祝、感谢或道歉等。

② 倡导性广告：即酒店通过广告向社会倡导某种活动或提倡某种新观念。

③ 解释性广告：即就某方面情况向公众介绍、宣传或解释，建立与顾客的联系，为顾客排忧解难等。

(7) 内部公关活动。为提高和保持酒店员工的工作士气，酒店要精心组织开展内部公关活动。例如，评选优秀员工、出海报表彰员工、张榜公布优秀员工照片等；实行专项奖励，对符合条件的员工颁发奖金、奖品等，都有助于提高员工的士气。还可以组织开展员工与经理人员一起参加的各种文体活动，培育酒店团队精神。组织一些为了共同目标的活动，增强酒店员工的凝聚力。在所有内部公关措施中，最为重要的是坚持承认员工的人格尊严、自尊心和受人尊重的愿望。

4. 酒店公共关系实施的时机

公共关系作为一种营销工具，可以为酒店的产品和服务创造一个有利的销售环境。而创造有利销售环境的最有效的做法，则是将公共关系作为酒店企业整体营销计划的一部分进行开展。所有的公关工作都应制定出实施目标、实施对象、实施时机、活动时间和预期结果，其中公关时机的把握十分关键。一般实施公关的时机可概括如下：

(1) 员工或本酒店企业完成某一业绩；

(2) 周年纪念日；

(3) 本酒店或员工荣获奖项；

(4) 名人来访（征得其同意）；

(5) 本酒店或员工向慈善事业或当地社区捐助；

(6) 有文娱演出在本酒店举办；

(7) 有文体及社会盛事在本酒店设施内举办；

(8) 举行各种盛大的开幕活动；

(9) 重要客人光顾((征得其同意)；

(10) 新经理、新员工等上任；

(11) 组织机构变化；
(12) 举行公益活动、集会；
(13) 举行特别展览；
(14) 各种特别事件；
(15) 在本酒店设施内组织员工演说、团体聚会；等等。

案例分析

东郊宾馆营销人员深知，酒店除开发新产品、新活动项目外，更要推出独特的宣传方式来吸引客源，这就要在促销上多做文章。春节期间作为新年第一个消费集中时段，将形成新年第一个消费高峰，抓住这一时机，对酒店具有重要意义。东郊宾馆借新春之际对长期支持与关心他们的每一位宾客奉上了丰厚的新年特惠大礼。

(1) 促销活动形式多种多样。购买宾馆春节特惠券，并获赠宾馆各营业场所抵用消费券，在东郊宾馆所有营业场所均可使用及享受特别折扣优惠；宾客入住的同时参加新年抽奖，中奖率100%；活动期间入住的宾客将在入住第一天获赠迎宾水果一份；宾馆迎宾楼门口指定区域将专门布置"新年许愿树"，来宾在入住的同时可获得"许愿卡"一张，并可至礼宾部由礼宾员统一安排投掷"许愿卡"；活动期间可在东郊宾馆东大门草坪区域放飞风筝，来宾可自带风筝，也可至宾馆礼宾部购买并登记预约放飞时间；来宾入住客房可免费使用客房宽带、健身中心50米 ×25米游泳池及健身房等，为人民群众度过一个欢乐、祥和、健康的春节做出积极贡献，这充分体现东郊宾馆的经营者对顾客的关爱与回报。

(2) 满足顾客更高层次需求。东郊宾馆认真研究市场需求，充分开发和利用宾馆的各种资源，使顾客在物质和精神方面全方位得到满足。东郊宾馆了解到，随着生活水平的不断提高，越来越多的市民选择在酒店里吃年夜饭，不在于吃喝，而在于一家人的团聚，在于亲人间情感的交流，度过一个轻松、欢乐、祥和的春节。正因为如此，为了向顾客提供更好、更多的服务，宾馆除了安排豪华的住房、精美的菜肴等物质享受之外，更有草坪区域放飞风筝、健身中心50米 ×25米游泳池、健身房、投掷"许愿卡"、免费垂钓、免费花园游览、免费欣赏专场电影等愉悦身心、陶冶情操、健康向上的活动项目，而后者才是人们更加追求、更加喜爱、更加难忘的事情，这样欢度春节也才有意义。

促销是企业市场营销活动中在最为丰富多彩的活动之一。酒店企业应向东郊宾馆这样，善于在适当的时机推出适当的促销活动，在满足顾客需求的同时，给顾客留下美好回忆、深刻的印象，也有助于酒店自身在市场上树立良好的形象。

能力培养训练

（一）背景材料

三亚铂尔曼度假酒店 2012 年夏季促销套餐

三亚亚龙湾铂尔曼度假酒店是中国首家铂尔曼品牌的度假型酒店，拥有独一无二的115栋别墅配以独立花园和泳池，及 78 间客房。2012 年 5 月 10 日至 9 月 28 日期间，三亚亚龙湾铂尔曼度假酒店为宾客推出“阳光三亚乐透一夏”特惠套餐，提供接机、住宿、用餐的一站式定制假期服务。

据了解，该特惠套餐需要人民币 5 588 元，可享受 3 晚入住豪华独栋泳池别墅（缅甸 / 南洋别墅），享用每日自助早餐，享用两次正餐，三亚凤凰机场豪华轿车接 / 送一次；人民币 7 388 元，可享受 4 晚入住豪华独栋泳池别墅（缅甸 / 南洋别墅），享用每日自助早餐，享用 3 次正餐，三亚凤凰机场豪华轿车接 / 送一次。

条款与细则：

(1) 每晚免费加床一张；升级至 270 平方米泰式超豪华泳池别墅，每间每晚仅需另加人民币 300 元。

(2) 端午节 (6 月 21—23 日)：加收人民币 200 元 / 晚。

(3) 自助早餐或正餐供两位成人与一位 12 岁以下儿童享用。

(4) 正餐可选择自助晚餐，午餐零点（左岸咖啡厅或水润轩中餐厅）。

（二）训练目的

(1) 通过训练，使学生更好地消化与理解酒店促销的主要方式、影响促销组合的因素、人员推销的方式与要诀、公共关系的主要方式等理论知识。

(2) 通过训练，培养学生有关酒店产品促销的学以致用能力。

(3) 通过训练，培养学生独立分析问题的能力、创新能力与团队合作能力。

（三）训练内容与步骤

训练内容：

(1) 三亚铂尔曼度假酒店此次促销活动属于哪种促销方式？

(2) 本次促销目的是什么？

(3) 除此之外，三亚铂尔曼度假酒店还可以开展哪些方式促销？

(4) 案例中东郊宾馆借新春之际推出的系列促销活动是否得当？该酒店还可以采取哪些方式开展促销活动？

训练步骤：

(1) 个人分析回答第 (1)、(2) 个问题，分析并思考第 (3)、(4) 个问题。

(2) 小组内成员之间就第 (3)、(4) 个问题进行讨论交流。

(3) 小组之间就第 (4) 个问题开展讨论交流。

学习评价

依据每个小组内每个人的表现情况，以及小组内互评、组间互评和老师的评价，确定个人能力水平和努力方向。评价的具体细则如表 5-3 所示。

表 5-3 评价细则

内容			评价		
学习目标		评价内容	小组互评	组间互评	教师评价
专业知识	应知应会	简述酒店促销的主要方式	Yes No	Yes No	Yes No
		简述影响促销组合的因素	Yes No	Yes No	Yes No
		简述人员推销的方式与要诀	Yes No	Yes No	Yes No
		简述公共关系的主要方式	Yes No	Yes No	Yes No
专业能力	1. 了解广告预算编制方法 2. 能够运用公关促销方式 3. 能够明确营业推广方式	能编制广告预算，选择合适的广告媒体	Yes No	Yes No	Yes No
		运用所学知识，分析把握公关时机，选用合适的公关方式	Yes No	Yes No	Yes No
		具备反思能力，合理制定营业推广的计划	Yes No	Yes No	Yes No
通用能力	组织能力		Yes No	Yes No	Yes No
	沟通能力		Yes No	Yes No	Yes No
	解决问题能力		Yes No	Yes No	Yes No
	自我管理能力		Yes No	Yes No	Yes No
	创新能力		Yes No	Yes No	Yes No
态度	宽厚近人，高度责任感		Yes No	Yes No	Yes No
努力方向：			建议：		

课外作业

（1）了解当地知名酒店是如何开展促销活动的。

（2）网上收集资料，了解世界著名酒店是如何开展促销活动的。

目标三 酒店内部推销

要成功地推销酒店产品，就不能不考虑酒店业独有的特点。在众多的推销方法中，只有一种推销方法最为有效，它将酒店的特殊性和推销手段有机地结合为一体，成为现代酒店营销的“重头戏”，这就是酒店的“内部推销”。内部推销是一种花费少、成效高的经营策略，因而也引起了越来越多酒店经营者的重视。

案例介绍

王先生受到的“礼遇”

王先生到宁波去考察一家五星级酒店，酒店的硬件设施自不必说，可是服务真的很差。他乘出租车到酒店大门，一个工作人员不仅不打开车门，还远远地躲开，他以为是门童，后来发现不是。来来回回进出酒店几次，也没看到这个工作人员做什么事。后来他才发现门童是一个外国人，既不友好，衣服也稀奇古怪，除了说“您好”，其他中文他可能也不懂。在进门时，有一个高大的门童，没有友好的表示，连说一个“您好”也好像蚊子一样小的声音。

前台的员工居然当着客人的面讨论跳槽的事情，显然酒店对员工不够重视，也缺少培训。餐厅接待的员工凑在一起，就是不理睬客人。王先生到了三楼的餐厅，正准备到处看看时，不料身后的服务员却说：“您干嘛？”五星级酒店的员工连起码的礼貌都没有。

总地来说，服务员的态度差，服务知识和服务技能也不好。

相关知识

（一）酒店内部推销

1. 酒店内部推销的含义

酒店的内部推销是指利用酒店的内部推销资料，全体员工主动热情地服务，积极发展酒店与顾客的关系，使顾客在酒店内感到满意，感到高兴，愿意下次再来酒店入住，并且还要介绍亲友来入住。

内部推销是服务行业特有的推销形式，尤其适用于酒店业。它是一种全员推销，每个员工都在不知不觉的服务和工作过程中进行着推销活动。他们都在扮演着推销员的角色，只不过“演技”不同、角色各异罢了。顾客一跨进酒店的大门，酒店的内部推销就开始了，直到顾客满意地离开，感谢顾客的光顾，欢迎他们以后再来，并请求他们为酒店做些宣传。

酒店的内部推销过程，包括与顾客第一次见面的问候、前厅接待、客房服务、餐厅服务、结账、接受预订及送客等，涉及顾客在酒店内停留的全部时间过程及每一环节。而酒店内部推销人员则包括从门卫、前厅接待员、总台接待员、行李员、客房服务员、餐厅服务员到电器维修员、电梯服务员甚至管理人员，而且要通过自己主动热情的服务，使客人始终保持一种良好的心情，对酒店感到满意。这样，不仅使顾客容易接受酒店客房和餐厅推销，在酒店入住，还会使顾客愿意再来酒店入住，并把酒店推荐给别人，为酒店带来更多的推销机会和更大的销售额。

因此，酒店内部推销是酒店所有推销手段中颇为有效的手段之一。

2. 酒店内部推销的作用

具体如下：

（1）可以有效地提高营业额和客房出租率；

（2）通过客人良好的口碑宣传，可以提高酒店的知名度，招揽更多的客人；

（3）酒店能从同样的顾客那里得到更多的销售收入，提高利润率；

（4）能增加酒店的新客源；

（5）能节省酒店促销费用；

（6）取得良好的经济效益，能更好地促进员工的工作热情和创新精神。

3. 酒店的内部推销培训

有效地酒店内部推销对酒店产品和服务的销售和经营成效来讲，显然是非常有意义的。而做好酒店内部推销工作的关键，则在于对酒店内部员工进行培训。要教育员工做好本职工作，牢固树立为顾客服务的观念，增强员工的主人翁意识和销售意识，提高服务技能，增强推销的自觉性和主动性，使它们能更出色地完成工作。

对酒店员工进行内部推销培训的内容主要包括：

（1）酒店营销观念；

（2）酒店各岗位服务技巧及规范；

（3）酒店情况说明；

（4）酒店的制度及规定；

（5）员工的待遇及奖励等。

（二）酒店无形内部推销

酒店无形内部推销，主要是指酒店的建筑物、设备、环境和气氛等。酒店的产品更多是无形的，酒店顾客对产品的需求也不仅仅是一间客房和一份菜肴，他们对酒店的需求更多的是体现在无形产品的需求上。因而，顾客的心情对其购买行为产生很大影响。所以，酒店的外观装修、内部陈设、灯光、音响、色彩、卫生环境等都有利于顾客保持愉快的心情和振奋的情绪。这样，才能使顾客愿意留下，并愿意出高价钱来购买和消费。这也正是流行于世界的酒店文化和酒店经营成功的原因。因此，酒店无形内部推销的作用是不可低估的。

（三）酒店有形内部推销

酒店有形内部推销的主要手段是利用酒店的宣传资料进行推销。酒店的产品和服务包括客房、食品、饮料、游乐场、宴会、会议室、菜肴、网球场、商品等。内部推销要使顾客了解酒店有哪些产品和服务，并帮助顾客选择和购买等。

酒店可以通过各种方式和多种形式的宣传资料，来宣传和介绍酒店的产品和服务，进行推销和销售。主要有：

（1）客房里的酒店简介和服务指南。服务指南列举了酒店的各种服务和设施，以及这些服务和设施所处的位置、行走路线、营业时间、电话号码等。有的还包括购物指南、房价表、菜单以及与本酒店有联系的其他酒店的名称、地址及服务等，帮助顾客了解酒店的产品和服务，方便顾客购买。

（2）标牌。即放在公共场所或酒店的外面的标志牌，如宴会厅、特别晚会等标牌，给顾客更多的说明和引导。

（3）直接同客人打交道的员工通过与客人交谈，也可以有效地消除顾客对酒店的疑虑，增强顾客对酒店的信心。

（4）调查表。

（5）客房中的闭路电视节目。

（6）其他内部促销资料。酒店还经常使用下列内部促销资料：

① 指示牌。一般悬挂在门厅里，使顾客了解食品和饮料服务、商店、游泳池、娱乐室、网球场等场所的位置。

② 用纸巾、杯托等宣传介绍酒店内的其他服务项目。

③ 火柴盒、打火机及其他赠品。

④ 为顾客洗烫衣物时使用的包装盒 / 袋等。

（四）酒店开展积极内部推销

酒店可以提高和设置前面所说的许多宣传资料用来推销，但这些宣传资料必须通过酒店全体员工积极、主动地加以利用，才能达到好的内部推销效果。

酒店内部员工以各种方式，利用各种手段，在任何时间和场合进行积极、主动、热情地推销服务，就是酒店积极内部推销。这正是酒店内部推销的实质要求，也是酒店使顾客满意、提高酒店形象、提高酒店租房率和营销成果的根本所在。

开展酒店积极内部推销时要注意以下几点：

1. 良好的酒店形象

和几乎所有的产品一样，顾客对一家酒店的认同，是从对这一产品的外部形象开始的，所以对酒店管理者来说，成功地创造和保持酒店的良好形象和固有特色是招徕顾客的重要手段，也是搞好内部推销的重要环节。

良好形象的树立是一项系统工作，主要包括：结构新颖、美观壮丽、富有艺术感的酒店外形设计；风格独特、协调和谐、让人流连忘返的酒店大堂；安静舒适、安全便利的客房和环境优雅、服务周到的餐厅等。所有这些都会给客人留下难以忘怀的记忆，增加了客人对酒店的好感和满意程度。

2. 员工的积极作用

在酒店业，直接与客人打交道的大都是普通员工，他们的推销作用应列在首位。一位训练有素的员工不但要做到仪表得体、礼貌友善、技术娴熟，还必须善于推销。因此，现代酒店业流行这样一种说法：每一个酒店员工都应成为积极的推销员。例如，前台接待员在客人入住时，不失时机地向客人介绍本地的旅游点、名胜古迹，尽可能地安排客人的活动，以期延长客人下榻时间；行李员可以利用替客人搬运行李、送客人上房间的机会，根据客人的爱好，向客人介绍酒店的各种服务设施，推销酒店产品；餐厅服务员主动热情地帮助客人挑选符合客人口味的食品，推荐餐厅特色菜肴，使推销活动在不知不觉中进行。甚至那些不与顾客直接接触的员工，对酒店产品的推销也不无关系：餐厅清洗工承担着餐具的洗涤与消毒工作，要防止不洁的餐具进入餐厅；厨师要保证食品菜肴质量，防止腐败食品出售；客房清洁员默默地打扫房间，保证了客房的整洁和舒适；工程部的技师则要及时维修和控制空调器、供排水系统和客房电视等服务设施，保证正常工作。所有这一切不露面的工作，也都对客人在酒店的消费行为起着不容忽视的作用。

3. 优质的产品质量与服务

酒店为了招揽更多的客人或争取回头客，酒店产品的质量就显得尤为重要。服务质量的优劣直接影响到酒店的声誉、客源和经济效益，可以毫不夸张地说，服务质量是酒店的生命线，也是搞好内部推销工作的关键。良好的服务态度会使客人产生亲切感、宾至如归感；娴熟的服务技能可给客人带来精神和物质享受；敏捷快速的服务效率节约了客人的时间；众多的服务项目可以满足客人的多方面需求；设备、设施的良好运转保证了客人生活的舒适度；清洁卫生的环境使客人心情愉快。另外，安全保密、食品质量等也都从不同角度构成了优质服务的组成部分。

假如这一切均给客人留下了美好的印象，那么客人一定会由衷地说声“下次再见”。这一句话也就标志着酒店内部推销的成功。

总之，有效的内部推销不是临时的、随意的，需要全体员工的努力和敬业精神，以及良好的培训。成功的内部推销将使酒店从同一客源市场获得更多的收益，也能帮助酒店开拓新的客源市场。

案例分析

为什么同样是服务员，香格里拉的就是不一样，其他国际品牌酒店的服务员也会好很多。究竟为什么会产生这么大的服务差距？

原因一：领导不重视。虽然口头上说顾客至上，可是在系统设置、资源分配、自身言行方面根本不重视服务。领导没有一个伟大的服务梦想，与员工一起分享，使员工每天枯燥的工作变得更加有意义，并且不断支持员工实现这一梦想。领导对员工没有一个清晰可见的服务目标，让每位员工都明白自己的岗位、自己的目标，并全力实现这一目标。酒店总经理每天只需要关注两件事：服务质量和营业收益。好的服务质量一定有越来越好的收益。

原因二：酒店有基本的标准，但没有系统的培训，没有落实到实处，服务人员没有达到标准，或者说有的服务人员根本不知道标准。再者，酒店在人力资源培训方面执行力非常差。虽然培训不是万能的，但是持续的培训却是必需的，是保证服务质量的必要措施。服务行业本来门槛就很低，一定要将一些细小的事情做得不平凡、做得卓越才能引领服务。

原因三：酒店生意应该还不错，到酒店谈生意的人也不少。所以繁荣的表象使管理层忽略了服务质量。没有从客户处听取意见，内部可能也没有服务质量小组不断发现服务问题并不断改进。其实，优秀的服务是由一个个小的改进形成的。

综上所述，宁波这家酒店基本的内部推销工作未做到位，导致服务员服务质量差。做好内部推销并非简单之事，需要领导者的重视，需要对员工进行严格的培训，需要全体员工的敬业精神和持之以恒的努力。

能力培养训练

（一）背景材料

两双皮鞋

一家公司的接待部主任杨女士在华天餐厅接待一批来自意大利的外宾，场面既隆重又热烈。服务员邵林面带微笑，站在餐厅门口热情地迎接宾客。她突然发现杨女士走路时深一脚浅一脚，同时眼神中透露着不安。细心的她想询问客人，但又不便当着众人开口，只好不露声色地在杨女士身边转了两圈，想找出谜底。原来，杨女士的左脚鞋跟脱落了一半，使她站也不是，走也不是。发现这一情况后，邵林脑子里转了几圈，突然灵机一动："我可以借皮鞋给她穿呀！"想到这里，邵林赶紧向主管请假，以最快的速度跑到五楼宿舍，气喘吁吁之下，把自己所有的鞋子翻了出来。哪一双好呢？选来选去，终于挑了一双自己最喜欢的皮鞋，准备往餐厅跑。突然，她脑子里又转了转："我穿的是 37 码的鞋，杨女士到底穿多大码的呢？不行，我还得另找双小码的鞋子。想着，邵林朝别的宿舍跑去。左借右借，终于借到了合意的一双。想到杨女士尴尬的表情，她顾不上歇口气，双手拎着鞋子就跑。

来到餐厅，邵林礼貌地把杨女士请到一旁，说："我刚才看到您的鞋子坏了，特地给您拿来了两双皮鞋，您试试看哪双合适。"杨女士惊喜地抬头看了看邵林，感激地接过皮鞋，说："真是太感激了，你今天帮了我大忙。”看到杨女士穿着自己的皮鞋，脸上洋溢着自信的微笑，轻松地接待外宾，邵林心里感到特别踏实、高兴。

（二）训练目的

（1）训练学生善于观察的能力。
（2）训练学生勤于思考、主动解决问题的能力。
（3）通过训练，增强学生的服务意识。
（4）通过训练，使学生对酒店内部推销有更深层次的理解。

（三）训练内容与步骤

（1）温习酒店内部推销的意义。
（2）谈谈自己对酒店内部推销的理解。
（3）分组讨论对“酒店服务无小事”这句话的理解，并派代表进行阐述。
（4）总结故事材料带给自己的启示。

学习评价

依据每个小组内每个人的表现情况，以及小组内互评、组间互评和老师的评价，确定个人能力水平和努力方向。评价的具体细则如表 5-4 所示。

表 5-4　评价细则

内容			评价		
学习目标		评价内容	小组互评	组间互评	教师评价
专业知识	应知应会	明确简述酒店内部推销的含义	Yes　No	Yes　No	Yes　No
		简述酒店内部推销重要性	Yes　No	Yes　No	Yes　No
		简述酒店内部推销的实质与要点	Yes　No	Yes　No	Yes　No
专业能力	1. 了解酒店内部推销要点 2. 能够掌握酒店内部推销方法 3. 能够优化酒店内部推销策略	明确酒店内部推销具体方式	Yes　No	Yes　No	Yes　No
		运用所学知识，能够策划酒店内部推销具体活动	Yes　No	Yes　No	Yes　No
		具备反思能力，制定优化酒店内部推销基本策略	Yes　No	Yes　No	Yes　No
通用能力	组织能力		Yes　No	Yes　No	Yes　No
	沟通能力		Yes　No	Yes　No	Yes　No
	解决问题能力		Yes　No	Yes　No	Yes　No
	自我管理能力		Yes　No	Yes　No	Yes　No
	创新能力		Yes　No	Yes　No	Yes　No
态度	团队合作精神、主动、细心		Yes　No	Yes　No	Yes　No
努力方向：			建议：		

课外作业

（1）考察当地一家酒店，列举这家酒店的有形和无形内部推销材料。
（2）对比酒店其他促销方式，谈谈内部推销的优点。

单元六

会议营销

随着市场经济的发展，我国酒店业市场的划分越来越细化，会议型酒店、商务酒店、经济型酒店、主题饭店等经营方式不断涌现，其中会议市场已成为酒店业非常重要的客源市场。中国酒店会议收入占总收入的比例平均值为23%。不管会议型酒店、商务酒店还是度假酒店，会议市场占的比例越来越大。会议餐饮占到整个餐饮的9%左右。平均餐饮毛利率为62%，会议餐饮的毛利率达到75%。会议餐饮的毛利率远远高于散客的毛利率，高于婚宴毛利率。酒店开拓会议市场不仅能够扩大客源渠道，获得较大的经济收益，而且有利于宣传酒店形象，获得良好的市场口碑。在竞争白热化的会议型酒店市场中，经营者应根据客源市场的需求特征，有针对性地开拓酒店会议市场，制定会议营销策略，有效占据会议市场。

学习目标

1. 能够进行会议市场的开发与推广；
2. 能够运用会议销售的策略与技巧。

目标一 会议市场推广

酒店会议对于酒店来说是一种能产生较大经济效益的辐射性产品，即会议客人除了使用会议室之外，还可能使用客房、餐厅、娱乐设施等其他任何服务设施、设备，所以了解会议这种产品的市场需求特点并制定恰当的促销手段就显得特别重要。一个拥有完善会议市场推广计划的酒店通过会议产品的销售可以同时拉动客房和餐饮两个主要部分以及其他酒店的配套设施营业额，在整个地区内给酒店带来口碑良好的广告效应。酒店企业要通过分析会议市场的主要类型，分析判断会议市场的开发重点，确定酒店会议促销的重点和方式，搞好酒店会议的市场推广与销售工作。

案例介绍

喜达屋为亚太区会议组织者推出“7+1”优惠活动

2009 年 4 月 30 日，喜达屋酒店与度假村集团宣布正式启动一项针对会议组织者的“7+1”优惠活动。想要享受这 7 项极具诱惑的优惠活动，会议组织者只须在亚太区参与本活动的 100 多家酒店中任选一家预订会议以及 10 天或以上的酒店住房即可。

喜达屋酒店与度假村集团“7+1”独享优惠活动包括：

（1）获得免费网络连接服务；

（2）获得会议免费网络连接服务；

（3）日间会议包价享有 10% 优惠；

（4）获得双倍免费客房配额；

（5）获得双倍免费客房升级配额；

（6）预订时每 25 间客房可额外获取 2 500 Starpoints 积分；

（7）同时获得喜达屋优先会议组织者（SPP）Starpoints 积分。

另外，凡在 2009 年 5 月 31 日前确认预定 50 个房间以上，可获香港 W 酒店的两晚完美住宿。

这一丰厚的优惠活动覆盖了几乎所有受欢迎的旅行和会议目的地，其中包括中国、日本、东南亚、澳大利亚、新西兰和斐济。参与品牌包括“雅乐轩”、“威斯汀”、“喜来登”、“瑞吉”、“豪华精选”、“福朋酒店”（喜来登集团管理）、W 酒店和“艾美”。

会议组织者可在 www.starwoodmeetings.com 上找到此优惠活动的相关细节条款以及酒店和目的地信息。受限于相关条款与条件，“7+1”优惠活动有效期至 2009 年 5 月 31 日。

相关知识

（一）会议的主要类型

1. 按照举办单位性质划分

一般认为，按照举办单位性质划分，可将会议分为三大类：公司类会议、社团协会类会议、其他组织会议。

（1）公司类会议：公司类会议规模大小不一，小到几个人，大到上千人。公司类会议的数量极其庞大，但是由于很多公司并不愿意对外宣传内部会议，所以公司类会议的数量很难准确统计。公司类会议的主题通常是管理、协调和技术等，具体可分为：销售会议、经销商会议、技术会议、管理者会议、董事会会议、股东会议等。

（2）社团协会类会议：社团协会类会议因人数和性质的不同而互不相同，规模从小型地区性组织、省市级协会到全国性协会乃至国际性协会不等。社团协会大致可以细分为：行业协会、专业和科学协会、教育协会、技术协会等。

社团协会类会议是最具发展潜力的会议类型，社团协会类会议通常伴有展览会，是会展业最重要的市场之一。因为协会的成员多为业内成功管理人员。举办展览会议，可以交流一些信息，带动一些地方旅游经济。

（3）其他组织会议：典型代表是政府机构会议，其中，省/市/县级的中小规模政府机构会议数量十分庞大，是一个非常可观的会议市场。

2. 按会议规模划分

根据会议的规模，即参加会议的人数的多少，会议可以分为：

（1）小型会议：出席的人数少则几人，多则几十人，但是一般不超过 100 人。

（2）中型会议：出席人数在 100 ～ 1 000 人之间。

（3）大型会议：出席人数在 1 000 ～ 10 000 人之间。

（4）特大型会议：出席人数在 10 000 人以上，如重大节日庆典、大型表彰会、庆祝大会等。

3. 按照会议活动特征划分

根据会议活动特征的不同，会议可以分为：

（1）商务型会议：公司、企业因业务、管理、发展等需要而展开的会议称为商务会议。出席这类会议的人员素质比较高，一般是企业的管理人员和专业技术人员。

商务会议一般对设施、环境和服务有较高的要求，消费标准也比较高。召开商务会议一般选择与公司形象大体一致或更高层次的酒店，如大型企业或跨国公司一般都选择当地最高星级的酒店。商务型会议经常伴有宴会，会议效率高，会期短。

（2）政治性会议：国际政治组织、国家和地方政府为某一政治议题召开的各种会议属于政治性会议。政治性会议根据内容需要，一般采取大会和分组讨论等形式。

（3）展销会议：参加商品交易会、展销会、展览会的各类展商及一些与会者除参加展览外，还会在酒店、会议中心等场所举办一些招待会、报告会、谈判会、签字仪式、娱乐活动等，这些会议可以统称为展销会议。另外，一些大型企业或公司在酒店举行会议时，同时还会在酒店举办小型展销活动，这些会议也可划入展销会议范畴。

（4）文化交流会议：各种民间和政府组织组成的跨区域性的文化学习交流活动，常以考察、交流等形式出现。

（5）培训会议：用一个会期对某类专业人员进行的有关业务知识方面的技能训练或新观念、新知识方面的理论培训。培训会议形式可采用讲座、讨论、演示等形式进行。

（6）度假型会议：一些公司或社团协会等机构利用节假日、周末等时间组织人员边度假休闲，边参加会议。这样既能增强互相了解，增强机构的凝聚力，又能解决所面临的问题。度假型会议一般选择在风景名胜地区的酒店或度假区举行。会议通常会安排足够的时间让员工观光、休闲和娱乐。

(7) 专业学术会议：这类会议是某一领域具有一定专业技术的专家学者参加的会议，如专题研究会、学术报告会、专家评审会等。

4. 按照会议的性质和内容划分

根据会议的性质和内容不同，会议又可以划分为以下几种类型：

(1) 年会：年会是就某一特定主题展开讨论的聚会，议题涉及政治、经贸、科学、教育或者技术等领域。年会通常包括一次全体会议和几个小组会议。年会可以单独召开，也可以附带展示会，多数年会是周期性的，最常见的周期是一年一次。参加年会全体会议的人员通常比较多，一般要租用大型宴会厅或者会议厅。小组会议上讨论的是具体问题，所租用的是小会议室。

(2) 专业会议：专业会议的议题通常是具体问题并就其展开讨论，可以召开分会，也可以只开大会。就与会者人数而言，专业会议的规模可大可小。

(3) 代表会议：顾名思义，代表会议指由代表某一利益群体的与会者参加的会议。代表会议的规模和出席人数差别很大。"代表会议"的英文对等词是 congress，最常在欧洲和国际活动中使用。从本质上讲，它与另一个英文词 conference（会议）大致相同，但是在美国，congress 这个词用来指立法机构，所以美国指代表会议时经常用 conference 或 convention。

(4) 论坛：论坛的特点是反复深入的讨论，一般由小组组长或演讲者来主持。它可以有许多听众参与，并可由专门小组成员与听众就问题的各方面发表意见和看法，两个或更多的讲演者可能持相反的立场，对听众发表讲演而不是互相讲给对方听。主持人主持讨论会并总结双方观点，允许听众提问。

(5) 座谈会、专题讨论会：座谈会和专题讨论会比论坛要正式和严谨一些，由主持人或演讲人进行一种陈述性演讲，由一些预定的听众参加。与论坛相比，与会者在座谈会和专题讨论会中，平等交换意见的气氛和特征要弱一些。

(6) 讲座：讲座更正式、更有组织一些，常由一位或几位专家进行个别演讲，讲座的规模可大可小。观众在讲座后可以提问，有时主办方也会不安排观众提问。

(7) 研讨会、专家讨论会：这类会议通常在主持人的主持下进行，与会者参与较多，可以平等交换意见，分享知识和经验。这类会议一般在相对范围内进行，规模较小；当规模变大时，就演变成了论坛、讨论会或专题讨论会。

(8) 专题讨论会：专题讨论会指为处理专门问题而进行的小组会议，与会者就某一议题进行学习和讨论，分享知识、技能和对问题的看法。

(9) 培训会议：一般至少要用一天的时间，多则几周。这类培训会议需要特定场所，培训内容高度集中，由某个领域的专业培训人员教授。

(10) 奖励会议：企业或公司为了表彰、奖励工作出色的员工、分销商或客户而举行的会议，它是企业或公司一种重要的激励手段。

(11) 其他特殊会议：如茶话会、晚餐会及一些娱乐活动等。这样的会议应注意选择适宜的环境和场所。

（二）酒店会议市场开发的重点

在开展会议市场推广工作时，通常是有针对性地选择重点客户进行。会议市场开发的重点通常包括：

1. 政府机关

主要由政府部门、大型活动办公室等单位举办的各项会议和节庆等大型活动。例如，大连地区主要有：经济工作会议、振兴东北老工业基地会议、新能源开发的会议、服装节、烟花爆竹节、赏槐节等。酒店企业必须了解到具体主办单位，有针对性地安排专人拜访，并根据对方的会议要求，提出不同的建议，使对方认可，争取这类会议到酒店里来举行。

2. 商务公司

指商务公司本身召开的各种会议，如董事会、客户答谢会、销售代理商会议、供应商会议、产品促销会等。近几年，IT、汽车、药品、房地产、电子行业的此类会议比较多。

酒店的销售部内部通常都会有专职销售员负责上述日常销售工作。因此，需要经常拜访会议主办方，得到信息后，提出具体的策划方案给主办方，争取会议在自己酒店举办。

3. 会议公司和公关公司

由于一些商务公司、部分政府部门的会议较多，而自己承办并不专业，因此，许多会议公司、公关公司应运而生，专门为这些公司承办各类会议，以达到更专业、更节省成本的目的。这些公关公司和会议公司大多是大的旅行社的分支机构——会议部，或者由酒店专业人士和旅游行业的专业人士成立的专门公司。

通常，酒店的销售部会有专门的销售员负责这类的会议公司和公关公司。在国内，这类著名的、大的公关公司和会议公司主要集中在北京、上海、广州等大城市。专职销售员要定期拜访，提供最新的酒店会议设施情况、价格情况以及著名案例，作为这些公司的基本资料，当有此类会议需求时，对方就会与专职销售员联系。同时，专职销售员要经常与对方沟通，了解近期和一段时间内的会议情况，并积极争取，以期达成合作。

4. 学术团体和大学

国内的学术团体和大学与国内外的交流很多，同时会经常举办各种学术会议、讲座。这些会议规模不等，有小型的，也有全国性的，这也是会议销售的重点。

5. 旅游公司

很多公司经常会对客户进行奖励，或者对优秀代理商进行奖励。而如果奖励是旅游，通常都是由旅游公司来实现的。通常，一些直销公司，如保健品、化妆品的直销公司，举办奖励旅游比较多。

6. 展览公司

展览业目前在国内蓬勃发展，各类展览不胜枚举，如汽车、电子、房地产、医药、保健品以及旅游展等各个方面。国内外有很多专门的展览公司负责承办各类展览。此类活动会为酒店带来住房和宴会的生意。

值得注意的是，往往一个大型活动的成功举办，并不是一个单位决定的，通常都有交叉，因此必须做好各方的工作。例如，夏季达沃斯论坛：主办方是世界经济论坛，协办方是大连市人民政府和国家发展与改革委员会，住宿和宴会的具体承办方为法国阳狮公司。三方都有一定的决定权，都可以否定任何一个酒店；同时，由于有许多国家元首参会，公安警卫部门也有否决某个酒店的决定权。因此，要想承办和接待好这样的大型国际会议，必须做好各方的工作，而且还要保证各方面不出问题。

调查报告表明，2007 年各类型会议所占比例中，企事业单位占 49%，政府部门占 25%，协会占 20%，会议型酒店应根据不同类型的会议打通相应的销售渠道。以公司年会为例，年会是激扬士气，部署战略，奏响新一年度工作的序曲，历来被企业和组织视为一年一度不可缺少的“家庭盛会”，企业不惜人力、物力、财力，都希望通过一个好的年会来振奋精神，令员工满意是年会考虑的主要因素。针对这一市场，会议型酒店需要将主要精力放在目标公司内部的主要策划、组织部门相关人员的信息沟通与感情联络上，如市场销售部、培训部行政部、优秀员工等。

（三）酒店会议市场推广

所谓市场推广是指酒店为扩大会议产品市场份额，提高销量和知名度，而将有关信息传递给目标消费者，激发和强化其购买动机，并促使这种购买动机转化为实际购买行为而采取的一系列措施。

有关调查数据显示，我国酒店会议市场推广费用偏低，并以传统方式为主，在客户来源上，主要以回头客为主，其次是面对面销售和客户及朋友介绍，而网络销售则比例最小。因此酒店企业要加强市场推广方式的创新和改革，重视电子营销新技术，借助强大的网络资源进行市场的有效推广。同时，酒店企业的市场推广应与城市的宣传同步进行，利用区域资源，借助城市品牌来推广会议产品，如海南博鳌会议之都形象的挖掘与利用。

酒店会议市场推广通常采用以下方式：

1. 人员推销

通常，在酒店人员收到某公司或集团要举行会议的信息之后，就会有针对性地前往拜会会议组织者。在派员推销过程中，推销人员应注意以下几点：

（1）善于察言观色。推销人员在推销的过程中要细心观察客户的表情、反应，对客户不感兴趣的话题要及时转移，做到适可而止，不可太过强烈地表达出急于成交的心态。

（2）充分展示酒店信息。在与客户面谈时应准备好酒店的各种宣传资料、照片、幻灯片甚至电视宣传片，抓住时机向客户展示，以弥补在酒店以外区域有形证据展示不足的缺陷。

（3）强调酒店在举行会议方面的经验。不失时机地向客户介绍酒店曾举行过的有典型意义的会议，向客户展示举行这些会议的照片和到会的重要人物，如领导、名人等，这些都可强化客户对酒店成功举办会议的信心。

（4）抓住时机提出成交。人员推销的前期所有工作都是为了达成最后一个目的——成交。若没有达成交易，至少当次促销是失败了。关于这方面的技巧，企业应加强对推销人员的培训，使他们善于根据洽谈对象的言行和问题来判断结束推销的机会。此外，人员推销中客户通常会在最后成交前前往酒店参观，酒店应认真对待此环节的各项工作，通知各相关部门认真对待，圆满完成接待任务。

（5）连续促销。在与客户签订合同之后，酒店除认真履行合同的条款之外，还应该继续保持与客户的联系，一方面解决客户提出的新问题，另一方面与客户建立起非业务关系以外的关系，为酒店的关系营销奠定基础。

（6）召开专题推介会：专题宣传酒店的会议设施。

2. 广告

会议型酒店可选择的广告媒体有很多种，如电视、报纸、杂志甚至现代高科技的产物

Internet。但是无论酒店采取什么媒体做广告，都应该注意以下问题：

（1）选择媒体的有效性。酒店在选择广告媒体时应详细了解所选媒体的覆盖范围、媒体的目标细分市场，以及要明确酒店的目标细分市场，找到三者之间的结合点，才能做到真正有效的广告。

（2）广告宣传的内容。从文献研究的结果来看，会议型酒店无论在哪种媒体上做广告都应充分地展示酒店各种大小的会议室、足够的客房、丰富的娱乐设施、优质的服务等会议组织者较为关注的服务属性，以达到向会议组织者传递酒店信息的目的。

（3）邮寄：将酒店的会议资料邮寄到会议的主办者、代理人手中。

（4）邮件推广：将会议设施等相关资料做成电子文档，以邮件的形式发到会议主办者、代理人手中。

3．公共关系

这种促销手段主要要求：

（1）酒店经常与相关单位、机构保持联系。这里所说的联系应该是非商业性质的。酒店应在节假日拜访以前的客户、潜在的客户甚至非客户，向他们介绍酒店的新情况，加深双方的感情联系，为关系营销打下坚实的基础。

（2）注重新闻宣传。新闻宣传是酒店建立市场形象、提高知名度的重要手段。例如，古巴总统卡斯特罗在访华期间曾下榻广州白天鹅宾馆，按照各方协商的价格来看，这次接待任务该酒店将会亏本，但是考虑到古巴总统卡斯特罗一直受世界传媒所关注，他的下榻将会为该酒店带来大规模的免费新闻宣传，酒店不惜代价争取到这次接待任务，为酒店建立国际知名度起到了一定的推动作用。

（3）参加最佳会议型酒店的评比，提高知名度。参加国家旅游协会、酒店论坛组织、福布斯等各种关于最佳会议型酒店、最佳商务酒店、最佳 MICE 酒店等的评比。

（4）参加有关 MICE 的旅游博览会。如国内的北京、上海的 MICE 博览会，国外的芝加哥、伦敦的 MICE 博览会等。

除了新闻单位主动的上门采访之外，酒店还应将酒店内部发生的反映高品德、好思想、对社会发展有益的人和事及时地向各新闻单位介绍。

4．内部促销

（1）培训一线员工的促销意识。酒店应加强员工对酒店情况的了解，强化他们的促销意识，使酒店员工个个都是酒店的推销员。

（2）准备足够的小册子。小册子应印刷精美，具有吸引力，这样才能激发客人阅读的欲望，进而留下较深刻的印象。

促销是吸引目标细分市场的一种手段，但是其前提条件是酒店本身为顾客提供的优质服务。没有优质的服务，酒店无法实现促销活动中提出的承诺，只会让顾客产生“上当”的感觉，降低顾客感觉中的服务质量，进而减少了顾客“回头”的可能，这与酒店加强顾客关系，建立顾客忠诚度的目标是相背的，所以酒店一定要强化管理职能，提高服务质量，为促销活动的正常进行打下坚实的基础。

5．网络营销

酒店网络营销就是通过建立以营销为主要目的的网站，将酒店的具体营销策略在网站上予以推广，从而建立并扩大与其他网站之间及用户之间的联系，开拓网上销售渠道，扩大酒店销售收入。

（1）把握好网页设计。酒店的网页设计一是要精致，二是要方便，具体应注意以下几点：

第一，酒店的主页应能够给顾客比较强烈和突出的印象。

第二，网页结构设计合理，层次清楚。

第三，网页的内容全面，尽量涵盖顾客普遍需求的信息。

第四，网页链接应方便浏览，保持传输速度和下载速度，避免死链接、调不出图形等情况存在。

（2）保持定价透明度和灵活性。互联网营销使企业的产品开发和促销等成本降低，酒店因此可以进一步降低客房价格。由于网上价格具有公开化特点，顾客很容易全面掌握其他同类客房的价格。因此，应增加客房定价透明度，建立合理的价格解释体系，向顾客提供客房相关产品定价程序，消除顾客对酒店客房价格的疑虑。另外，由于互联网上的客房价格随时可能受到酒店同行的冲击，所以应在网上建立客房价格自动调节系统，按照旅游淡旺季、市场供需情况和其他酒店价格变动等情况，在计算酒店最大盈利的基础上，自动进行价格调整，定期提供优惠、折扣价格，以吸引顾客。

（3）促销形式多样化。① 电子邮件形式，酒店虽然可以通过多种渠道获得大量的个人E-mail地址，但酒店所投寄的信息顾客不一定需要，容易导致顾客对酒店产生不良的印象。这就要求酒店互联网营销人员认真分析和严格审查客户资料，合理取舍，提高投递电子邮件的质量。② 专业销售网，一般访问酒店销售网的顾客都带有预订客房的明确目的，而专业销售网是他们查询的首选。③ 公共黄页，如著名的Yahoo、Infoseek、SOHU等网站专门为公众提供网站查询检索服务，顾客在输入关键字后便可找到自己所需的信息。同专业销售网一样，这类广告也存在酒店网址被淹没的危险，这就要求酒店网址具有相对易查询性。

（4）与专业的订房公司建立紧密的合作关系。由于专业订房公司在网络建设、对外宣传和营销公关上具有更强大的资金和技术支持，可以解决酒店在网络开发上资金和人员投入不足的问题，因而，酒店应加强与专业订房公司的合作，以加大酒店产品的销售力度。

6. 数据库营销

数据库营销是指企业利用数据库技术，在充分掌握顾客需求信息的基础上进行的以满足顾客需求为目的的市场营销行为。其主要形式包括DM反馈式直邮广告、电话营销与销售、E-mail营销、EDM网络营销、互动短消息营销、E-FAX营销等。实施数据库营销，可以使酒店准确地找到目标客户，降低营销成本，提高营销效率，使消费者成为酒店长期、忠诚的用户，同时，为酒店营销和新产品的开发提供准确的信息。

随着网络经济的兴起和移动终端的普及，精准营销逐渐成为每个企业理想的营销方式，那种通过电视或者报纸“广而告知”的传播和营销方式已经逐渐丧失其吸引力。

发邮件、DM直投、电话访问、短信发送都是有效的方式。而在各种方式中，短信又成为最被看好的方式，道理很简单，邮件可以直接删除，DM可以随时扔进垃圾箱，唯有短信，无论什么内容，机主都会看一眼。

手机作为一种移动终端，确实是不可多得的营销介质。事实上，并非所有营销短信都是垃圾，关键是要给这些销售对象提供他们真正需要的服务。现在的数据内涵非常广泛，如回访的反馈、咨询等，将这些数据整理以后提供给销售人员使用，销售人员通过整理、分析数据，可以对顾客需求有更详尽的了解，增大销售的成功几率。

案例分析

喜达屋的经营者们非常清楚会议市场的重要性，他们为获得更好的会议市场份额，精心策划了会议市场的促销活动。主要体现在：

（1）根据会议市场的销售特点，有针对性地抓住客户主要决策者——会议组织者，开展促销活动。影响会议型酒店与会场选择的因素很多，酒店企业必须了解谁是客户会议决策人员，他们如何选择会议型酒店，他们有什么兴趣、爱好等，然后开展有力的促销活动，吸引会议组织者注意本酒店，对本酒店产生好感，从而选择本酒店。

（2）采取综合性促销手段，具有强烈的诱惑力。针对会议组织者的“7+1”优惠活动，如获得免费网络连接服务、获得会议免费网络连接服务、日间会议包价享有10%优惠、获得双倍免费客房配额、获得双倍免费客房升级配额等。同时，丰厚的优惠活动覆盖了几乎所有受欢迎的旅行和会议目的地。参与品牌包括“雅乐轩”、“威斯汀”、“喜来登”、“瑞吉”、“豪华精选”、“福朋酒店”（喜来登集团管理）、W酒店和“艾美”。会议组织者只须在亚太区参与本活动的100多家酒店中任选一家预订会议以及10天或以上的酒店住房即可。可见，喜达屋酒店对开发会议市场信心与决心是巨大的。

（3）会议型酒店的销售是综合性销售，不但有客房、餐饮销售，同时还有会展设施、会议设备、会议相关需求销售，赢得会议客户会给酒店带来良好的经济效益。酒店企业一定要想方设法开展各种营销活动，其中与会议组织者的沟通是重要的环节。

能力培养训练

（一）背景材料

香格里拉集团举行地区联合销售推介会

2009年，亚太地区最大的豪华酒店集团——香格里拉在北京及华北地区联合销售推介会先后在北京、天津和太原3个城市举行，历时5天。推介会旨在异地会议、会展、出差旅行等方面为客户提供个性化建议，并使他们的活动组织工作更加顺畅和便捷。

来自中国内地及香港特别行政区的近20多家香格里拉酒店及商贸饭店的代表参加了推介会，包括新近开业的温州香格里拉大酒店和即将开业的宁波香格里拉大酒店。

为方便东西部两边不同的客户出席，北京一站的推介会于5月18日和19日分别在中国大饭店和北京香格里拉大酒店举行。天津及太原站的推介会则于5月20—22日分别举行。3站的推介会共邀请了包括政府部门、旅行社、大型企业、商务公司和会展公司在内的300多名客户出席。

推介会期间，香格里拉集团中国区营销总监亲自带领销售团队拜访客户，传递热情好客的香格里拉服务理念；各酒店也通过对自身酒店产品的展示，为所有光临推介会的客户提供了详尽了解香格里拉服务和设施的机会，并为他们在异地会议、会展、出差旅行提供了直接有效的个性化建议。同时，客户也对自身感兴趣的酒店和相关问题同现场的市场销售人员进行了直接的沟通，并对这种为客户提供极大方便的销售和推广方式给予了肯定。

对于此次推介会，香格里拉集团市场销售副总裁郑美玲讲到："香格里拉集团一直以来都非常重视对中国市场的开拓。为了更快、更好又更灵活地为客户提供个性化的专业服务，集团决定整合资源安排包括香港和中国内地在内的近20家香格里拉酒店在北京、天津和太原举办联合推介会。目前香格里拉集团在中国内地开业的酒店已达27家，我们在中国将一如既往传承、演绎热情好客的香格里拉情。"

（二）训练目的

（1）通过训练，使学生更好地消化与理解酒店会议市场推广的主要方式、会议市场推广策略与会议市场的开发重点等理论知识。

（2）通过训练，培养学生有关会议市场推广的学以致用能力。

（3）通过训练，培养学生独立分析问题的能力、创新能力与团队合作能力。

（三）训练内容与步骤

训练内容：

（1）在此次活动中，香格里拉集团采取了哪些促销方式？

（2）香格里拉集团为什么选择这些市场推广方式？

（3）香格里拉集团为什么邀请了包括政府部门、旅行社、大型企业、商务公司和会展公司在内的客户出席？会议市场开发的重点是什么？

（4）香格里拉集团还可以采取哪些方法开展会议市场的推广活动？

（5）评价案例中喜达屋酒店会议市场推广是否得当？该酒店还可以采取哪些方式进行会议市场的推广？

训练步骤：

（1）个人分析回答第（1）、（2）、（3）个问题，分析思考第（4）、（5）个问题。

（2）小组内成员之间就第（4）、（5）个问题进行讨论交流。

（3）小组之间就第（4）、（5）个问题开展讨论交流。

学习评价

依据每个小组内每个人的表现情况，以及小组内互评、组间互评和老师的评价，确定个人能力水平和努力方向。评价的具体细则如表6-1所示。

表6-1 评价细则

内容			评价		
学习目标		评价内容	小组互评	组间互评	教师评价
专业知识	应知应会	简述会议的主要类型	Yes No	Yes No	Yes No
		明确会议市场推广的含义	Yes No	Yes No	Yes No
		简述酒店会议市场推广的主要方式	Yes No	Yes No	Yes No
		简述网络推广方法的主要内容	Yes No	Yes No	Yes No
专业能力	1. 了解会议市场推广方法 2. 能够分析选择推广重点 3. 能够优化推广策略	明确公关关系推广的具体方式	Yes No	Yes No	Yes No
		运用所学知识，能够确定会议市场的开发重点	Yes No	Yes No	Yes No
		具备反思能力，制定优化会议市场推广策略	Yes No	Yes No	Yes No

续表

内容		评价		
学习目标	评价内容	小组互评	组间互评	教师评价
通用能力	组织能力	Yes No	Yes No	Yes No
	沟通能力	Yes No	Yes No	Yes No
	解决问题能力	Yes No	Yes No	Yes No
	自我管理能力	Yes No	Yes No	Yes No
	创新能力	Yes No	Yes No	Yes No
态度	宽厚近人，高度责任感	Yes No	Yes No	Yes No
努力方向：		建议：		

课外作业

（1）了解酒店企业通常采取哪些推广手段促进酒店会议市场的销售。

（2）调查了解所在地会议市场的基本情况，确定酒店企业市场开发的重点。

目标二 会议销售

会议消费作为一种综合消费，能带动酒店的各项创收，对餐饮消费的带动作用尤为突出。同时，会议接待对象涉及面广、影响大。为此，酒店企业要充分了解酒店会议市场的需求特点和销售特点，掌握影响会议组织者选择会议型酒店与会场的主要因素，制定出强有力的营销策略战胜竞争对手。酒店企业要高度重视会议市场规范管理，加强会议服务人员的培训与学习，使每一个会议成员都能明确自己的工作职责，确保酒店做好每一个会议的会前、会中和会后跟踪服务工作，不断完善服务和各项配套设施，从服务质量方面入手，会场布置、用餐安排、客房服务等方面都严格按照规范程序操作，全方位满足客户的需求，不断巩固和开拓酒店会议市场，加大会议产品的销售。

案例介绍

三清大酒店力拓会议市场显成效

会议市场是一块非常诱人的“蛋糕”，吸引着众多酒店的眼球，但其竞争也异常激烈。随着近几年经济的快速发展，高档酒店成为举办会议的理想场所。要在激烈的市场竞争中站稳脚跟，必须对会议市场的把握胸有成竹，操作做到有的放矢。三清大酒店在 2009 年上半年动足脑筋，对目标会议市场做了调整，重新梳理、完善了会议服务流程，取得了明显成效。通过大手笔开拓承接本地及周边地区的商务会议市场，引导、带动综合消费，确保酒店上半年——开业以来困难最大、最多的时期，仍然能逆势上扬，实现营业收入与利润关键指标双过半的目标，可谓在逆境中求得了生存。

上半年，受经济危机大环境影响，各协议客户接待费用大幅锐减；行业市场竞争激烈，周边高档酒店层出不穷，三清大酒店硬件历经 3 年的红火经营渐显逊势；市政府新的会议中心正式投入运行，政府开展“机关效能年建设”，以及受广信大道、庆丰路改造影响，政府机关会议减少许多，主要会议市场萎缩。面对如此不利的形势，酒店采取了灵活多变的营销策略，广撒网、多捕鱼，因势利导，广泛开拓各种行业会议，打造会议型酒店品牌。

一方面转变思路，加大会议促销力度，尤其注重广泛开拓商务会议市场。在元月初酒店组织销售队伍，赴本地及周边政府机关、企业事单位进行拜年促销，收效良好，众多宾客对酒店此举表示非常认同。随后，该酒店要求营销部门要密切跟踪促销会议信息，营销部在 2 月上旬继续通过电话拜访等方式方法与客户加强联络，使酒店在 2 月份以来会议预订形势喜人。在政府会议市场压缩的情况下，加大商务会议促销力度，通过转变思路，接待了几场大型的系列性商务会议，如宁军人才市场会议、中国人寿保险公司 2009 财富论坛、欢乐堡英语培训会议等。同时还尝试做好了“T”形台布置会议——北极秀内衣秀订购会，以及全封闭性的会议——市财政局副科级竞聘答辩会，取得满意的效果。截止到 6 月 30 日，该酒店共接会议 111 个，跟进会议场次 190 余次，平均每天接待 1 场会议。其中不乏全省性、规格高、影响大的会议，尤其在 5 月，创下了自开业以来会议接待营收的最佳业绩，与去年同期相比增长了 150%。

另一方面发挥服务优势，承接在市行政会议中心召开的各种政府会议的住宿与餐饮服务，带动综合消费。上半年通过会议市场拉动，共接待会议、团体用房 300 余团次，客房收入比上年同期增长 8.8%；会议中心收入（含棋牌室）比上年同期增长 21%；客房出租率同比上升 5.9%。餐饮虽然同比有所下降，但得益于会议市场的拉动，总体上仍显红火态势。

为使会议接待工作统筹协调，酒店在不断学习同行成功经验的同时，结合自身实际，制定出一整套详细的会议营销标准，强化了会议服务标准操作。在接待数量不断上升的同时，酒店更加注重接待质量。为了确保抓好“周全、安全”两个核心服务环节，酒店保安加强巡视和监控，训练有素的前台、客房及会务接待人员提供细致入微的服务，使每次会议都获得圆满成功，赢得了客户的赞扬——上半年已先后受到与会人员不同形式的表扬 60 多次，如市二届人大五次会议、全省统计工作会议等更是受到会议方的书面褒奖，取得经济效益、社会效益双丰收，极大地提高了酒店的会议品牌知名度，使酒店为今后做好类似大型会议的接待工作打下了扎实的基础。

相关知识

（一）酒店会议市场的需求特点

会议客人的需求主要有 5 个方面

第一，参会代表选择酒店是被动的，一般都是组委会指定的酒店。在这种情况下，客人往往对会议型酒店不了解。对这类客人来说，会议型酒店的服务显得尤为重要。如果客人通过服务认识并喜欢上会议型酒店，往往能够成为酒店的回头客。

第二，会议客人对酒店的地理位置、交通状况有一定的要求。例如，酒店要临近展览中心或者会议中心、交通便捷等。

第三，要求酒店的会议功能与外界联系要通畅，包括交通、电信、网络等。

第四，要有常吃常新的餐饮服务。客人在酒店开会的时间一般是 3 ~ 5 天，或者时间更长，因而，酒店要在餐饮服务上不断创新。

第五，酒店除了为客人提供完成会议所需的基本产品，如客房、餐饮、票务、商务等服务项目之外，还需要提供令客人精神和身体放松的较高层次的休闲娱乐项目。

（二）酒店会议销售特点

会议型酒店的销售与其他酒店相比，主要有 3 方面的区别：

（1）销售形式不同于传统的酒店。会议销售是综合性销售，不但有客房、餐饮销售，同时还有会展设施、会议设备、会议相关需求销售。

（2）服务的对象不同。除了服务中要面对每一位参会个体之外，还要面对会议的组织者，与组织者沟通是重要环节。

（3）服务部门的设置不同。在实际中要针对专业性较强的会议采用不同的服务体制，特别是要配置相应的会议服务设施设备，给会议提供完满的服务。

（三）会议销售的组织流程

所谓酒店的会议销售组织流程，是指会议客人开发后项目跟进落实的服务过程，即部门组织环节和服务工作程序。服务过程应包括会议前、会议中及会议后的全过程。服务项目包括会议礼仪迎送，秘书服务，会议展厅设计、布置，会议指示牌、横幅、会标、字幕等制作，会议用车、宾客接送服务，会议茶水服务，协助会务组工作服务等。

酒店内组织机构的安排、设置，服务标准的推出、实施、监督、改进，要有利于会议项目的开发、经营和接待。酒店要设置合理的组织机构，要能够从销售工作开始，到客人入住和撤离，提供全方位准确、顺畅和协调的服务。

目前，会议型酒店大多采取以销售部牵头的组织流程，由销售部销售人员一揽子服务到底的流程服务方式，取得了较好的效果。在会议接待过程中，销售经理以会议接待通知单的形式下发到相关各个部门，由各个部门按任务单提出的要求进行服务。销售部在这里起到了关键的承上启下作用。销售部了解了会议客人的需求后，把客人的各项服务分解，并分发到相关的会议服务部门、会场的设备服务部门，包括会议期间需要的商务部门、酒店的前台、客房服务、餐饮、安保服务等。在这个过程中，质检部门应进行全面的质量管理监督。在会议结束后，要将会议接待过程中收集到的客人意见以一定形式归纳分析后反馈给相关部门，以便及时根据客人需求调整工作程序，提高服务质量。

为了有效地开展相关专业服务，酒店必须配备具有娴熟专业技术与服务技能的会议服务人才，包括会议服务经理、迎宾礼仪人员、视听设备技术员、销售人员、会议保安员等。酒店一方面可以从外部引入相关专业会议服务人才，另一方面可以通过专业培训，将酒店服务人员培训成具有一定技术能力的会议服务员。

（四）影响会议销售的因素

2009《会议》杂志、会议预订网调查了 2 740 个会议策划人和供应商，调查结果显示：

（1）2009 年，接受调查的 2 740 个会议策划人和供应商中，会议策划人选择会议型酒店时考虑的主要因素如表 6-2 所示。

表 6-2 2009 年影响会议组织选择酒店的因素

影响因素	比例
整体费用	35.3%
客户服务	18.0%
与会议目的相关的地方	7.7%
更愿意洽谈或更灵活	7.4%
奖励或折让	6.8%
房价	6.8%
酒店的硬件条件与质量	6.6%
需要的会议空间	6.1%
价值	5.3%

（2）2009 年，接受调查的 2 740 个会议策划人和供应商中，会议策划人选择会议型酒店会场时考虑的主要因素如表 6-3 所示。

表 6-3 2009 年影响会场选择的因素

影响因素	比例
整体费用	46.3%
客户服务	13.2%
会场的质量与条件	11.2%
与会议目的相关的地方	8.6%
需要的会议场所	7.8%
灵活专业的员工	6.6%
价值	6.3%

（五）酒店会议销售的营销策略

为了有效地开拓会议市场，酒店应加强与其他营销主体的联合。一方面，要积极参与地区旅游局组织的目的地营销，联合宣传旅游目的地整体形象，以吸引更多的会展在当地召开。另一方面，要联手各方面的旅游企事业单位，如交通部门、旅行社、会展公司等，本着“费用共担，利益共享”原则开展合作，进行系统性的营销活动，共同拓展会议市场。

对于酒店而言，应针对会议市场特性，有的放矢地实施各种营销策略。

1. 会议销售的产品策略

（1）有形产品方面：

① 会议室的大小、多少：酒店要有足够的不同大小的会议室，以便于举行各种大会及分组讨论会。对于一个会议来说，会议室的大小、多少是吸引会议组织者选择酒店的关键因素之一。

② 客房的大小、多少：足够的客房数是保证所有会议客人都能同时入住同一酒店的基础条件，对于会议的组织者来说，所有的会议参加者住在同一酒店有利于管理、安排，所以这一因素也是会议组织者选择酒店时较多考虑的。

③ 丰富的娱乐设施：会议客人的团体性通常要求酒店有丰富的娱乐设施供他们举行各种晚会、活动，度过会议之外的闲余时间。

除此之外，餐厅的卫生状况、员工的仪表、酒店的位置、会议室的设施配备、酒店设施的新旧程度也是会议组织者较为关心的有形因素。

(2) 无形服务方面：

① 酒店的服务态度及服务技能：一些学者的研究结果显示：一线部门服务人员的服务质量一直是被会议组织者认为最重要的因素，顾客对酒店的评价源于他们在酒店中对酒店各种服务属性的感受，而会议组织者正是通过会议客人的信息反馈对酒店进行评价的。

② 酒店为会议提供的辅助性服务：辅助性服务是指酒店为客人提供订飞机票、组织旅游等一系列服务，这些服务的提供也是影响会议组织者选择酒店的因素。

③ 酒店员工以往接待会议客人的经验：曾经接待过的各种类型的会议，往往会被会议组织者理解为酒店了解会议运作的全过程，懂得处理突发事件的象征，所以也通常是会议组织者选择酒店的一个较为重要的因素。

④ 酒店为会议提供专门的联络人：酒店安排专门的联络人可以达到监督会议进展情况，处理会议不可预见的突发事件及调节双方的分歧的目的，所以会议组织者认为这也是一比较重要的环节。

2. 会议销售的价格策略

(1) 高门市价的产品定价方式。统计数据表明，在中国，价格敏感的客户比例约为 89%，尤其是在会议市场不发达的地方。如果门市价比较低，价格变动空间就比较小。因此，会议型酒店要把价格抬高一些。但如果是商务酒店，由于酒店面对单体的商务客人，如果价格很高，就会失去吸引力。对于一个完整的会议接待，技术谈判是一项重要内容，高门市价可以给酒店赢得一个价格谈判的空间。

(2) 多次和多项产品使用的折扣优惠。在高门市价的基础上，酒店应鼓励客户多消费。每增加一次消费，折扣相应增大。酒店的会场价格也可以制定灵活的价格。综合型会议是一个价格，复合型会议是一个价格，单行会议又是一个价格，这种做法可以保证酒店的收益。

(3) 鼓励和策划让客人购买额外的复合产品。例如，鼓励客户在会议空闲期间开展文娱活动，酒店可以从中赚取一定的中介费。

（六）酒店会议管理与培训

1. 人员培训

会议客人多为团体客人，具有短时间内大进大出、集体活动、需求多元化等特点，需要会议型酒店提供全方位的服务及超常规的工作量，采用一般类型酒店的人力资源配置和管理来应对会议市场必然面临巨大的挑战，集中表现为专业会议人才缺乏、培训体系不健全及会议流程的服务管理模式不成熟。

会议型酒店应加强专业培训，建立良性的培训体系，从培训目的、培训内容、培训方式到培训的产出比等方面进行全方位的思考和改革。将人才培训和人才引进相结合，加快会议专业人才培养，建立员工学习的绿色通道，树立持续培训和强化学习的理念，努力打造一支专业精干的会议员工团队。

2. 组织机构与管理

会议的成功需要各个部门的相互协调与配合，有效的组织机构的设置显得尤为重要。一方面，会议型酒店要设置强有力的组织机构，如会议部，全权负责会议各项流程，对酒店资源进行合理调配，避免部门之间的纷争，必要时可以要求其他部门配合与帮助。例如，大型会议出现员工紧缺的情况时，可调配相关部门人员。另一方面，分工与协作同步进行，把会议划分为若干步骤，形成策划部、营销部、会务部、工程部、外联部、财务部等部门的一体化格局。同时注重指挥链的建立，明确权利与命令，避免不同命令之间的冲突，注意优先次序的选择，设置会议总监或会议经理。

（七）会议销售人员的职责

会议消费作为一种综合性消费，能带动酒店的各项创收，对餐饮消费的带动作用尤为突出。同时，会议接待对象涉及面广、影响大，是对来自各地的与会代表进行市场直销的良好平台。为此，会议销售员必须具有广泛的知识。与单独的客房销售和餐饮销售相比，会议市场销售需要不同的策略和更多的技能，包括客房和餐饮销售、员工服务、设施使用、空间的重新功能、食品生产、菜单计划和成本控制。

在大型酒店里，市场营销部通常设市场统筹总监、会议销售经理、协调员、文秘人员和服务人员。

1. 销售经理的职责

（1）在总经理领导下，全面负责酒店市场开发、客源组织和产品销售等方面的工作；定期组织市场调研，分析市场动向、特点和发展趋势；确定目标市场，制定市场销售策略和销售方针，并负责实施。

（2）根据酒店的近期和远期目标、财务预算要求，协调与前厅部、客房部的关系，提出销售计划编制的原则、依据；组织销售部人员分析市场环境；指定和审核酒店客房出租率、平均房租及季节销售预算；提出酒店价格政策实施方案；向销售部人员下达销售任务，并组织贯彻实施。

（3）掌握国内外旅游市场的动态，每周在总经理主持下，分析销售动态、各部门销售成本、存在的问题、市场竞争发展状况等，提出改进方案和措施。

（4）维护渠道销售的关系，经常保持同上级旅游管理部门、各大旅行社、航空公司、本地商社、办事机构、政府外事部门的密切联系，保证和客户建立长期稳定的关系；提出酒店重要销售活动和参加国际、国内旅游展销活动实施方案，组织人员、准备材料，参加销售活动，广泛宣传酒店产品和服务，对销售效果进行分析，并向总经理报告。

（5）联系国外驻本地区商社、公司等客户和国内外旅游商，掌握客户意向和需求，提出签订销售合同、包场合同意向和建议，并提出销售计划和价格标准；定期检查销售计划实施结果，定期提出销售计划调整方案，总经理审批后组织实施。

（6）掌握酒店价格政策的实施情况，控制公司团体、散客及其不同季节的价格水平，定期检查计划实施结果，及时提出改进措施，保证酒店较高的平均收益水平；定期走访客户，征求客户意见，掌握其他酒店的定价标准、硬件设施等，分析竞争态势，调整酒店销售策略，适应市场竞争需要。

（7）参加酒店收款分析会议，掌握客户拖欠款情况，分析原因，负责客户拖欠的催收组织工作，减少长期拖欠的现象。

2. 大厅接待员岗位职责

（1）在客服部领班的领导下，严格遵守管理处及本部门各项规章制度。

（2）负责有礼貌的接听每一个客户来电，做好登记，并做出相应处理。

（3）每日上班时间，主动向各机关主要领导问好致意。

(4) 会议期间，协助会议服务员为来宾、出入会场人员提供迎送、引领服务。

(5) 负责协助安全部对大厦出入人员的控制。

(6) 负责热情、耐心地解答处理客户的问询。

(7) 负责大厅内设施设备运行状况的巡检、报修。

(8) 负责保持工作岗位及前厅环境卫生。

(9) 熟悉大厦结构、各处室分布情况及客户姓名、电话号码。

(10) 每日认真填写交接班记录表，接班人未到，不得离岗。

(11) 完成领班交办的其他任务。

3. 会议服务员岗位职责

(1) 保持会议区域的整洁，准备好会议服务的各种用具、物品，随时准备会议使用。

(2) 做好会议前的准备工作。

(3) 做好会议前的迎宾工作。

(4) 会议期间服务：

① 会议开始后，注意维护会议场所的秩序和卫生，防止无关人员进入会议区域。

② 注意音响效果，必要时向音响设备保障人员反馈音响效果信息。

③ 及时斟添茶水、饮品，换香巾、烟灰缸。

④ 会议休息期间，注意维护会场区域的秩序，引导会议休息区域和洗手间位置。休息结束，会议开始后，检查并清理休息区域和洗手间，保持其清洁卫生。

⑤ 会后清理，及时收集有关物品并放在固定位置，检查设备的完好程度。

⑥ 关闭电源，把钥匙送到管理处。

（八）酒店会议市场推广的技巧

(1) 对每一团体客户都要赠送些“甜头”。为了达成销售，要准备好某些东西：赠送给对方会间休息时间的咖啡茶点、糖果、套房等。

(2) 定期会晤主要的会议筹划人，向其表明你的个人兴趣。

(3) 向客户寄送会后跟踪感谢信以及“我们如何才能再次为您效劳”的调查问卷。

(4) 每天查阅竞争对手的“会议告示牌”，将牌上所列的各个会议记录下来，并制订竞争计划，以便下一年或下一季将这些会议单位争取为自己的客户。

(5) 同主要联系人保持接触并招待他们。

(6) 结交消息灵通人士，如所在地社区的报社、杂志社、广播电台和电视台的工作人员，他们往往最先知道会议有关信息。

(7) 建立会议档案，使已拓展的会议市场条理化、规范化。根据会议档案资料，可对大型的有价值的会议跟踪联系，建立友好关系。

案例分析

(1) 思路决定出路。三清大酒店准确分析酒店经营形势，及时转变营销思路，开拓新的酒店销售增长点。受经济危机大环境的影响，酒店行业市场竞争激烈，以往的经营思路不能适应竞争的需要。为此，三清大酒店加大会议促销力度，尤其注重广拓商务会议市场，取得可喜成绩。

其中不乏全省性、规格高、影响大的会议，尤其在5月，创下了自开业以来会议接待营收的最佳业绩，与去年同期相比增长了150%。

(2) 质量决定成败。三清大酒店注重服务质量提高，正是由于高质量的会议服务，使三清大酒店上半年就接待会议、团体用房300余团次，提供在市行政会议中心召开的各种政府会议的住宿与餐饮服务，带动综合消费。只有良好的服务，才能赢得客户的满意，营造出酒店良好的社会形象，吸引更多的客户。

(3) 规范管理是保证。三清大酒店为使会议接待工作统筹协调，在不断学习同行成功经验的同时，结合自身实际，制定出一整套详细的会议营销标准，强化了会议服务标准操作。为了确保抓好"周全、安全"两个核心服务环节，酒店保安加强巡视和监控，训练有素的前台、客房及会务接待人员提供细致入微的服务，使每次会议获得圆满成功，赢得了客户的赞扬，取得经济效益、社会效益双丰收，极大地提高了酒店的会议品牌知名度，为酒店在今后做好类似大型会议的接待工作打下了扎实的基础。

可见，酒店企业认真研究酒店会议市场，采取必要的会议营销策略开拓酒店会议市场，对酒店销售具有重大意义。同时加强酒店会议相关环节人员的培训与学习，确保服务完美，也是酒店企业必不可少的一项重要工作。

能力培养训练

(一) 背景材料

会议度假村——九华山庄

九华山庄最初是一座京郊度假酒店，但是随着休闲产业的迅猛发展和市场竞争的不断加剧，单一功能度假酒店的先天性缺陷也日益显现，只凭度假客人并不能很好地维持一个度假村的经营，尤其在中国这样一个发展中国家。因而，必须大力引进会议和旅游团队进行补充，吸引在中国更为广阔的市场。九华山庄发现了会议这个业务点，并最终将其确定为今后的经营方向——打造北京第一的"会都"。2006年，九华山庄接待游客360万人次，旅游收入突破5亿元，形成连续7年平均递增37%的积极态势，一跃成为京城排名三甲的大型酒店之一。据悉，这是国内接待游客最多、营业收入最大的旅游度假村。

从九华山庄的经营状况可以看出，发展"会都"模式在我国市场上拥有巨大潜力。仅看北京这一市场，会都的供应量目前仍远不能达到饱和。北京是中国政治文化中心，经济发展在全国来讲也算顶级城市，由政府牵头，各种国际、国家政治性会议，文化交流论坛、博览会和各大企业经济性会议每年举行量数不胜数，仅2005年，北京会议数量就达到17.4万个，年均增长达35%。其中，国内会议16.7万个，占会议总量的96%；国际会议6 943个，占4%。因而可以看出九华山庄走上"会都"模式实乃明智之举。绿维认为，九华山庄这位北京会展市场的领跑者，从"成功之选"到"会议专家"。我们可以从九华山庄开发和经营的成功经验之中获取以下一些信息：

(1) 规模化：我国目前的会议市场进入了高度活跃期，其大型化和专业化趋势也愈发突出，小场地、小规模的会议型酒店因为不能满足市场对体量和数量的需求而逐渐被客户抛弃，由少数掌握了巨大会展设施资源的会展大鳄割据天下的时代即将来临。在品牌的大旗下，会展"扎堆”，将成为时尚的消费心理。

（2）郊区化：郊区化是城市功能水平无法适应产业需求特性的结果。首先，城市中心区已经没有多少可供开发的空间，这就极大地限制了会议业的规模扩张；其次，会议期间人流、车流量很大，对城市服务功能是一个挑战和考验。会议向城市的边缘转移，正在改变着郊区度假酒店的特性。

（3）综合化：现代会议产业包含的是一个全方位服务的概念。对于会议组织者的选择来说，会议环境、会议生活，已经成为比会议设施更为重要的考量因素。综合化突显企业整体实力的优势，因为可以简化中间环节，比起单一功能企业，综合型企业往往具有更强的市场吸引力。

九华山庄是一座典型的综合型“会都”，以推行全面发展和多元化经营的战略在竞争中取胜，其强大的设施和丰富多彩的项目满足了从度假旅游到会议团队的各种个性化消费需求。内容丰富、功能完善的九华山庄正在引领会议生活的潮流和提高会议生活的品质，使九华山庄在与强大对手的竞争中赢得主动。

（二）训练目的

（1）通过训练，使学生更好地消化与理解酒店会议销售的特点、影响会议销售的因素、酒店会议销售的营销策略以及酒店会议市场推广的技巧等理论知识。

（2）通过训练，培养学生有关会议市场销售的学以致用能力。

（3）通过训练，培养学生独立分析问题的能力、创新能力与团队合作能力。

（三）训练内容与步骤

训练内容：

（1）九华山庄是怎样分析自己的经营环境的？为什么要开拓会议市场？

（2）九华山庄是怎样取得会议市场经营成功的？

（3）九华山庄可以制造与利用哪些机会与技巧开展会议产品的销售？

（4）酒店企业可以从九华山庄经营中获得哪些启示？

（5）分析案例中三清大酒店会议销售是否得当。该酒店还可以采取哪些方式扩大酒店会议销售？

训练步骤：

（1）个人分析回答第（1）、（2）、（3）个问题，分析思考第（4）、（5）个问题。

（2）小组内成员之间就第（4）、（5）个问题进行讨论交流。

（3）小组之间就第（4）、（5）个问题开展讨论交流。

学习评价

依据每个小组内每个人的表现情况，以及小组内互评、组间互评和老师的评价，确定个人能力水平和努力方向。评价的具体细则如表 6-4 所示。

表6-4 评价细则

内容			评价		
学习目标		评价内容	小组互评	组间互评	教师评价
专业知识	应知应会	简述会议销售人员的职责	Yes No	Yes No	Yes No
		简述酒店会议销售特点	Yes No	Yes No	Yes No
		简述影响会议销售的因素	Yes No	Yes No	Yes No
		简述酒店会议销售的营销策略内容	Yes No	Yes No	Yes No
专业能力	1. 了解会议营销计划的制订方法 2. 能够分析影响会议市场因素，制定营销策略 3. 能够优化流程	明确酒店会议市场推广的技巧	Yes No	Yes No	Yes No
		运用所学知识，能够制定酒店会议销售的营销策略	Yes No	Yes No	Yes No
		具备反思能力，优化会议销售的组织流程	Yes No	Yes No	Yes No
通用能力	组织能力		Yes No	Yes No	Yes No
	沟通能力		Yes No	Yes No	Yes No
	解决问题能力		Yes No	Yes No	Yes No
	自我管理能力		Yes No	Yes No	Yes No
	创新能力		Yes No	Yes No	Yes No
态度	宽厚近人，高度责任感		Yes No	Yes No	Yes No
努力方向：			建议：		

课外作业

（1）自行选择酒店进行市场调查，了解酒店会议销售的具体情况，以及会议销售在酒店总体销售中的地位。

（2）上网收集著名酒店会议销售的技巧与营销策略。

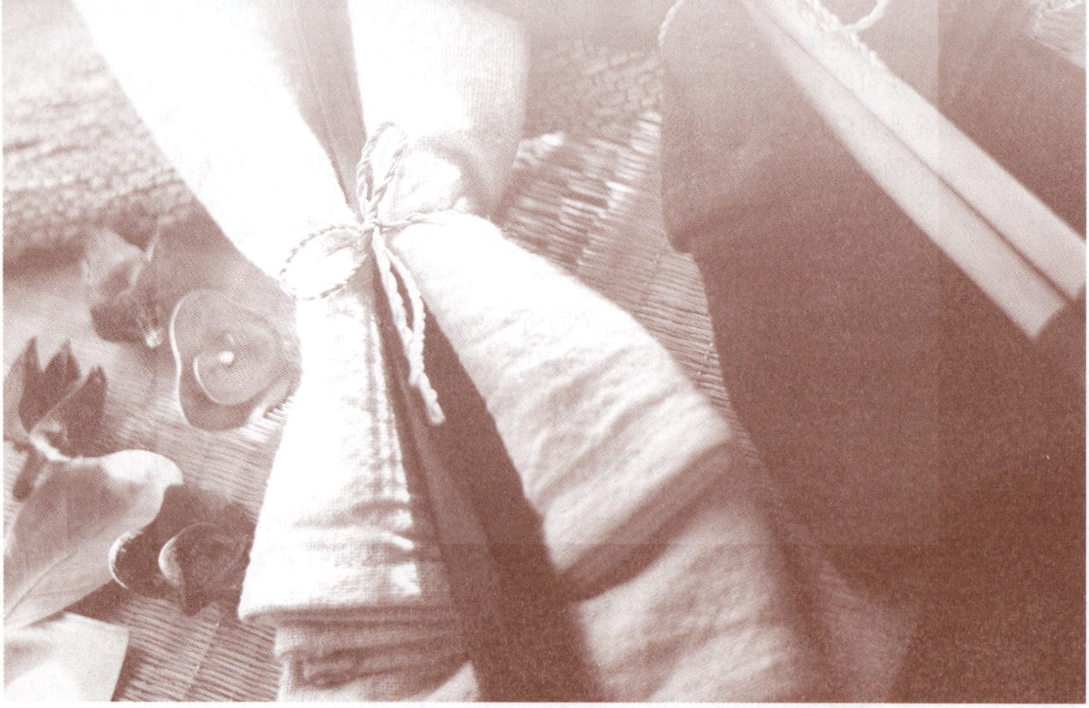

单元七

酒店内部营销和员工激励

人们通常把营销理解为只针对外部顾客所进行的营销。实际上，营销的理念不仅包括外部营销，还包括对酒店内部人员所进行的内部营销。因为只有建立了内部忠诚，才能有外部满意与忠诚。对于酒店企业来讲，内部营销尤为重要。因为对于消费者来说，酒店员工的行为举止直接影响着他们对服务质量的感知和评价。只有具备服务意识和顾客导向意识的员工，才能提供顾客满意的高质量服务。因此，酒店想抓住外部市场，首先必须把握住内部市场，做好内部营销工作，把员工当作“顾客”，向员工提供让其满意的服务，从而激发员工的工作热情，增强员工的对外营销意识，以促使他们提高服务质量。

学习目标

1. 掌握酒店内部营销的方法；
2. 能够对酒店员工实施有效激励。

目标一 酒店内部营销

酒店要在对手如林的竞争形势下求得生存和发展，加强外部营销活动诚然重要，而内部营销更是值得重视。

成功的内部营销能保证酒店所有级别的员工都能理解酒店的业务及所举办的各种活动，在酒店内部形成畅通的信息沟通渠道，协调各部门的工作，同时把部门、员工的具体目标与酒店的整体目标统一起来，增强酒店的凝聚力和竞争力，为酒店开展全员营销提供可能。

案例介绍

市长没喝上扎啤

某市一家四星级酒店发生了这样一件事：某著名外资公司在该酒店宴请该市市长，由酒店总经理出席坐陪。市长要一杯扎啤，但过了十几分钟还没有上，总经理忙借故离席到后台查询，服务小姐说："我跟酒吧说了，他不给拿！"当酒吧服务员看到怒气冲冲奔来的总经理时，马上以最快的速度取来了扎啤。但为时已晚，不太高兴的市长已改喝矿泉水。据查，酒吧服务员不给扎啤是因为他与服务小姐平时有矛盾。显然，正是该酒店员工缺乏协作精神导致这次服务失败。

相关知识

（一）酒店内部营销的概述

1．酒店内部营销的概念

酒店内部营销是指酒店针对内部员工强调员工对成功营销的重要意义。对待酒店的员工应像对待顾客一样，向他们提供多层次的服务，以取得和增强员工对酒店的满意度与忠诚度，以提高酒店的市场竞争力。

菲利浦•科特勒曾指出："内部营销是指成功地雇佣、训练和尽可能激励员工很好地为顾客服务的工作。"内部营销强调向内部人员提供良好的服务、加强与内部人员的互动关系，以便一致对外地开展外部的服务营销。这里所说的对员工的雇佣、训练和激励，包括的内容为对服务人员进行训练、适当设置服务人员的处置权、明确服务人员的义务和职责、对服务人员进行激励、统一服务人员的仪表、培养服务人员的交际能力、为服务人员树立正确的服务态度等。内部营销过程实际上也就是对服务营销组合中各人员要素的管理过程。

2．酒店内部营销的核心

酒店内部营销是一项管理战略，其核心是培养酒店员工的服务意识，在把酒店产品和服务通过营销活动推向外部市场之前，应先将其对内部员工进行营销。

3．酒店内部营销的意义

在酒店服务利润链中，存在着"酒店－员工－顾客"这样一种链式关系，员工在这一链式关系中扮演的独特角色：他们是酒店与顾客之间沟通的桥梁；他们通过与顾客接触向其提供所需要的服务产品；在接触过程中，他们向顾客提供的感知过程和结果是顾客评价酒店服务质量的基础。因此，通过“酒店－员工－顾客”这一链式关系再来看待酒店与顾客及酒店与员工之间的关系时，我们不应仅仅把酒店的最终用户看做顾客，员工也应是酒店顾客的一部分，同样应得到充分重视。但在这里我们要指出的是：酒店向员工提供的产品和服务不同于向顾客提供的，这里所说的产品和服务指的是酒店向其员工提供的职位、信息、支持、放权等资源。

（二）酒店内部营销方法

1. 建立独特的酒店文化

众所周知，没有满意的员工就没有满意的顾客。满意的员工源自何处？酒店文化是塑造满意员工的关键。事实上，很多酒店津津乐道于自己搞了多少文艺活动、技能比赛或者是定期板报，认为这就是酒店文化了。不可否认这些行为在酒店文化中的作用，但对于推动整个酒店的凝聚力、竞争力来说，其作用是微乎其微的，这些行为只是酒店文化的一种外在表现，而且是很少的一部分外在表现，真正的酒店文化是酒店的经营理念及价值观。

酒店要尽力培养“生死与共”的价值观，使酒店员工树立主人翁意识，能与酒店同呼吸、同成长、同发展、共生死，做到酒店精神与酒店价值观的人格化，实现“人店合一”。酒店经营能否长盛不衰地持续健康发展，几乎完全取决于酒店精深的文化内涵。

酒店文化通常由 3 个层次构成：

第一层次是最表层，即酒店的物质文化和服务文化。物质文化由酒店的建筑风格、设备设施、用品和服务项目等顾客感官能感受到的一切有形实物所组成；服务文化是指顾客在酒店消费过程中对直接接触到的员工服务的感受。

第二层次是管理文化，主要是通过管理思想、管理制度、管理组织和管理方法四个方面来反映。

第三层次是精神文化，即酒店的价值观、企业精神、服务理念、行为准则等。

这 3 个层次逐层深入，构成酒店文化。

麦当劳仔细算来不过几十年的历史，之所以能发展成快餐业的“巨无霸”，和它的企业文化有根本性的关系。麦当劳解释它的企业文化时说，什么是快餐？快餐就是一种快速的优质服务，包括食品和服务。这种企业文化就先声夺人。在这种企业文化的指引下，绝对不会出现一味求快而不顾及食品和服务质量的情况。而大部分的中式快餐行业没有自己的企业文化，有的只是企业口号。文化和口号的区别就在于前者已经深深内化于企业每一分子的内心，而口号却是空泛的。

2. 聘用合适的优秀酒店人才

要提高服务质量、做好服务营销工作，聘用优秀的人才是关键。然而许多酒店并没有很好地认识到这一点。目前，大部分国内酒店走入了招聘误区，招聘时把青春美貌作为首要条件。事实上，青春貌美绝不等于优质服务，应聘人员的服务态度和服务意识远比青春貌美要重要得多。

松下公司创始人松下幸之助说，企业即人。一个组织的素质高低，在很大程度上取决于其所聘用和保有的人员素质的高低。在当今激烈竞争的时代，企业的生存和发展、管理者的事业成功，说到底还是用人问题，而使用人才的第一步便是找到合适的优秀人才，这一步，往往是通过招聘来完成的。

酒店在招聘员工时应该注意以下问题：

（1）简历并不代表本人。虽然我们不能说应聘者的简历一定有虚假的成分，但每个人都有装扮自己的愿望，谁都希望将自己全部优点统统写到简历中，同时将自己的缺点隐藏。因此，不应该因为简历对面试产生过多的影响。

（2）学历并非最重要的。如何看待学历，这是一个值得探讨的问题。而我们更需要的，是员工在实际工作中的表现。

（3）不要忽视求职者的个性特征。求职者的个性特征是否适合该岗位？在该岗位是否有发展潜力？求职者是否有自学能力、钻研精神、团队精神？这些都关系到员工将来在企业的发展。

（4）让应聘者更多的了解企业。应聘者对企业不切实际的期望越高，进入企业后，失望也越大。这种状况可能会导致员工对企业的不满，甚至离职。因此，让应聘者在应聘时更多地了解企业是非常重要的。

（5）给应聘者更多的表现机会。比如，在应聘者递交应聘材料时，可让应聘者提供更详尽的能证明自己工作能力的材料。另外，在面试时，招聘人员可以提一些能够让应聘者充分发挥自己才能的问题，如“如果让你做这件事，你将怎么办？”等。

（6）面试安排周到。如做好时间安排、设计好面试内容，以及做好接待工作、备好宣传资料等。面试是一个双向交流的过程，面试安排得是否周到体现一个企业的管理素质和企业形象。

（7）注意招聘者自身面试时的形象。招聘人员代表着企业的形象，所以面试时不应该过于随便，更不能谈论一些有损企业形象的内容。招聘人员应该注意自己的仪表和举止谈吐，在向应聘者提问时，应该显示出自己的能力和素养。

（8）在招聘广告中，一定要依据岗位分析给出：岗位职责；工作环境及条件；入职要求。缺乏上述内容，可能会让应聘者无法判断其是否适合该岗位。由于要过滤大量不合适的简历，不明确岗位分析，又影响了招聘工作的效率和质量。高素质的人才通常会想：一个企业如果连招聘广告都做不好，会有前途吗？

（9）做好人事测评。人事测评在企业的招聘中起着关键的作用，同时，也是整个招聘活动中的焦点和难点。建议在招聘中，要依据岗位分析，综合运用各种人事测评手段，充分考虑面试官的经验，最后再得出结论。

3. 对员工进行持续有效的培训

在内部营销中，培训的目的是使员工对酒店有个全面的认识，并确定自己在其中的位置，明确与其他员工的关系和与顾客的关系；使员工对酒店的成员有所了解，能接受酒店目标并愿意为之努力；使员工对自己“兼职营销者”的角色有深入的认识；更重要的是使员工认识到自己对顾客、对酒店的重要性，明确自己可获得实现自身价值的机会，以充分发挥服务过程中的主观能动性。持续有效的培训能提高员工对自身工作的满意程度，是酒店外部营销成功的基础。同时，还要对员工的服务、营销、沟通技巧进行培训，这样会使员工更加适应酒店赋予的工作，从而增强员工的自信心和成就感，在对外部顾客的服务中获得更大的自我满足，从而使酒店通过员工的优质服务树立信誉，赢得顾客。

一般来说，培训内容应包括职业道德培训、法律知识培训、礼仪培训、安全知识培训、食品卫生培训和交叉培训。

1）职业道德培训

酒店员工职业道德培养是员工培训的重要项目。酒店职业道德植根在员工深层次服务中，直接影响到客人的心理感受和身体健康。通过对员工进行培训与教育，使其具有坚定的职业道德观念以及习惯化的服务方式，以从根本上保持酒店的服务质量。

2）法律知识培训

酒店员工要懂法、学法，并能运用法律到服务工作中去，用法律知识来保护自己和维护酒店的名誉。员工在服务工作中出现纠纷是难免的，如何处理与化解纠纷，除需要经验与技巧外，最重要的就是运用法律。

例如，餐馆和酒吧服务员应拒绝再给快要醉的客人售酒。在一些诉讼案件中，酒吧、餐馆成为被告，是由于客人醉酒后离开酒吧，发生了汽车交通事故，而酒吧、餐馆成为第三者责任。酒吧、餐馆服务员应懂得，在什么情况下不应再向顾客出售含酒精的饮料，或鼓励顾客过度饮酒。由此可见，为了维护酒店正常经营，必须对酒店员工进行有关法律知识的培训。

3）礼仪培训

礼仪包括礼貌与仪表，这对酒店每一位员工来讲都是十分重要的。仪表举止要做到大方、得体，给宾客一种美的感受。礼貌并不是简单的见人就笑、问候几句就够了，礼貌是一种高级的人际交往手段，能够满足人们渴望得到尊重这种心理需要。笑容应是发自内心的微笑，礼貌性语言是建立在尊敬对方基础上的语言，而不是一种表面形式或过场。

如希尔顿的每家酒店都设立了一个礼貌委员会，由总经理、副总经理和人事部部长等成员组成。在部门会议上常以顾客关系进行讨论，示范说明如何处理，并放映有关电影。总经理每天都去各个部门查看，以表示对员工、对工作的关心，起到鼓励员工的作用。希尔顿的培训计划认为，礼貌不是经理要求出来的，而是出自员工内心的。酒店要求员工机智灵活，如有时要主动询问旅客需要，有时应完全按客人要求去做，使他们得到最大满足。

4）安全知识培训

防盗、防火、防灾等安全防护，应该是每一位酒店员工的神圣任务，也是各酒店十分重视的工作，除保安员应忠于职守外，每一位员工，特别是一线员工，都要有这方面的基本知识。除掌握基本技能和方法外，每一位员工都要提高警惕，有高度的安全意识。

例如：前台服务员要核实客人的姓名和房号后才能发钥匙；客人留在客房门上或服务台上的钥匙要立即收起，以免被人取走；保安人员巡逻时要检查每间客房的门锁，看到门半开时，要立即给该客房打电话，如没人接听，则进房检查，以确保安全，并在每日活动表上做记载。对客房清洁工的要求是：如客房已租出而客人又不在房内时，应关上房门，并在把手处挂上提示卡；如客房空时，清洁房间时应把房门敞开。

5）食品卫生培训

食品卫生不光是餐厅服务员和客房服务员的工作，也应该是每一个酒店员工的工作。食品卫生在宾客服务中占了绝对重要的地位，可以说食品卫生关系着酒店经营的成败。食品卫生的培训主要是靠基层部门。

一些大酒店为了保证酒店的清洁卫生，酒店经理随时检查卫生状况。不允许任何不符合卫生的情况存在：制服脏了、身体有异味、指甲有污垢、未戴工作帽、抓头发、在厨房抽烟、用手捂着嘴打喷嚏、重感冒等仍在工作，等等。一家大酒店的创始人霍华德·约翰逊，曾在停车场和餐厅亲自拣起碎纸和烟蒂，这实际上是给他下属树立了榜样。有些地区，特别是发展中国家，员工家中无浴室，酒店就应为员工提供淋浴、洗衣等设施。

6）交叉培训

交叉培训是员工通过接受额外服务技巧的培训来满足不止一个工作岗位需要的培训方式，现已被越来越多的西方酒店作为一种保持人员素质优势、提高服务质量及竞争力的重要手段。实施交叉培训有助于酒店更加有效地控制人事成本。在旅游旺季业务量突增或员工生病、休假以及顾客有额外需求等情况下，保证酒店内部出现工作缺位时能够及时弥补。同时，还可以降低员工的跳槽率。因为：一方面，员工喜欢培训所带来的挑战，减少了长期重复同样工作而产生的厌烦情绪，增加了新鲜感；另一方面，使员工一专多能，效率大幅度提高，从而节约了劳动资本，保证了工资水平上涨。

如，美国马里奥特酒店集团采用交叉培训管理模式后，进行了大规模减位政策，压缩了30%的管理职位，人力资源投资成本减少，每年的净收益增加了10亿美元，并使员工规模达到了最优化。美国威士汀（Westin）酒店实施交叉培训后，高质量的员工队伍和优质的服务已经从顾客的信息反馈中得到证实：82%的客人有再度下榻威士汀的打算，87%的客人准备把威士汀推荐给他人，这无疑验证了交叉培训的可行性与高效性。

4．加强酒店内部信息交流

沟通与交流是内部营销最主要的手段之一，可以培养员工主人翁意识，有助于建立和谐的酒店内部人际关系，是酒店各项工作正常运转的润滑剂，对员工相互协调合作有积极的帮助作用。同时沟通与交流在很大程度上能够满足员工的自尊等高层次需要，增强员工与酒店间的相互理解和信任，从而有利于提高员工忠诚度。

这种沟通可以是酒店的管理层与普通员工之间的信息交流，可以是各个不同岗位、部门之间的沟通，也可以是同部门同伴之间的交流。沟通的目的是在酒店内部形成信息共享的环境，让员工及时了解酒店的服务战略、新的服务规范、工作侧重、各部门经营业绩、酒店在市场的相对竞争地位以及酒店战略规划、经营思想、经营方法和新的价值观念等多方面的信息，让管理者清楚地了解员工的感受和需要，在全体员工中间形成共同的价值观和共同的目标。

5．适当授权

酒店的员工是否经常置身于以下的情景中：酒店每天的离店结账时间是在中午12:00点以前，但某位客人询问前台接待人员，自己是否能在下午2:00之前再离店；酒店餐厅的服务员接到一份价格中等的家庭订餐单，菜单上没有客人要点的菜，然而顾客却坚持不要用其他菜来替换；餐厅菜肴出现质量问题，客人感到非常不满，要求餐厅的服务员立即进行赔偿和补救，同时客人希望马上得到答复。诸如此类的问题常常会令服务员们应接不暇，但是此时客人们往往会得到服务员的这样的回答："不行，这不符合我们的制度"或"我得和我的主管商量一下"，甚至会听到很无奈的回答："我希望能为您做点什么，但是现在我什么也做不了，而且这并不是我的错"等。可以设想，遇到如此尴尬的情况，客人不悦之情是显而易见的。但是如果换一种方式解决问题呢？如果能授权服务员打破规章制度，自发灵活地处理一些问题，而不是互相推诿或仅指望管理人员来处理问题，很可能会得到令客人满意的结果。

对员工的授权不仅仅是简单意义上的授予其权力，而是管理人员在将必要的权力、信息、知识和报酬赋予服务一线员工的同时，让他们主观能动、创新地工作。"授权"可以实现酒店内部有关的信息、知识和报酬的共享，使员工对酒店和客人有较充分的了解，并因此备受激励。"授权”还强调对员工的尊重，把员工从细枝末节的严格规定和制度中解放出来，让他们自己寻找解决问题的方法，并对自己的决定和行为负责。适当“授权”能唤起员工的工作责任感、创造性和对顾客的真切关怀。“授权”不但使员工工作更投入，而且还会使顾客满意度增加。员工这种自我负责、对客人热情而周到的服务，可以成为酒店保持竞争优势的有效举措之一。

例如，美国马里奥特（Marriott）饭店在其下属的多家餐馆里规定，任何雇员只要认为需要，就可以用不超过餐厅规定限额的额外支出安抚不满的顾客。如为顾客免费送上饮料，甚至可以代付账单等。

6．对员工的工作进行绩效评比和有效奖励

酒店员工都非常希望他们的辛勤工作能够得到肯定。他们在为酒店带来满意的顾客和利润的同时，酒店也需要对他们给予满意的回报，使他们和酒店共享利润。因此，在酒店内部建立一种和工作绩效密切相连的报酬体系，视酒店员工的工作绩效给予相应的报酬和奖励，无疑是对酒店员工的一种肯定和激励，使他们的工作责任感和满意度增强，更好地为顾客提供高质量的服务。

例如，美国的费尔菲尔德宾馆是马里奥特饭店公司的一个分支，他们的客房清洁人员在特别繁忙的日子里，可以“竞标”打扫更多房间，每打扫一个房间就额外得到报酬，而优秀的“竞标”员工则可以拿到相应的奖酬。

案例分析

酒店重要的活动员工怎么不知道呢？调查结果：餐饮部未把这一信息传达到每位员工，沟通出现了问题。试想，如果该酒店日常管理中强调内部营销，又何至于此呢？

酒店服务应遵循主动、及时的原则。由于员工缺乏协作精神以及形成了被动的服务意识，导致对重要客人服务失败。

酒店有基本的标准，系统的培训没有落实到实处，导致部分服务人员没有达到标准，或者说有的服务人员根本只知道标准。酒店在人力资源培训方面的执行力非常差。虽然培训不是万能的，但是持续的培训却是必需的，是保证服务质量必要的措施。

能力培养训练

（一）背景材料

劳瑞的感恩节

芝加哥的劳瑞餐馆在感恩节一周前，邀请所有服务员参加一个感恩节宴会，这个宴会所提供的食物与感恩节期间向客人提供的完全一样，宴会不仅是一个真正的节日盛会，使每个人的情绪都沉浸在感恩节的氛围当中，而且还成为一个培训工具，使员工清楚地知道在感恩节期间都将为客人提供什么食品，知道什么酒品与食物最匹配。劳瑞的管理层也当场对如何做好促销工作向员工征求意见。结果，劳瑞在感恩节期间取得了巨大的成功，通过员工的深度参与，销售额增加了48%。

（二）训练目的

（1）通过训练，使学生更深刻地理解酒店内部营销的概念与重要性，理解酒店内部营销实施等理论知识。

（2）通过训练，培养学生将内部营销理论应用在酒店经营管理中的能力。

（3）通过训练，培养学生独立分析问题、创新及团队合作的能力。

（三）训练内容与步骤

训练内容：

（1）内部营销有何意义？

（2）酒店内部营销与对外营销有何区别？

（3）让每个小组成员分别扮演服务员、管理人员、顾客，模拟劳瑞在感恩节期间的促销活动。

（4）每个小组派一名代表说说劳瑞在感恩节期间取得成功的秘诀在哪里。

训练步骤：

（1）个人分析回答第（1）、（2）个问题，参与思考第（3）、（4）个问题。

（2）小组内成员之间就第（3）、（4）个问题进行思考，并做好模拟准备。

（3）小组之间就第（3）、（4）个问题进行模拟表演，然后进行讨论交流。

学习评价

依据每个小组内每个人的表现情况，小组内互评、组间互评，随后老师进行评价，确定个人能力水平和努力方向。评价的具体内容如表 7-1 所示。

表 7-1　评价细则

内容			评价		
学习目标		评价内容	小组互评	组间互评	教师评价
专业知识	应知应会	明确简述酒店内部营销的含义	Yes　No	Yes　No	Yes　No
		简述酒店内部营销重要性	Yes　No	Yes　No	Yes　No
		简述实施酒店内部营销的主要方法	Yes　No	Yes　No	Yes　No
		简述酒店内部营销的实质	Yes　No	Yes　No	Yes　No
专业能力	1．了解酒店内部营销要点 2．能够掌握酒店内部营销方法 3．能够优化酒店内部营销策略	明确酒店内部营销具体方式	Yes　No	Yes　No	Yes　No
		运用所学知识，能够策划酒店内部营销具体活动	Yes　No	Yes　No	Yes　No
		具备反思能力，制定优化酒店内部营销基本策略	Yes　No	Yes　No	Yes　No
通用能力	组织能力		Yes　No	Yes　No	Yes　No
	沟通能力		Yes　No	Yes　No	Yes　No
	解决问题能力		Yes　No	Yes　No	Yes　No
	自我管理能力		Yes　No	Yes　No	Yes　No
	创新能力		Yes　No	Yes　No	Yes　No
态度	宽厚近人，高度责任感		Yes　No	Yes　No	Yes　No
努力方向：			建议：		

课外作业

（1）了解酒店企业通常采取哪些内部营销措施。

（2）课后查阅酒品与食物搭配的相关知识。

目标二 酒店员工激励

服务质量是酒店的生命。顾客在酒店的消费是一种精神体验。服务质量不仅取决于酒店硬件设施，更取决于员工的表现。服务人员服务态度和综合素养对服务质量的高低、顾客满意与否，甚至顾客是否会有后续购买行为都会产生直接影响。

管理学家德鲁克说："企业只有一种真正的资源——人。"哈佛大学心理学家威·詹姆斯调查发现，在按时计酬下，员工一般只发挥 20%～30%的能力；而在充分激励后，员工的潜力能够发挥到 80%～90%。他认为，员工平常表现的工作能力与经过激发可能达到的工作能力和水平之间存在着大约 60%左右的差距。可见，激励具有震撼的力量。采取科学合理、积极有效的激励措施，最大限度地激励员工，有助于吸引和留住人才；有助于提高工作效率，提高酒店竞争力；有助于凝聚力量在激烈的市场竞争中取得成功。

案例介绍

业绩背后是爱

燕山大学旅游专业的两位副教授日前应秦皇岛国际饭店领导之邀，对店内服务员做"暗查"。他们利用两天的时间，以普通客人的身份入住饭店，在店内的各个场所进行消费，对服务员做不露声色的考核，甚至出了种种难题"刁难"服务员，但每一次都能得到令"考官"满意甚至惊喜的服务。

确实，在秦皇岛，国际饭店的楼不是最漂亮的，但服务却是最好的。早在 2000 年 10 月，秦皇岛国际饭店的两名员工正式通过了中国金钥匙组织的资格考试，成为金钥匙组织的正式成员，这也是当时河北省唯一的两把"金钥匙"。2001 年 7 月，该饭店被中国饭店金钥匙组织批准成为中国旅游饭店金钥匙组织成员饭店，如今，它已培养并拥有五把"金钥匙"，成为全国第十五家、河北省第一家世界金钥匙联盟饭店。饭店"金钥匙"服务对星级酒店而言，是管理水平和服务水平成熟的一种标志。

"没有满意的员工，就没有满意的顾客。"这是秦皇岛国际饭店企业文化理念的精髓。饭店拥有员工近 400 人，除大部分为正式员工外，还有少部分为外聘人员，饭店领导首先为他们营造一个平等的工作环境与空间，一旦发现了人才，无论是正式员工与否，都给予鼓励与培养。"送出去、请进来"，这是国际饭店培训员工的两大方式。每年，饭店都要送出一批业务骨干，上至部门经理，下至客房或餐厅服务员，赴上海、南京、广州、深圳等地的大酒店去学习和参观，至今已送出培训 200 人次。"请进来"，是指饭店不定期地从外省市请进一些专业大师，如厨师、调酒师、英语专家等，为全体员工讲学上课。

除对员工进行外部培训外，国际饭店还特别注意员工的"自我培训"。在非典期间，饭店领导编了应知应会一百题发给每一位员工，让他们利用放假时间自修，非典结束后，对饭店400名员工进行了考试，员工的平均分数达到96分。非典之后饭店的营业收入比去年同期上升了20%。

每年的春节，饭店高级管理人员都要为员工亲手包一顿饺子，并为员工做一天的“服务员”。每年，饭店还要对有特殊贡献的员工进行晋级奖励，目前得到晋级奖励的员工已占到全体员工总数的10%。饭店还定期组织员工外出旅游，并在节假日举办联欢会。

一分爱一分收获，领导的良苦用心得到了回报。秦皇岛国际饭店员工的素质是一流的，许多宾客都能享受到“满意 + 惊喜”服务。饭店的“交叉服务”做得尤其好，走进饭店的客人，询问饭店内的每一名员工相关的服务问题，哪怕是大堂的清洁工，也能得到满意的回答。几年来，饭店多次获得省市多项工作先进单位称号，在河北省及全国饭店餐饮业技术大赛中屡获大奖。如2007年11月20日，秦皇岛国际饭店正式与北京奥组委签约，成为奥运会秦皇岛赛区官方接待酒店；2008年被评为河北省餐饮业最具影响力的品牌企业；2010年1月被授予年度“旅游价格诚信单位”荣誉称号；2010年4月获得“年度十强星级饭店”称号，获得第二届“阳光杯”职业技能大奖团队二等奖；2010年10月，秦皇岛国际饭店被河北省饭店烹饪餐饮行业协会评选为“第一届理事会副会长单位”；2011年获得餐饮行业先进集体荣誉称号。

相关知识

（一）员工激励的含义

激励一词是外来语，译自英文单词Motivation，它含有激发动机、鼓励行为、形成动力的意义。激励这个概念用于管理，是指激发员工的工作动机，也就是说运用各种有效的方法去调动员工的积极性和创造性，使员工努力去完成组织的任务，实现组织的目标。

（二）酒店员工激励的原则

1．以人为本原则

员工不是简单的“经济人”，更是“社会人”，有各种各样的需要。酒店应把员工当成合作者，像服务顾客一样服务员工，建立适应时代特点和员工需求的人性化激励机制。

2．因人而异原则

不同个体有不同需要，同一个体在不同时期也会产生不同需求，只有当激励与需要找到结合点时，才能发挥作用。要清楚认识员工个体需求，进行有效的激励。

3．“三公”原则

激励中要做到公平、公正、公开，管理者切忌凭主观臆断和喜恶来评价员工，必须对每位员工一视同仁、赏罚严明、不分亲疏，才会形成竞争向上的工作氛围。

4．及时适度原则

首先，激励必须及时，迟来的激励可能会让员工觉得多此一举，失去激励意义。及时地激励才能起到强化作用。其次，激励要适度。掌握激励火候，才能产生良好效果。奖励过重，会使人感到得来轻而易举，失去进一步提高的欲望；奖励过轻或惩罚过重，则可能使员工产生消极情绪。

（三）激励员工的方法

物质激励和精神激励相辅相成，缺一不可。没有物质激励，精神激励变得空洞无力；没有精神激励，员工发挥不了潜能。

1. 物质激励

物质激励是最基本的激励措施，尤其在酒店业，物质激励所起的作用不可替代。但物质激励不能实行“大锅饭”式的平均主义分配制度，应与员工责任、绩效和贡献相挂钩。

1）薪酬方案

薪酬既是对员工过去工作的肯定和补偿，也是员工对未来工作得到报酬的预期，不仅仅是劳动所得，也代表着员工自身价值、企业对员工的认同。在薪酬设计上既要具有市场竞争力，又要确定内部岗位价值的相对公平，还必须与工作绩效挂钩，同时与职位等级设计相配套，多设计一些层次，让员工在努力工作中得到薪酬层次的提升，体验到提升所带来的自我价值实现感和被尊重、被认可的喜悦，从而激发创造性。每年根据绩效评出 20% 的优秀员工给予加薪，10% 的员工予以淘汰、减薪或换岗，70% 的员工在普遍加薪的情况下给予考虑。加薪和高薪要谨慎，因为人们最在乎自己已经得到的东西，而且占有时间越长，失去的痛苦也越大，所以在加薪时可以使用浮动工资。

2）福利

福利的形式多种多样，如养老金、失业金、退休金、医疗保险、保健补助等。对连续工作满一定年限的员工，可享受带薪休假和其他更多的福利；根据贡献和业绩，可以每月评出优秀员工，给予奖励旅游等。福利政策要落实，不能偷工减料，以真正发挥激励作用。

酒店还可设立一些专门为员工家属提供的特别福利，比如在节日之际邀请家属参加酒店的联欢活动，赠送酒店特制的礼品，让员工和家属一起旅游，给孩子提供礼物、奖学金等，让自己的员工在家属面前感到有“面子”，也让其家属感到温情和满足。

3）名衔奖励

设置荣誉奖项并给予一定的物质奖励。如创新奖，鼓励员工发明节约的方法、改进服务的方法。还有优秀员工奖、最佳服务奖、服务质量奖、突出贡献奖、客人满意奖、微笑奖等，名号和头衔可增强员工的荣誉感。

2. 精神激励

1）制度激励

制度包括竞争、用人机制，考核、晋升制度等，完善的企业制度可增强企业凝聚力，提高员工归属感和忠诚度，激发工作热情。可从以下几方面着手：

第一，目标设置激励。设立适当的、具体可行的目标，可有效激发员工积极性。应注意三点：一是要让员工参与设置目标。员工自己提出目标，有利于强化其实现目标的欲望，使其自觉实现目标。二是目标设置要适当，不能太高也不能太低，目标应略高于其实际能力。三是可把大目标分解成若干小目标。小目标较容易实现，当员工完成一个小目标后，会产生成就感，从而激发其积极性，朝下一目标努力，最终实现大目标。

第二，员工参与管理和授权。首先，员工有参与酒店决策和管理的需要，不应只把员工当做命令执行者。征询员工的意见、让员工参与决策、实行意见征集等，员工在自己倡导的环境下工作，可以提高员工满意度，不但不会影响酒店正常管理，反而能使管理更顺利。其次，优秀人才都希望有自由的发挥空间，而不希望被管得太死。给予员工相对充分的自主权力，让其得到施展才华的空间，感受尊重和信赖，使员工变得更有责任心。授权有助于培养员工忠诚，可通过授权留住优秀人才。

第三，员工职业生涯规划。酒店应该对每一位员工设计其职业发展规划，尤其是对大学生等高素质人才的职业发展要有一套明确的规划方案，使其能够看到未来发展的方向和目标。在招聘时，应该选择有潜质并热爱酒店工作的大学生，按照其性格特点和兴趣爱好，分配到某个部门，给予其一段时间的基层工作锻炼，如果达到了特定的指标并通过评审，可以提升到一定的职位，这样，通过不断地磨练和培养，可成为酒店需要的优秀管理人才。这样的职业生涯发展规划一定会受到大学生的欢迎。

例如，美国假日集团在孟菲斯市设假日酒店大学，假日集团的经理们都得在这里进行为期 2 ~ 5 周的学习。喜来登集团在全世界 3 个大洲设有 5 个培训中心，用以训练中高级管理人员。这样的培训将有助于留住人才、激励人才。

第四，信息透明化。管理者与员工之间信息是不对称的，酒店不应忌讳员工知道酒店信息，而应让让员工及时了解酒店经营动态和管理信息，表明企业重视、信任和尊重员工，有助于增强员工的主人翁意识。

第五，培训激励。根据培训对象的不同可分为三个层次：一是决策管理层，培训重点是战略管理、企业文化等；二是督导管理层，培训重点在执行力、人际关系、客户管理等；三是操作人员层，培训重点在提高整体素质，强化其专业知识，业务技能与工作态度。培训能提升员工能力与素质，让员工感觉到有前途，从而激励员工。

第六，工作激励。首先，岗位职责与员工能力相匹配。岗位需要的是合适的人，否则，岗位产生不出应有的绩效，而人也发挥不了其才能。要把合适的人放在合适的岗位，才能激发员工的兴趣和热情。其次，实行岗位轮换制。内容丰富、具有一定挑战性的工作，比简单机械的工作更能激发人们的工作热情。酒店服务工作复杂烦琐且一成不变，员工很容易产生厌倦感，积极性下降。适当调整工作内容，采取岗位轮换，甚至可由员工自己挑选合适的感兴趣的岗位。再次，良好的工作环境。客观环境，包括齐全的设施设备和令人舒适的环境条件，能让员工提高工作效率；人文环境，包括和谐的同事关系以及健康的工作氛围，能使员工保持高效工作状态和饱满的工作热情。

2）情感激励

情感是人的本能需求，人不能脱离情感而生活。调动员工的情感因素，有助于激励员工。酒店管理要体现出人情味，从情感上关心和尊重员工。

第一，尊重。尊重能够赢得人心。酒店应视员工为合作者，酒店的所有者、管理者和员工在人格上是平等的，在工作上只是扮演的角色不同而已。一些国外的酒店推行“同一公民”制度，总经理与员工穿相同的制服。野餐的时候，总经理也会给普通员工烤牛排，这样就拉近了双方的距离，消除了双方的情感屏障。

第二，沟通。开诚布公的沟通可以形成平等、宽松的工作氛围，消除上下级误会。沟通是员工发泄不满、提出意见和建议的好方式，员工能以更愉快的心情投入工作。沟通的形式有多种，如“走动式管理法”、“开门办公”的政策、总经理热线和信箱、座谈会、与员工共同进餐等。

第三，赞赏。对员工的成绩要给予认可。成绩不管大小，都应予以认可，最好能在公开场合表扬，这可以满足员工的荣誉感和被尊重感。对员工的错误要给予宽容。当员工犯错时，重要的不是追究错误带来的损失，而是要跟员工一起分析错误的原因和对策，这样才能杜绝再次犯错。一味批评会使员工不愿在工作中进行尝试、承担责任，会使员工最终变得畏首畏尾、消极怠工。

第四、关心员工。酒店要关心员工生活，让员工感受到温暖和关怀。真诚以待才会产生团结和忠诚。酒店员工工作比较枯燥，必须不断丰富其业余生活，不让员工对酒店产生厌倦感。有条件的酒店应建设或让员工使用运动场所，如乒乓球室、游泳池等，还应配备有图书馆室、摄影室、计算机房等，让员工在爱好中寻找快乐。还可不定期组织卡拉 OK 比赛、交谊舞晚会、体育运动会等，管理者与员工公平竞技，融入员工当中。员工情绪低落的时候，应与员工沟通，耐心的劝导才能把阴霾驱散、解开员工心锁，让员工以正常的情绪回到工作上来。

案例分析

骄人的成绩背后必有超人的付出，领导层对员工付出满腔心血与热爱，是秦皇岛国际饭店成功的奥秘之一。

员工是酒店兴衰成败的关键，酒店管理工作中十分重要的一部分是对人的管理，酒店人事管理主要是通过激励来实现的。激励就是通过满足员工的需要而使其努力工作，从而实现组织目标的过程。酒店人事管理应运用有效的方法和手段最大限度地激发下属的积极性、主动性和创造性，以保证酒店各方面目标的实现。

酒店不仅应让员工有充电的机会，并且有持续的充电机会，为每一个有需要的员工建立培训档案，与员工一起进行职业规划，将员工的发展与酒店的发展联系起来。同时倡导建立一个学习型组织，让员工感觉到这个酒店的氛围可以让他不断地提升自己的技能，充实自己的经验。

以“经济人”来关心员工，以“社会人”来对待员工，以“文化人”来培养员工。“没有满意的员工，就没有满意的顾客。”秦皇岛国际饭店能取得如此骄人的业绩，就是实施有效激励的成果。领导层根据饭店实际，灵活运用激励手段，真正建立起适应饭店特色、时代特点和员工需求的激励体系，激发员工的潜力和工作热情，提高饭店的核心竞争力。

能力培养训练

（一）背景资料

餐厅服务员小李被处罚

一天，值班经理巡查时发现餐厅服务员小李在餐厅吃馒头，值班经理按饭店制度对小李作了处罚，但小李感到非常委屈，有些员工及部分管理人员对此也有些异议，事情是这样的：当天，小李接待一桌重要宴会，由于接到任务较迟，等做好准备工作，已是客人即将到达之际，所以小李只好放弃去吃晚饭而饿着肚子为客人服务，一直忙到晚上 8:30，客人尽兴而归。但小李已是饿得眼冒金星。收台时，她就顺手往嘴里填了几只刀切馒头，又正好被值班经理看到。

（二）训练目的

（1）通过训练，让学生对酒店人事管理在酒店日常管理中的实施情况有真实具体的了解。

（2）通过训练，让学生掌握酒店人事管理的原则性与灵活性的运用技巧。

（3）通过训练，让学生深刻理解激励制度在酒店内部营销中的作用。

（三）训练内容与步骤

训练内容：

（1）列举酒店员工激励的措施。

（2）分析酒店员工激励与酒店内部营销的关系？

（3）如果你是经理，你认为该不该处罚？

（4）如果你认为应该处罚，将如何处罚？

训练步骤：

（1）个人分析回答第（1）、（2）个问题，分析思考第（3）、（4）个问题。

（2）小组内成员之间就第（3）、（4）问题进行讨论交流。

（3）小组之间就第（3）、（4）个问题开展讨论交流。

学习评价

依据每个小组内每个人的表现情况，小组内互评、组间互评，随后老师进行评价，确定个人能力水平和努力方向。评价的具体内容如表 7-2 所示。

表 7-2　评价细则

内容			评价		
学习目标		评价内容	小组互评	组间互评	教师评价
专业知识	应知应会	简述员工激励的概念	Yes No	Yes No	Yes No
		简述员工激励的主要原则	Yes No	Yes No	Yes No
		简述物质激励主要办法	Yes No	Yes No	Yes No
		简述精神激励主要办法	Yes No	Yes No	Yes No
专业能力	1．了解员工激励的主要理论方法 2．能够分析制定员工激励营销策略 3．能够优化员工激励内容	根据酒店情况，选择有效激励方法	Yes No	Yes No	Yes No
		运用所学知识，能够确定员工激励方法	Yes No	Yes No	Yes No
		具备反思能力，优化员工激励的措施与内容	Yes No	Yes No	Yes No
通用能力	组织能力		Yes No	Yes No	Yes No
	沟通能力		Yes No	Yes No	Yes No
	解决问题能力		Yes No	Yes No	Yes No
	自我管理能力		Yes No	Yes No	Yes No
	创新能力		Yes No	Yes No	Yes No
态度	宽厚近人，高度责任感		Yes No	Yes No	Yes No
努力方向：			建议：		

课外作业

（1）自行选择熟悉的酒店，了解该酒店是如何进行酒店员工激励的。

（2）上网收集著名酒店内部营销成功案例，并加以分析学习。

单元八

客户关系管理

客户关系管理是一种运用现代信息技术，旨在改变企业与客户之间关系的新型管理机制。它实施于企业的市场营销、服务与技术支持等与客户有关的领域，是以客户为中心的一种极为有效的管理方法。其核心思想是以“客户为中心”，提高客户满意度，改善客户关系，从而提高企业的竞争力。

客户资源是一种重要的市场资源，它对企业具有重要的价值。酒店通过提供产品和服务实现经营效益，而客户是产品和服务的接受者，因而，客户对于酒店至关重要。拥有客户的酒店才拥有生存和发展的基础，拥有稳定客户的酒店才具有进行市场竞争的宝贵资源。为此，酒店营销最根本、最大的挑战就是如何开发客户，如何管理客户，如何建立稳定的客户关系，如何跟随客户一起改变。

学习目标

1. 掌握客户关系建立的程序和方法；
2. 能够从事客户拜访中的各项工作；
3. 能够实施危机管理。

目标一 客户关系建立

在竞争激烈的市场中，能否通过有效的方法获取客户资源往往是酒店经营成败的关键。面对更多竞争者提供的类似产品，客户越来越明白如何满足自己的需要和维护自己的利益了。他们更加聪明，有更多的价格意识、更多的需求，客户是越来越难以被取悦了。再加上即使是满意的客户也会自然流失，因此，加强客户关系对酒店的发展至关重要。企业必须花费大量的时间和资源搜寻新的客户，意识到建立客户关系是维系酒店生存的一项永无休止的活动。

客户关系建立的前提是对客户的认识与选择，营销人员的首要任务是开发客户。通过多种方法寻找准客户，并对准客户进行识别与选择，从而使酒店的营销活动有明确的目标与方向，使潜在客户成为现实客户。同时还要通过满意周到的服务，使现有的客户变成忠诚的客户，建立牢固的客户关系。

案例介绍

希尔顿酒店的服务平台

一位商人明天将前往芝加哥出差，他登录到希尔顿酒店集团（Hilton Hotel）的网站，决定入住该酒店旗下 9 个连锁品牌之一的家森套房酒店（Homewood Suites）。

接下来，他浏览家森套房酒店的数字化楼层平面图，看看还有哪些空房。他选了一间位于顶层的房间，远离游泳池而靠近电梯。打定主意后，他直接在网站上办理了入住登记手续。第二天，当这位商人抵达酒店时，房间钥匙已在前台静候他的到来，前台接待员也亲切地叫出他的名字并欢迎他光临。当他走进房间后，发现自己喜欢的鹅毛枕和芝加哥当地的报纸也已在床上恭候他多时了。

希尔顿酒店集团在经营方面的过人之处，就在于它利用 IT 来辅助客户服务。从功能齐全的客户信息系统，到酒店大堂里的自助式服务亭，再到内容丰富的交互式网站，该集团的唯一目标就是让客户满意，成为回头客。

希尔顿酒店集团 CIO 蒂姆•哈维（Tim Harvey）表示，虽然希尔顿酒店的收费比竞争对手高，但总是宾客如云，成功的秘诀之一就是其强大的高科技组合。希尔顿品牌酒店每间客房的收入要比业界平均水平高出 7%，而汉普顿旅店每间客房的收入甚至比业界平均水平高出 28%。哈维说：“客户宁愿花更多的钱也要住在希尔顿酒店里，IT 技术就是我们的幕后功臣。”

希尔顿酒店集团的标志性 IT 项目是 OnQ 平台。该平台主要在企业内部开发，包括物业管理、客房预订、电子商务、客户关系管理、人力资源、电子学习以及商业智能等功能模块。它混合使用了现有技术和企业专门开发的技术，开发时间长达 6 年，于 2003 年正式投入使用。

OnQ 平台中包含的 3.5 TB（1 TB=1 024 GB）数据涵盖了 2 250 万名客人的信息，该集团还计划投入 2 000 万美元将该系统扩展到全球。通过使用该平台，希尔顿酒店集团只花了 1 000 万美元就打造出可以用来批量预订房间及会议中心的预约系统，而且该系统还提前完工了。OnQ 平台推动了大批新技术的产生，例如在集团内部 400 家酒店里设置的能用信用卡激活的服务亭。客人可以在这些服务亭里自助办理入住及离店手续、升级房间以及打印登机牌。

近年来，客人越来越多地利用网络浏览酒店细节并预订房间，每年酒店业务的在线交易量增长都在 30% 以上。

希尔顿酒店集团投入了一个 50 多人组成的 IT 团队，几年来一直致力于开发用于整合两套管理系统的“盘古大陆”项目（Pangea）。通过盘古大陆系统，酒店的客人就能利用希尔顿网站强大的搜索功能，根据酒店地点、房间价位等选择项挑选自己需要的房间；自助预订房间，包括将房间信息下载到 Outlook；一次性预订多套房间；查看当地的天气信息；使用一键通或留号回复功能与客服取得联系。

客房选择功能于 2006 年在网站上推出，客人们可以利用该系统从楼层平面图中选择房间、浏览房间照片，并可在抵达前预订某个房间。酒店为客人保留房间的时限长达 36 小时。在接受希尔顿酒店集团调查的受访者中，超过一半的人表示，客房选择功能改善了他们的旅行体验。

希尔顿酒店集团每年在 IT 研发上的投入为 500 万美元，眼下，它正考虑把微软公司的多点触摸屏桌面终端设置在大厅里，供客人玩游戏和点餐。此外，客人利用带无线射频识别(RFID)功能的信用卡，不需要与前台人员打交道就可直接入住。

无论未来怎样变化，希尔顿酒店集团相信，IT 在服务客户和提高客户忠诚度方面必将发挥核心作用。

相关知识

（一）客户关系建立的指导思想

1. 客户的真正需求是酒店建立客户关系的根本出发点

不了解客户的真正需求，就不可能与客户开展互动的接触、联络、交流等一系列影响客户关系建立的实质性活动，也就谈不上建立客户关系。要与客户建立有效的客户关系，就必须通过调查研究和价值分析了解客户，然后根据客户需求提供他们真正需要的产品和服务。

2. 实现客户让渡价值的增值，让客户满意是建立客户关系的基础

客户让渡价值是指客户获得酒店服务实现的总价值与获得该项服务付出的总成本之间的差额。客户实现的总价值是指客户购买产品和服务时所获得的一组利益的总和，包括产品的价值、服务的价值、消费活动的价值和潜在价值等；客户付出的总成本是指客户获得服务时消耗的货币、时间、精神和体力等成本的总和。酒店只有提供比竞争对手更令客户满意的产品和服务，才能实现客户的价值最大化，才有可能与客户建立与维持关系。

3. 保持与客户的良性接触，让客户有愉快的体验与感受，是建立客户关系的保证

酒店企业要运用高科技沟通手段，方便客户对了解和联系企业，减少客户接触成本。让客户对话方便，让客户每一次与酒店的接触都拥有愉快的体验，即使不选择本店也使客户愿意与酒店交往下去。这会让客户感觉这种关系省力方便，进而回绝来自其他竞争对手的拉拢。对酒店来说，这样也就可以渐渐地积累潜在的客户。

（二）建立客户关系的条件

1. 高层领导的重视

高层领导对建立客户关系的认识和理解越充分、越深入，对建立客户关系的能力的培养就越支持。如果缺乏这样的支持者，针对客户关系建立与开发的研究与规划很难有效完成。

首先，高层领导对建立客户关系的正确理解，有利于酒店根据客户关系管理的作用以及酒店的实际情况，制定合理的、易于量化的考核建立客户关系的发展目标。

其次，建立客户关系需要酒店各部门的协同工作，将信息与流程整合在一起，这也需要高层领导的协调与支持。

第三，建立客户关系需要足够的财力作为支撑。一方面，建立和提升客户关系管理需要相应的系统，包括软硬件、实施、培训及技术支持等。另一方面，为提升建立与管理客户关系能力所引起的组织变革也需要支付相应的成本。所以，客户关系的建立与发展需要高层领导的理解以获得足够的财务支持，确保客户关系建立的成功。

2. 信息技术的支持

建立客户关系，要求酒店真正以客户为导向，满足客户多样化与个性化的需求。而要充分了解客户的需求，就必然要求企业与客户之间的双向沟通，由此拥有丰富多样的接触渠道是实现沟通的必要条件。典型的沟通方式有：呼叫中心、网上交流、电话交流、传真与面对面沟通等。客户关系管理软件技术集合了当今最新的科技发展，如Internet和电子商务、多媒体技术、数据仓库和数据挖掘、专家系统和人工智能、呼叫中心等。这些保证客户能够采用其偏好的形式与酒店交流，并且保证来自不同渠道的信息完整、准确和一致。

客户关系管理软件可以全方位地提供市场和客户信息，能够帮助酒店准确地找到目标客户群；帮助酒店在最合适的时机以最合适的产品和服务满足客户需求、降低成本、提高效率；帮助酒店结合最新信息和结果制定新策略，建立客户忠诚。客户关系管理软件充分体现了以客户为中心的思想，对酒店客户关系的建立与管理能力的提升具有重要作用。

3. 人力资源的保障

客户对酒店的感观和客户关系的建立与维护，依赖于与客户交流的酒店员工的服务质量。因此，客户无论通过何种方式与酒店接触，都是与酒店中的人员交流。酒店员工的观念、技能和素质直接影响到酒店为客户创造和传递的价值，以及酒店与客户的关系。

首先，酒店要培养员工以客户为中心的价值观。强调酒店对客户资源等外部资源的关注，让酒店的一切活动围绕以客户为中心展开；应当使酒店上下更加重视客户利益，逐步消除损害客户利益满足酒店利益的短视行为；要更加关注客户的个性化需求；应当使员工更注重为客户提供感情层次的交流。总之，酒店员工是否具有以客户为中心的价值观并指导行动，对酒店形象和客户关系有重大影响。

其次，酒店要加强培养员工的客户洞察能力，包括对客户的了解能力、客户信息分析能力、市场信息反馈能力等，以便员工能够有针对性选择和服务目标客户。敏锐的洞察力和高超的服务技巧、各种微妙信息的捕捉和把握以及适当的决策能力，对客户关系的影响至关重要。

第三，强调酒店员工的全局观对建立与管理客户关系的重大影响。影响酒店与客户关系的不只是酒店营销部门的营销人员和直接为外部顾客提供服务的其他人员，还包括酒店所有的员工。因为，在建立客户关系与为客户创造价值的过程中，任何一个环节的低效率或低质量都会影响到客户的满意度。所以，酒店的每一员工都应当具有全局观念，及时了解市场的变化和客户的需求，积极配合营销部门的要求，为酒店建立和开发客户奠定基础。

（三）挖掘潜在客户的方法

1．网络法

网络法是指建立网络客户服务宣传平台，方便客人自行了解酒店并选择酒店服务，提升酒店的形象，变被动为主动，主动宣传自己。据美国酒店及旅游业财务与科技专业人员协会（HFTP）的预测，电子及互联网科技将成为酒店及旅游业保持竞争优势的重要工具。

2．关联介绍法

酒店的客源很多源于旅行社、航空公司等。酒店的市场营销人员可以和他们建立友好互动关系，使他们乐于帮助酒店介绍更多客源。

3．会议开拓法

有些客源来自当地各大企业公司、机关团体、政府等。业务员在各种展览会、信息交流会、信息发布会、订货会、技术交流会等会议上，能开发出许多新客户。

4．连锁介绍法

让现有客户帮助介绍新客户，在客户单位中培养内线，使酒店营销人员及时掌握企业的需求信息，连锁介绍法被誉为销售人员的黄金法则。优秀业务员有 1/3 以上的新客户是现有客户推荐的。他们在行业内都有与其职位类似的朋友，他们能为业务员推荐一大批新客户。如何让现有客户为业务员推荐新客户呢？关键是业务人员要让现有客户满意，树立自己的个人品牌形象，让他感觉业务员的服务不错。

5．关系开拓法

善于利用现有关系，包括老乡会、同学会、战友会、行业协会等，创造各种社交活动结交新友等，帮助开发新客户。

6．资料查询法

营销人员可以通过查阅各种资料寻找新客户，包括电话簿、专业书报、杂志、当地报纸、电视、广播及街头广告等。

7．广告寻找法

广告寻找法是指销售人员利用广告媒体寻找顾客的方法。这种方法的基本步骤是：① 向目标顾客群发送广告；② 通过广告吸引顾客上门，然后酒店营销人员开展业务活动，介绍产品的功能、购买方式、代理和经销办法等。

（四）建立新客户关系的基本程序

众所周知，酒店市场的竞争越来越激烈，完全依赖客户自行上门已不能应付当前的市场形势，走出去开发客户是酒店必不可少的途径之一。人海茫茫，怎样找到并能促成销售呢？下面介绍具体的“走出去”客户开发步骤和流程。基本流程是：寻找潜在顾客→访前准备→拜访→介绍与商谈→处理异议→达成协议→回访。

1．寻找潜在客户

万事开头难，只有能找出潜在的顾客，才能进行下一步的工作。怎样识别潜在客户？潜在客户必须具备3个基本条件：一是有需要；二是有购买能力；三是有购买的决策权。

寻找潜在顾客基本步骤：

（1）根据酒店的整体营销方案和市场定位，确定潜在客户的基本条件。

（2）根据提供的条件，通过酒店内部检索与外部调查，运用各种方法，寻找到具体的潜在客户。

（3）根据酒店内部检索与外部调查的结果，列出潜在客户的大概名单，为客户的资格审查和拜访客户提供依据。

（4）将这些资料分类后妥善保存，以备查用。

2．访前准备

一般来说，访前准备是指正式接触到客户前的所有活动，营销人员应对自己收集到潜在客户信息分类整理，制定客户拜访计划，根据计划逐一拜访客户。

在客户拜访前，首先与客户电话预约，确认客户的时间，然后备齐各种资料，如名片、酒店资料等，按时赴约。根据获得的信息，依据先易后难的接触原则对潜在客户逐一拜访。

3．拜访

初次拜访是销售人员与潜在顾客的首次真正接触。在初次见面中，酒店人员必须引起潜在客户的注意，使潜在客户对销售人员产生较深的、良好的印象，否则酒店人员以后的行动可能会不起作用。见面后先联络感情，酝酿的良好氛围，为进行下一步创造条件。

4．介绍与商谈

在寒暄之后适当时候，酒店人员就可以向潜在顾客介绍酒店的优势、特色、能给客户带来的价值等，并努力创造一个轻松愉快的氛围，尽量不要让客户产生你是来推销的印象。及时找到客户的兴趣所在和关注点，要让客户尽快喜欢并信任酒店人员。

5．处理异议

通过介绍，引导客户接受自己的建议，考虑与酒店建立业务联系。但是在成交前总会存在一些异议。在这种情况下，酒店人员首先要肯定客户的异议，分析异议存在的原因，利用推介技巧，把影响成交的障碍一一消除，要在满足客户主要需求的前提下，让客户感觉到最大满足。

6．达成协议

在价格问题和其他问题上排除异议，双方取得一致后，销售人员要正确把握成交时机，促成交易。然后正式签约，确定双方的交易结果，圆满结束推销。

7．回访

及时的售后回访和节日问候，不但增加售后服务收益；而且还能提高客户的满意度，形成良好的“口碑”宣传效应，更好地促进产品的销售。

（五）客户管理能力对客户关系建立的影响

能否更好地识别客户、有效建立与客户的关系以及不断维护和提升与客户的关系、培养忠诚的客户，取决于酒店客户关系管理能力的大小。酒店客户关系管理能力是指酒店以实施客户关系管理为导向，在经营活动中配置、开发和整合酒店内外的各种资源，主动利用、分析和管理客户信息，迅速满足客户个性化需求，从而建立、发展和提升客户关系，形成竞争优势的知识和技能的集合。

1．客户关系管理能力对酒店客户的影响

1）对客户获取率的影响

客户获取率是酒店采取措施获得目标客户的比例。客户获取率主要和酒店识别、吸引客户消费的能力有关。因此，在客户关系管理能力中影响客户获取率的因素有客户的识别能力、酒店品牌管理能力和市场信息反馈能力。客户的识别能力意味着酒店对客户特征的把握程度。对客户，特别是黄金客户的特征把握越准，越有利于采取有效的措施抓住客户。酒店品牌的管理能力也是吸引客户的重要因素。酒店的品牌管理得好，就会享有很高的美誉度，从而对客户的吸引力就大。市场信息反馈能力的作用在于能够将酒店行动的效果迅速反馈回来，便于酒店及时修正吸引客户的措施。这三方面能力越强，越有利于酒店获取客户。客户关系管理能力对客户获取影响如表 8-1 所示。

表 8-1 客户关系管理能力对客户获取率的影响

客 户 指 标	影 响 因 素	影 响 方 式
客户获取率	客户识别能力	准确把握客户特征，采取有效措施
	品牌管理能力	提升品牌美誉度，吸引客户消费
	市场信息反馈能力	及时反馈客户信息，修正促销计划

2）对客户满意度的影响

客户满意度与酒店为客户提供的让渡价值有关。由于每一客户对需求和认知都不相同，酒店必须了解客户才能提高客户价值，并从客户立场思考，降低客户成本，以令客户满意。因此，客户关系管理能力对客户满意的影响表现在提高客户价值、降低客户成本，从而使客户获得真正的价值提升。影响客户满意度的因素主要是酒店创造和传递客户价值的能力。

酒店的新产品开发能力与个性化服务能力越强，就越能更好地满足客户的个性化需求和潜在的需求，就能够提升客户获得的产品价值。同时，客户获得产品的方便程度也影响产品的价值。如果客户能够通过各种渠道方便地获得酒店信息和服务，客户就获得更多的服务价值。员工的服务水平高低则影响到客户获得的人员价值。酒店的品牌管理能力则影响了客户的形象价值，如果酒店的品牌管理程度高，酒店产品的知名度高、美誉度好，客户消费时就得到了更多的形象价值。以上分析归纳为表 8-2。

表 8-2 客户关系管理能力对客户满意度的影响

客 户 指 标	影 响 因 素	影 响 方 式
客户满意度	开发新产品能力	增加产品价值
	个性化服务能力	增加产品价值
	员工的服务水平	提高人员价值，降低客户心理成本
	沟通渠道的多样性	节省客户的时间和精力成本，提升服务价值
	客户消费过程的方便性	提升产品价值
	品牌管理能力	提升形象价值，降低心理成本

3）对客户保持率的影响

客户满意是影响客户保持率的前提条件，但是客户满意并不一定意味着客户保持，因为还

存在着高满意度、低忠诚度的现象。据美国贝思公司的一项调查显示，宣称满意或很满意的顾客，有 65%~85% 会转向其他的竞争对手，这就是所谓的客户满意陷阱。造成客户满意陷阱的原因是酒店只满足了客户的基本期望，而没有满足客户的潜在期望。因此，维系客户、提高客户保持率的方法是尽可能满足客户的潜在期望。同时，要增强酒店把握客户关系的能力、对客户变化的反应能力、处理客户抱怨的能力，并能为客户提供及时有效的交流渠道。

下面对以上几点进行具体介绍。

第一，酒店把握客户关系的能力。影响客户保持率的主要因素是酒店管理客户关系生命周期的能力。对客户关系的把握能力意味着酒店能够清晰辨认客户处于生命周期的哪一阶段，并采取相应的措施，既维系了客户又避免过度投资引起的浪费。在客户关系建立的考察期，客户的潜在期望是获得更多的物质利益。为了维系客户，可以实行一定的奖励计划。在客户关系的形成期，客户的潜在期望是得到酒店非同一般的重视。因此，可以采用感情联络计划和特别对待计划，进行特别的感情交流。在客户关系的稳定期，客户对酒店有一种潜在的归属感。酒店可以将客户视为酒店的一部分，让他们参与酒店的活动，听取客户对酒店各方面工作的建议等，让客户有成就感，有参与感，等等。

第二，对客户变化的反应能力。体现在酒店能否及时发现客户的变化，挽留有价值的客户。

第三，解决客户抱怨能力。体现在酒店的服务出现偏差之后能否及时补救，有效防止客户的流失，并防止影响酒店的形象。

第四，交流的及时性和有效性。交流的及时性和有效性为酒店把握客户动态、解决客户抱怨奠定了基础。因此，客户关系管理能力对客户保持率的影响归纳为表 8-3。

表 8-3　客户关系管理能力对客户保持率的影响

客户指标	影响因素	影响方式
客户保持率	把握客户关系的能力	针对不同类型、不同生命周期的客户采取不同措施
	对客户变化的反应能力	及时发现客户变化，采取措施挽留有价值的客户
	处理客户抱怨能力	在产品和服务出现偏差后及时补救
	交流的及时性和有效性	与客户有效互动，为上述 3 种能力奠定基础

2. 提升酒店客户关系管理能力的措施

一般而言，酒店客户关系管理能力对酒店绩效有重大影响，为了提升酒店绩效，酒店有必要提升自身的客户关系管理能力。

1）酒店文化的变革

第一，领导观念的转变。酒店领导对提升客户关系管理能力的作用是决定性的，领导需要更加关注竞争对手在客户服务方面的进展，并且积极准备与规划如何建立、提升客户关系管理能力。

第二，创建以客户为中心的价值观。

第三，传播以客户为中心的价值观。

第四，将以客户为中心的价值制度化。

2）人力资源管理的变革

第一，变革酒店招聘标准，将高度关注客户并且性情和善的人补充进酒店，这有利于加速提升酒店的客户关系管理能力。

第二，加强员工培训，提高员工的服务质量。

第三，变革酒店绩效考评与激励体系，把员工为保持和改善客户关系所做的贡献大小作为奖励与提升的依据。

3）信息技术的引入

引进客户关系管理信息技术，尤其是功能齐全、管理模式先进、运行稳定的软件系统，以及对软件的运行效率起着决定性作用的服务器平台。

4）供应链伙伴的选择

供应链伙伴不仅要有出色的专业技术，更重要的是要具备以客户为中心的经营理念以及对客户关系管理理念的深入理解，否则，就会影响到本酒店客户关系管理能力的提升。

案例分析

希尔顿酒店的经营者们深知，随着人们工作与生活节奏的日益加快以及客户需求个性化不断发展，酒店的客户开发与维系客户工作越来越复杂，需要及时了解和掌握的信息越来越多，时效性与准确性要求也越来越高。酒店要想在市场竞争中取得一定的优势，就必须变革酒店传统的经营方式与手段，采用现代理念与技术更好地迎合客户心理。希尔顿酒店全面客户服务平台在客户关系的建立与提升中发挥不可替代的作用，该酒店的成功主要体现在以下几方面：

（1）高度灵活性。希尔顿酒店为客户提供方便、快捷的网络平台，利用全面客户服务平台，顾客可随时了解酒店的各方面情况，选择满意的房间，提出个性化的需求。酒店人员能够掌握来自客户方面的要求，提前做好各种准备，以便更好地满足顾客的需求。只有网络才能胜任这样烦琐但要求绝对及时的任务。

（2）客源的广泛性：在经济全球化的趋势下，国际旅游更加活跃，酒店的客源可能来自世界各地。希尔顿酒店全面客户服务平台打破时空限制，广泛接触与争取顾客，在国际市场上体现竞争优越性。

（3）服务的高效性。希尔顿酒店的客户关系管理系统，包括酒店的物业管理、客房预订、电子商务、客户关系管理、人力资源、电子学习以及商业智能等功能，使酒店各环节都能快速得到顾客全面、一致的信息，及时做出反应，使酒店高效、准确地为客户提供服务，减少客户的某些成本，提高客户的满意度和忠诚度。

能力培养训练

（一）背景材料

泰国东方饭店的魔力

泰国的东方饭店的堪称亚洲饭店之最，几乎天天客满，不提前一个月预订很难有入住机会，而且客人大都来自西方发达国家。泰国在亚洲算不上特别发达，但为什么会有如此诱人的饭店呢？他们靠的是真功夫，是非同寻常的客户服务，也就是现在经常提到的客户关系管理。他们的客户服务到底好到什么程度呢？不妨通过一个实例来看一下。

一位朋友因公务经常出差泰国，并下榻东方饭店。第一次入住时，良好的饭店环境和服务就给他留下了深刻的印象；当他第二次入住时，几个细节更使他对饭店的好感迅速升级。

有一天早上，在他走出房门准备去餐厅的时候，楼层服务生恭敬地问道："于先生是要用早餐吗？"于先生很奇怪，反问："你怎么知道我姓于？"服务生说："我们饭店规定，晚上要背熟所有客人的姓名。"这令于先生大吃一惊，因为他频繁往返于世界各地，入住过无数高级酒店，但这种情况还是第一次碰到。

于先生高兴地乘电梯到餐厅所在的楼层，刚刚走出电梯门，餐厅的服务生就说："于先生，里面请。"于先生更加疑惑，因为服务生并没有看到他的房卡，就问："你知道我姓于？"服务生答："上面的电话刚刚下来，说您已经下楼了。"如此高的效率让于先生再次大吃一惊。

于先生刚走进餐厅，服务小姐微笑着问："于先生还要老位子吗？"于先生的惊讶再次升级，心想："尽管我不是第一次在这里吃饭，但最近的一次也有一年多了，难道这里的服务小姐记忆力那么好？"看到于先生惊讶的表情，服务小姐主动解释说："我刚刚查过电脑记录，您在去年的 6 月 8 日在靠近第二个窗口的位子上用过早餐。"于先生听后兴奋地说："老位子！老位子！"小姐接着问："老菜单？一个三明治，一杯咖啡，一个鸡蛋？"现在于先生已经不再惊讶了，"老菜单，就要老菜单！"于先生已经兴奋到了极点。

上餐时餐厅赠送了于先生一碟小菜，由于这种小菜于先生是第一次看到，就问："这是什么？"服务生后退两步说，这是他们特有的某某小菜。服务生为什么要先后退两步呢？他是怕自己说话时口水不小心落在客人的食品上。这种细致的服务，于先生在其他酒店从来没有见过。这一次早餐给于先生留下了终生难忘的印象。

后来，由于业务调整的原因，于先生有 3 年的时间没有再到泰国去。于先生生日的时候突然收到了一封东方饭店寄来的生日贺卡，里面还附了一封短信，内容是："亲爱的于先生，您已经有 3 年没有来过我们这里了，我们全体人员都非常想念您，希望能再次见到您。今天是您的生日，祝您生日愉快。"于先生当时激动地热泪盈眶，发誓如果再去泰国，不会到其他任何饭店，一定要住在东方饭店，而且要说服所有的朋友也像他一样选择。于先生看了一下信封，上面贴着一枚 6 元的邮票。6 块钱就买到了一颗心，这就是客户关系管理的魔力。

（二）训练目的

（1）通过训练，使学生更好地消化与理解酒店客户关系建立的指导思想、酒店客户关系建立的基本条件、明确酒店客户关系建立的基本程序、影响客户关系管理能力的因素以及提升客户关系的措施等理论知识。

（2）通过训练，培养学生有关建立客户关系的学以致用能力。

（3）通过训练，培养学生独立分析问题能力、创新能力与团队合作能力。

（三）训练内容与步骤

训练内容：

（1）泰国东方饭店天天客满，无预订很难入住的原因是什么？

（2）结合泰国东方饭店的具体做法，谈谈客户关系管理的指导思想与建立客户关系的基本条件。

（3）泰国东方饭店还可以采取哪些措施提升与客户的关系？

（4）分析案例中希尔顿酒店全面客户服务平台应用意义何在，运用得是否得当？

训练步骤：

（1）个人分析回答第（1）、（2）个问题，分析思考第（3）、（4）个问题。

（2）小组内成员之间就第（3）、（4）个问题进行讨论交流。

（3）小组之间就第（3）、（4）个问题开展讨论交流。

学习评价

依据每个小组内每个人的表现情况，以及小组内互评、组间互评和老师的评价，确定个人能力水平和努力方向。评价的具体内容如表表 8-4 所示。

表 8-4 评价细则

内容			评价		
学习目标		评价内容	小组互评	组间互评	教师评价
专业知识	应知应会	简述酒店客户关系建立的指导思想	Yes No	Yes No	Yes No
		简述酒店客户关系建立的基本条件	Yes No	Yes No	Yes No
		明确酒店客户关系建立的基本程序	Yes No	Yes No	Yes No
		简述影响客户让渡价值大小的主要因素	Yes No	Yes No	Yes No
专业能力	1. 能够掌握寻找客户基本方法 2. 能够掌握客户关系管理能力影响的因素 3. 能够掌握提升客户关系的措施	结合实际需要组合运用客户关系建立方法	Yes No	Yes No	Yes No
		运用所学知识，分析如何获取、保持客户	Yes No	Yes No	Yes No
		具备分析能力，根据客户需求变化，优化酒店客户关系建立条件	Yes No	Yes No	Yes No
通用能力	组织能力		Yes No	Yes No	Yes No
	沟通能力		Yes No	Yes No	Yes No
	解决问题能力		Yes No	Yes No	Yes No
	自我管理能力		Yes No	Yes No	Yes No
	创新能力		Yes No	Yes No	Yes No
态度	宽厚近人，高度责任感		Yes No	Yes No	Yes No
努力方向：			建议：		

课外作业

（1）收集香格里拉酒店成功的营销管理策略，分析香格里拉是怎样赢得客户的，有哪些值得我们学习和借鉴。

（2）分组到本地知名酒店调查，了解他们是怎样开展客户关系管理的，分析其是否有值得推广和需要改进之处。

目标二 客户拜访

随着国际酒店集团的不断推进以及我国酒店业的快速发展，我国酒店市场围绕争夺顾客展开了激烈的市场竞争，如价格竞争、产品差异化竞争、个性化服务竞争等。在营销过程中，客户拜访可谓是最基本、最日常的工作，如市场调查需要拜访客户、新品推广需要拜访客户、销售促进需要拜访客户、客情维护还是需要拜访客户。客户拜访对酒店提高竞争力起到了相当重要的作用。通过客户拜访，酒店销售人员与客户面对面沟通，增加双方的信任和相互了解，融洽双方的感情，巩固合作关系；通过客户拜访，客户的满意度和忠诚度提高了，酒店的利润增加了。因此，酒店有必要精心设计好客户拜访活动，达到建立与巩固客户关系的目的。

案例介绍

喜达屋全员拜访客户

喜达屋酒店与度假村国际集团宣布于 2009 年 2 月 16 日至 20 日启动包括财务、人力资源、运营等酒店各个部门的员工，带着全新理念和最新优惠活动拜访客户。“能开展这次活动让我们非常激动，我们调动了酒店各相关部门的员工共同参与，与客户保持互动，这一周一定会充满乐趣并让我们满载而归。非销售人员的参与可以使客户更直接地和酒店专业人士沟通，并了解他们是如何为客户提供最优质服务的。除了分享旗下品牌最新动态外，我们也为客户带来为其量身定制的各种精彩优惠活动。”喜达屋酒店与度假村集团亚太区销售副总裁埃里森．泰勒 (AlisonTaylor) 说道。

在为期一周的活动中，喜达屋将重点向客户介绍最新的针对会议组织者的优惠活动，包括在网上提供奖励会议组织者在香港 W 酒店两晚免费住宿的“5+1”优惠活动，除此之外，还有针对零售旅行社、旅行者和公司的更多其他优惠活动。将有 1 500 多名销售人员和 3 000 多名其他各部门员工从 2 月 16 日起的一整周内走出酒店，用最具创意的方式拜访客户。

相关知识

市场营销客户的分类有很多种，根据双方是否有经济往来，可将客户大体分为：

（1）现有客户：就是现在已经在使用企业产品的客户。

（2）潜在客户：就是很有可能成为企业客户的人群，但是因为某种原因或者因素还没有成为企业客户。

（3）非客户：就是企业的产品不适用于这类客户，这类客户基本上没有可能购买企业的产品。

不同类型的客户，酒店人员拜访的目的、程序、方式方法等有所不同。由于对潜在客户的拜访需要酒店销售人员做的工作更多，更复杂，难度也更大，故下面将重点介绍如何开展对潜在客户的拜访工作。

（一）拜访客户涉及的主要工作

1．拜访前的准备

1）酒店产品的准备

（1）掌握本酒店的及酒店产品的有关知识：包括本酒店的经营状况、服务能力、营销策略；了解酒店产品及服务的定位、档次、价格等；了解酒店具备的竞争力以及产品的附加值所带给客户的利益。

(2) 掌握酒店竞争对手的情况：了解竞争对手的整体竞争能力、服务产品的特点以及与本酒店服务产品的对比情况。

(3) 掌握客户情况：一是对个体准客户，需要了解姓名、年龄、学历、民族、消费需求、购买能力、家庭情况、个人兴趣爱好、最佳访问时间等；二是对团体准客户，并非是向团体内所有成员开展拜访，而是要向该团体的决策者、购买代理人进行拜访。除了对关键部门的关键人物需要做接近个体准客户时的有关内容的准备外，还要了解如下内容：组织名称、组织性质、组织规模、组织所在地、组织人事结构、经营情况、财务状况、购买行为状况等。

2）销售人员个人准备

(1) 证件准备：包括介绍信、引荐信、名片、身份证、通行证等。

(2) 仪表准备：根据企业、客户的情况，选择合适的服装服饰。

(3) 信心准备：要确立推介酒店的信心。

2. 拟定拜访计划

为了顺利达到访问的目的，需要制定周密的拜访计划。拜访计划的内容必须具体，拟定时应当做到如下几点：

1）明确拜访目的

拜访的主要目的有：

(1) 以正式推销为目的，就是向客户直接推销酒店产品与服务。

(2) 以市场调查为目的，收集市场信息，听取客户意见。

(3) 以建立联系和感情为目的，为日后建立客户关系打下良好的基础。

2）制订推介计划

其基本内容是：

(1) 归纳出酒店产品的核心部分，以及酒店能带给客户的基本效益；归纳出酒店产品的形式部分，即酒店的外观、客房结构、设施设备、品牌等；归纳出酒店产品的延伸部分，即酒店对客户提供的免费接送、保险、康乐等服务。其中以核心产品为重点。

(2) 计划好推介中的策略和技巧，如是语言描述、资料展示，还是视频播放展示等。

(3) 设想潜在客户的异议和拒绝理由，准备针对性的劝说方式，并实际排练。如针对酒店的价格问题，销售人员应就酒店的服务的安全性、舒适性、准确性、及时性、人文性等方面进行分析，使对方了解酒店价格的合理性。

3. 约见准客户

1）约见内容

(1) 确定拜访对象：尽量拜访准客户的购买决策者，或是对决策有重大影响的人物。

(2) 确定拜访的事由：初次认识、市场调查、正式推销、联络感情、继续深交等。

(3) 确定拜访时间：要符合客户的生活作息与上下班活动规律，要避开客户最忙的时间，由客户选择访问的时间最佳；要视推介产品或促销服务的内容特点确定，以衬托产品的优势与服务的重要。

(4) 确定拜访的地点：拜访的地点大体包括客户的办公室、客户的住所、公共场所（如展览厅、订货会、会议会场等）、公共娱乐场所（如饭店、酒吧、茶室、咖啡厅等）。

2）约见的方法

常用的约见方法有：

（1）电话约见法：如果是初次电话约见，在有人介绍的情况下，需要简短地告知对方介绍者的姓名、自己所属的酒店名称和自己的姓名、打电话的事由，然后请求与对方面谈。务必在短时间内给对方留下良好的印象。

（2）信函约见法：通常情况下信件的内容包括问候、寄信的宗旨、拟拜访的时间，同时附上酒店的宣传资料。一般信件的写法是："……届时倘有不便，请在信封所附明信片上，指定适当的时间……"，并且在明信片上，先写上："……月……日，上/下午……时"。这样做在实践中可获得更好的效果。

（3）当面约见法：在初次拜访时，能够与具有决定权者直接见面的机会较少。因此酒店销售人员可进行一次试探性拜访，亲自登门与对方约定下次正式拜访的时间等有关事宜。可以向接见的人说"您认为哪一天比较妥当？"这样遭到回绝的可能性比较小。

（4）网络约见法：就是利用互联网提供的各种交流工具，如电子邮件、网络社区等约见客户。这种方法时效行强，成本低，联系方便，但邮件可能成为垃圾邮件，对方根本不看就删除。因此，一定要给邮件想一个好的题目，引起对方的关注与兴趣。

3）约见技巧

（1）确定访问对象时，要尊重接待人员，取得他们的合作与支持，打通约见其上司的道路。

（2）每次拜访都要有明确的事由，但事由不能过多。

（3）根据不同的拜访目的，选择日期与时间，例如，为了沟通感情，可以选择与客户共进午餐；为了正式推销，应选择上班时间。

（4）确定具体时间时，应考虑到交通、路线、地点、天气及客户活动规律等因素的影响。

（5）一旦时间确定，不得随便更改，要遵守拜访时间。

（6）约见时，要合理利用访问时间，提高访问的效率。

（7）确定拜访地点时，应照顾客户的要求。选择客户住所为约见地时，必须征得客户同意。

（8）娱乐场所只能作为礼节拜访、联络感情或初识地点。如以推销洽谈为目的，则要选择安静的场所。

4．接近客户

在约见之后，接下来就是在拜访中要设法接近客户。推销接近是洽谈的前奏，其目的就是介绍自己和有关酒店的情况，了解客户的需要，从而引起客户的注意，使客户产生兴趣，引导客户洽谈，建立交易关系。现代社会生活节奏加快，有些客户很难接近。交易成功与否，往往决定于接近拜访阶段。下面就推销接近的主要方法做简要介绍：

1）介绍接近法

介绍接近法就是推销人员自行介绍或经由第三方介绍而去接近推销对象。它主要包括口头介绍和书面介绍。在推销中，因接近的对象不同，介绍的方式也有所区别。介绍接近法的具体方式有自我介绍法和他人介绍法。

（1）自我介绍法：推销人员最常使用的方法就是自我介绍法。就是酒店推销人员在接近准客户后亮明自己的名片、身份证、介绍信等向对方自我介绍的一种方法。大量的事实表明：在接触之初，推销人员做的绝大部分自我介绍都是没有用的，不易引起对方的重视。故在使用自我介绍接近法时，应同时并用其他接近法，才能顺利接近客户。

（2）他人介绍法：就是利用与客户十分熟悉的第三方，通过写信、打电话，或当面介绍的方法来接近客户。一般来说，介绍人与客户之间的关系越密切，介绍的作用就越大，推销人员也就越容易达到接近的目的。因此，推销人员应设法摸清并找到客户的接近圈，尽量争取有影响力的人士介绍推荐。

2）产品接近法

产品接近法就是酒店推销人员直接利用其推销的酒店产品资料或服务，引起客户的注意和兴趣，进而转入洽谈的一种接近方法。在利用产品接近法时，一定要使产品或服务本身具有一定的吸引力，能够引起对方的兴趣。

3）利益接近法

利益接近法就是推销人员利用酒店产品或服务的实惠，引起客户的注意和兴趣，进而转入洽谈的一种接近方法。在使用此方法时需要注意两个问题：一是利益要符合实际，不可浮夸；二是提供给客户的利益要有可靠的证据证明。

4）调查接近法

调查接近法是指推销人员利用调查机会接近客户的一种接近方法。利用此方法需要注意：突出推销重点，明确调查内容，争取客户的支持与协助；做好调查准备，消除客户的防备心理；运用适当的调查方法，确保调查成功，顺利接近对方。

5）赞美接近法

赞美接近法就是通过赞美客户，获得客户的好感，引起对方的注意与兴趣，进而转入洽谈的接近方法。在使用此方法时需要注意两个问题：一是赞美要真诚，不能虚情假意；二是要尊重客户的个性，讲究赞美方式，避免引起对方的反感。

6）求教接近法

求教接近法是指推销人员利用向客户请教问题的机会来接近客户，进而转入洽谈的接近方法。在使用此方法时需要注意：美言在先，求教在后；求教在前，推销在后；虚心听讲，让客户充分发表高见；在认真听取客户意见后，分析客户谈话的基本内容，明确进一步洽谈的重点。面对自信自强的客户，只有虚心求教，才能顺利接近。

7）馈赠接近法

馈赠接近法是指推销人员利用赠品来吸引客户的兴趣，进而转入洽谈的接近方法。在利用馈赠接近法时，必须注意以下几个问题：慎重选择馈赠礼品，投其所好；礼品只是接近客户的媒介，而不是愚弄客户的欺骗手段；馈赠礼品应具有一定的实用性，能够吸引客户，有助于客户形成联想。

8）聊天接近法

聊天接近法是指推销人员利用聊天的机会来接近客户的一种方法。在使用聊天接近法时要注意：选择适当的话题，围绕着推销聊天；积极引导，让客户发言；轻松自然，不与客户争吵；控制时间，迅速接近客户；活跃聊天气氛，缩短接近距离。

推销人员应灵活运用上述各种接近方法，因人而异，因地而异。接近客户时要尽量避免客户的抗拒心理。接近与寒暄的时间要把握好，应迅速转入正题。

5. 向客户介绍产品和服务

推销人员向客户介绍时，目的是保持客户的注意与兴趣，激发客户的购买欲望。介绍方法和技巧如下：

(1) 重点介绍酒店产品会给客户带来的利益，包括基本利益和附加利益。

(2) 通过不断地提问或总结介绍过程，可以证实客户对推介对象的了解、接受程度，提问可以加深双方的沟通。

(3) 减轻客户的抗拒心理。可以运用资料、证书、主要知名客户、有益事件等，宣传酒店的品牌与美誉度，减少客户的怀疑与畏惧心理。

6. 处理客户异议

推销人员只有正确处理客户的异议，消除疑问，说服客户，才有希望推销成功，达到拜访的目的。

1) 客户异议的种类

(1) 针对客户本人的：有需求异议、支付能力异议、购买决策权异议。

(2) 针对产品与服务的：有价格异议、服务异议、条件异议、利益异议等。

(3) 针对购买行为的：有购买行为异议、责任异议。

(4) 针对推销人员的：有信用异议、推销人员异议。

在这些异议中，可分为真实异议和虚假异议。虚假异议是客户掩盖真实想法的手段，或是拒绝推销的借口。推销人员要分清异议真假，了解客户真实意图。

2) 处理客户异议的基本步骤

(1) 认真听取，全面了解客户的异议。

(2) 推销人员应向客户表示理解、清楚客户的观点，并予以慎重考虑。

(3) 稍作停顿后，重述客户的异议，确定推销人员与客户在问题上取得沟通。

3) 处理客户异议的常见方式方法

(1) 反驳处理法。销售人员根据较明显的事实与理由直接否定客户异议。它只适于处理因为客户的无知、误解、成见、信息不足而引起的真实异议。在反驳客户时，根据必须合理、科学，而且有据可查。在反驳客户异议的同时，销售人员要提供更多的信息，令客户加深了解与印象。销售人员要始终保持友好的态度，保证良好的推介氛围。

(2) 间接处理法 销售人员根据有关事实与理由间接否定客户的异议。它适用于因客户的无知、成见、片面经验、信息不足等引起的客户异议。销售人员首先要对客户异议表示理解、同情，或对异议简单重复，然后用“但是”“不过”“然而”“除非”等转折词扭转话锋，再进行处理。使用转换时，语气要委婉自然。

(3) 询问处理法。销售人员对客户提出的异议有疑问时，应及时询问客户，了解客户的真正意图。销售人员应针对真实的、重要的客户异议提问。询问时，要讲究追问的姿态、语气、手势要尊重客户，不可用进攻的态度对客户紧逼。

(4) 补偿处理法。销售人员利用其他利益补偿客户来处理异议。要以诚恳的态度，秉持为客户服务的精神，客观对待客户异议，实事求是地承认与肯定客户的异议。推销人员要认真分析酒店的长、短处，用事实使客户相信“利大于弊”。

(5) 预防处理法。销售人员为了防止客户异议，抢先就客户可能提出的异议主动处理。销售人员在处理前，要充分准备，应做市场调研、总结经验、了解客户。销售人员有针对性地对客户常会提出的有关产品服务的异议进行解释。销售人员要淡化自己提出的异议，防止客户提出新的异议。销售人员不能将客户作为批评、反驳的对象，要注重言语的缓和，语气的友善。

(6) 推迟处理法。销售人员暂时不处理客户的异议，等到客户再次提示后再处理。它只适于理智类购买行为或销售人员不能立即回答的客户异议。

(7) 冷处理法。对于提出的一些不影响成交的反对异议，销售人员最好不要反驳，采用不理睬的方法是最佳的。这样可以避免给客户造成你总在挑他毛病的印象。

4) 处理客户异议的技巧

(1) 销售人员应表示尊重客户，欢迎提问题。听取异议要全神贯注，令客户感到受重视。

(2) 控制处理过程的速度和节奏，不要令客户产生紧张或心烦的情绪。说话节奏要平稳，言语有理有据。

(3) 在听取意见和回答客户时，要避免与客户争吵而激怒客户。偶尔，也可以对客户的异议采取避而不答的方法。

7. 达成交易

在价格问题和其他问题上双方取得一致后，销售人员要及时正确地把握交易的时机，促成交易关系，将潜在客户变成现实的客户。

8. 结束拜访

推介成功后，应该感谢客户。推介未成功，不要气馁，保持情绪稳定。不管成功与否，结束时都要及时离开，不要逗留，以免引起客户的反感。

(二) 拜访客户的路线管理

一个销售人员往往要负责几个区域的客户管理工作，在大量客户需要拜访时，为了节省时间与费用，提高拜访的工作效率，对拜访路线的规划管理是必不可少的。销售人员应该把当前客户和潜在客户的位置在区域地图上用点表示出来，即绘制客户区域图，然后合理安排拜访的路线。同时还要注意以下问题：

(1) 综合考虑，统筹安排。尽量用最少的时间、最少的费用，走访尽可能多的客户。

(2) 销售人员做拜访计划时，首先要考虑：要拜访哪一些客户或目标客户？拜访工作的目的是什么？拜访的时机是否适当？然后根据确实需要拜访的目标数量及所在地，考虑拜访的日程和线路的安排。

(3) 制定拜访的日程和线路的时，需要考虑当地的交通情况，避免因交通工具的转换而浪费时间，延误行程。

(4) 在拜访路线的安排上，除非有足够的理由或特殊的原因，否则应该避免来回折返，以免浪费时间和金钱。合理的拜访路线安排可以减少差旅费的开支，也可避免销售人员由于过渡奔波而导致身体疲惫和对工作的厌倦。

(三) 拜访客户的时间管理

大部分销售人员都避免不了拜访客户，而拜访客户往往需要耗费大量时间。为了更好、更充分地利用时间，销售人员在拜访客户前必须认真核算拜访客户所需花费的时间，全面提高拜访的效率，这是做好时间管理的必不可少的一环。拜访客户需要考虑以下问题：

1. 了解不同客户的最佳沟通时间

要想与客户顺利进行沟通，首先要了解与他们交谈的最佳时间。不同的职业，有不同的作息时间。根据不同的需要、具体职业，可以选择最佳的交谈时间，如表 8-5 所示。

表 8-5　不同客户最佳拜访时间参考表

企业	上午 10:00 后，下午 4:00 后
政府机构	工作时间内，切勿在午饭前和下班前
学校	上午 8:00 前，下午 4:00 后
银行业	上午 10:00 前，下午 3:00 后
建筑业	大清早或收工时
医院	中午 11:00—2:00，最好的日子是雨天
商业	下午 1:00—3:00，避免周一和周末
饮食业	下午 3:00—4:00

2. 拜访前时间管理

一般拜访前一定要与客户事先预约

如果双方提前约好时间，应准时到达。到得过早会给客户增加一定的压力，到得过晚给客户传达“我不尊重你”的信息，同时也会让客户产生不信任感。最好是提前 5 ~ 7 分钟到达，做好进门前的准备。万一因故不得不迟到或取消访问，应立即通知对方。

3. 拜访中时间管理

拜访的时间根据拜访的目的不同长短不一，为了有效利用好这段时间，事先也要周密计划好，合理地分配好时间，一般采用三段式管理方式，假设拜访时间安排 30 分钟的话，那么：

开始十分钟：与从未见过面的顾客之间是没有沟通过的，但见面三分情，因此开始的十分钟很关键。这十分钟主要是以消除陌生感而进行的一种沟通，又称沟通感情的十分钟。

重点十分钟：主要任务是根据事先了解的客户需求和准备好的拜访计划，高效地对客户进行产品和服务推介等，力争实现拜访的目的。这十分钟主要是以推介产品或服务而进行的沟通，可称为沟通产品的十分钟。

离开十分钟：主要是对这次拜访结果进行总结并与客户确认，明确下一步工作重点。总结之后，销售人员需要向客户表示感谢并立即与客户道别，在与客户道别时可有意识约定与客户下次访谈的时间。这十分钟主要是以确认结果和道别而进行的沟通，可称为沟通结果的十分钟。

（四）拜访客户的频率管理

不管是新客户还是老客户，他们的工作都比较繁忙，过于频繁的拜访可能会浪费他们的时间，影响他们的工作。但过少的拜访有可能给竞争对手制造乘虚而入的机会。所以，在确定拜访频率时必须考虑如下因素：

1. 是否有工作需要

想要开发和留住客户，关键是满足对方的需求，包括产品创新、服务创新、价格优惠、推出新的促销活动等。销售人员可以根据酒店市场需求的变化及酒店营销策略推出的频率，确定的拜访频率。

2．与客户的熟识程度

对于双方不够熟识、关系不够稳定的客户，可以适当地加大拜访频率，力求增加了解，争取早日形成稳固的客户。对于比较熟识、关系稳固的客户，如通过电话就能解决工作上的需要，就可以通过电话接触，既节省双方时间，又可以节约销售人员的交通费用，没有必要当面去拜访。对于双方交易稳定，客户需要比较固定，而又没有太多的细节需要洽谈，没有特殊情况需要处理的，也没有必要见面拜访，拜访的频率可以低一些。

3．考虑市场的季节性、规律性变化

考虑客户工作需要、生活需要、节假日规律性等，适当安排拜访的频率。一般在需求旺季来临之前多安排一些拜访会，加深客户对酒店的印象，会起到更好的销售效果。

4．特殊日子的多少

在一些特殊的日子，如客户个人的生日、企业开业纪念日、特别事件活动日等，就有必要安排一定形式的祝贺拜访，以增进与客户的友情，有利于维系长久关系。

案例分析

喜达屋酒店与度假村国际集团经营者们清楚地知道，在酒店业激烈的市场竞争中，不管市场促销的方式方法、手段、媒介等发生怎样的变化，面对面的客户拜访仍然是不可或缺的。为此，他们精心策划了一场大规模的客户拜访活动。

(1) 全员参与。酒店销售部门（如运营部门的员工）、非销售部门（如财务、人力资源等部门的员工）共同参与，与客户真情互动。本次活动参与人员多，投入力量大，充分说明酒店对客户的重视与关爱，在社会上产生良好的影响。

(2) 精心准备。整个拜访活动计划内容完整。参与者——酒店的 1 500 多名销售人员和 3 000 多名其他各部门员工；活动时间——2 月 16 日至 20 日一周；活动内容——全新理念和最新优惠活动以及为客户量身定制的各种精彩优惠活动，重点向客户介绍最新的针对会议组织者的优惠活动；拜访的对象——会议组织者、零售旅行社、旅行者和公司等。

(3) 利益引导。拜访是采用利益推介方法，如奖励会议组织者在香港 W 酒店两晚免费住宿的“5+1”优惠活动等，让客户明确此次活动会得到什么利益，刺激客户产生购买动机与需求。

能力培养训练

（一）背景材料

婚礼组合产品的推出

某酒店针对当地居民市场，精心推出婚礼组合产品。结合婚礼消费的形式适应消费的心理，强调喜庆的气氛，吸引消费。该产品组合内容有：豪华级京式或广式筵席，免费提供全场软饮料，免费提供四层精美婚礼蛋糕一个，以鲜花和双喜横幅隆重地布置婚宴厅，根据具体要求制造婚宴气氛，播放婚礼进行曲，洞房花烛夜免费提供新婚套房、鲜花、水果和香槟酒，免费美式早餐送到客房。

（二）训练目的

（1）通过训练，使学生更好地消化与理解拜访的活动过程、拜访接近的主要方法、时间管理以及制定拜访计划等理论知识。

（2）通过训练，培养学生有关客户拜访的学以致用的能力。

（3）通过训练，培养学生独立分析问题能力、创新能力与团队合作能力。

（三）训练内容与步骤

训练内容：

（1）请为该酒店寻找客户，指出寻找客户的具体方法与途径。

（2）选择婚庆市场拜访接近的主要方法。

（3）制定一份实施客户拜访的简要计划书。

（4）引例中喜达屋酒店为什么要拜访客户，活动策划的是否得当？

训练步骤：

（1）个人分析回答第（1）、（2）个问题，分析思考第（3）、（4）个问题。

（2）小组内成员之间就第（3）、（4）个问题进行讨论交流。

（3）小组之间就第（4）个问题开展讨论交流。

学习评价

依据每个小组内每个人的表现情况，小组内互评、组间互评，然后老师进行评价，确定个人能力水平和努力方向。评价的具体内容如表表 8-6 所示。

表 8-6 评价细则

内容			评价		
学习目标		评价内容	小组互评	组间互评	教师评价
专业知识	应知应会	简述拜访的活动过程	Yes No	Yes No	Yes No
		简述拜访接近的主要方法	Yes No	Yes No	Yes No
		简述客户异议处理方法	Yes No	Yes No	Yes No
		简述拜访前需要做好哪些准备	Yes No	Yes No	Yes No
专业能力	1．能够对拜访的路线、时间、频率科学管理 2．能够灵活选择与运用约见客户的方法 3．能够制定拜访计划	明确路线、时间、频率管理的主要内容	Yes No	Yes No	Yes No
		运用所学知识，有效约见和拜访客户	Yes No	Yes No	Yes No
		具备反思能力，能够判断拜访计划是否完整，并优化拜访计划	Yes No	Yes No	Yes No
通用能力	组织能力		Yes No	Yes No	Yes No
	沟通能力		Yes No	Yes No	Yes No
	解决问题能力		Yes No	Yes No	Yes No
	自我管理能力		Yes No	Yes No	Yes No
	创新能力		Yes No	Yes No	Yes No
态度	宽厚近人，高度责任感		Yes No	Yes No	Yes No
努力方向：			建议：		

课外作业

（1）上网收集有关酒店客户拜访方面的资料，加以学习、借鉴，并做好学习笔记。

（2）到你熟悉的酒店开展市场调研，了解他们是怎样开展客户拜访活动的。

（3）学生之间就上述两个问题进行学习交流。

目标三 危机管理

谈到危机管理，这不禁让人想起2003年上半年蔓延全中国，叫人谈虎色变的“非典”疫情及其给包括酒店业在内的整个旅游业带来的全面而强烈的冲击。以SARS疫情最严重的地区之一的广东省为例，当年星级酒店营业额跌幅超过80%，旅游饭店接待过夜游客同比下降81.62%，直接经济损失18亿元。因此，酒店业如何应对突发性危机事件成为讨论的焦点，面临着研究与具体实施危机管理的问题。

案例介绍

希尔顿的“双树旅馆事件”

两位在美国西雅图工作的网络顾问——汤姆·法默（Tom Farmer）和沙恩·艾奇逊（Shane Atchison）在美国休斯敦希尔顿酒店的双树旅馆(Double tree Club)预订了一个房间，并被告知预订成功。

尽管他们到饭店登记的时间是在凌晨两点——实在是个比较尴尬的时间段，但他们仍然很安心，因为他们的房间已经预订好了。但在登记时，他们立刻被泼了一盆冷水，一位晚间值班的职员草率地告诉他们，酒店客房已满，他们必须另外找住处。这两位住客不仅没有得到预订的房间，而且值班人员对待他们的态度也实在难以用言语表达——有些轻蔑，让人讨厌，甚至在他们的对话过程中，这个职员还斥责了客人。

这两位网络顾问离开后，制作了一个严厉的但又不失诙谐幽默的幻灯文件，标题是“你们是个糟糕的饭店”。在这个文件里记述了整个事件，包括与那名员工之间不可思议的沟通。他们把这个幻灯文件电邮给了酒店的管理层，并复制给自己的几位朋友和同事看。

这一幻灯文件立刻成为有史以来最受欢迎的电子邮件。几乎世界各地的电子邮箱都收到了这份文件。这份幻灯文件还被打印和复印出来，分发到美国各地的旅游区。双树旅馆很快成为服务行业内最大的笑话，成为商务旅行者和度假者避之不及的住宿地。传统媒体的评论员们也将这一消息载入新闻报道和社论中，借此讨论公司对消费者的冷漠和网络对于公众舆论的影响力。

接着，法默和艾奇逊收到了3 000多封邮件，大部分都是支持他们的。双树旅馆第一时间向他们俩道歉，并用两个人的名义向慈善机构捐献了1 000美元作为双树旅馆的悔过之举。双树的管理层还承诺要重新修订旅馆的员工培训计划，以确保将此类事件再次发生的可能性降到最低。另外，双树旅馆的一位高级副总裁在直播网络上与法默和艾奇逊就此事展开讨论，以证明饭店认真对待此事。

相关知识

（一）酒店危机的主要类型

酒店危机是指酒店在经营过程中，由于外部环境变化或内部经营管理失误而导致的严重影响酒店生存和发展的重大隐患。市场竞争越来越激烈、变数越来越多，酒店所面临的危机类型也越来越多。有的危机只是特定酒店企业所特有的，有的危机却困扰着很多酒店企业。

通常来说，酒店企业组织面临的危机主要有 8 种：信誉危机、决策危机、经营管理危机、不可抗力危机、财务危机、法律危机、人才危机、媒介危机。

1. 信誉危机

信誉危机是指酒店企业由于没有履行合同及其对消费者的承诺而产生一系列纠纷，甚至给合作伙伴及消费者造成重大损失或伤害，导致酒店信誉下降、失去公众的信任和支持而造成的危机。

2. 决策危机

它是酒店经营决策失误造成的危机。企业不能根据环境条件变化趋势正确制定经营战略，而使酒店遇到困难无法经营，甚至走向绝路。

3. 经营管理危机

它是酒店管理不善而导致的危机。包括产品质量危机、环境污染危机、关系纠纷危机等。

4. 不可抗力危机

是指由酒店无法预测和人力不可抗拒的强制力量，如地震、台风、洪水等自然灾害、战争、重大工伤事故、经济危机、政治危机、交通事故等造成巨大损失的危机。危机给酒店带来巨额的财产损失，使酒店经营难以为继。

5. 财务危机

酒店投资决策的失误、资金周转不灵、股票市场的波动、贷款利率和汇率的调整等因素使酒店暂时资金出现断流，使酒店难以正常运转，严重的情况会最终造成酒店瘫痪。

6. 法律危机

指酒店高层领导法律意识淡薄，在酒店的经营中涉嫌偷税漏税、以权谋私、违法犯法等，事件暴露后，酒店陷入危机之中。

7. 人才危机

人才频繁流失所造成的危机。尤其是酒店核心员工离职，其岗位没有合适的替代人选，给酒店带来严重的危机。

8. 媒介危机

是媒体的报道不全面或失实、曲解事实、报道出现失误等引起的酒店危机。

（二）酒店危机的特征

1．突发性

危机往往都是不期而至，一般是在酒店毫无准备的情况下瞬间发作，给酒店带来的是混乱和惊恐。

2．破坏性

危机发作后可能会带来比较严重的物质损失和负面影响。

3．不确定性

事件爆发前往往无明显征兆，危机出现与否、出现的时间无法完全确定，酒店难以做出预测。

4．急迫性

危机的突发性特征决定了酒店对危机做出的反应和处理的时间十分紧迫，任何延误都会带来更大的损失。

5．舆论关注性

危机事件的爆发能够刺激人们的好奇心理，常常成为人们谈论的热门话题和媒体跟踪报道的内容。

（三）酒店危机管理的原则

危机管理是专门的管理科学，它是为了应对突发的危机事件，抗拒突发的灾难事变，尽量使损害降至最低点而事先建立的防范、处理体系和应对的措施。为了应付危机的出现，在酒店内预先建立防范和处理这些重大事故的体制和措施，则称为酒店的危机管理。

危机管理时也需要遵循一些基本的原则：

（1）事先预测的原则：凡事预则立，不预则废，对于任何组织和个人，最大程度地减少危机损失和影响的做法便是避免危机的发生。

（2）迅速反应原则：越早发现危机并迅速反应控制事态，越有利于危机的妥善解决和降低各方利益损失。

（3）尊重事实的原则：任何组织在处理危机过程中，都必须坚持实事求是的原则，这是妥善解决危机的最根本原则。

（4）承担责任的原则：无论谁是谁非，酒店都应该主动承担责任。

（5）坦诚沟通的原则：危机处理中，酒店组织遵循坦诚沟通原则，及时向公众发布信息，保障社会公众的知情权、体现企业的社会责任感、为危机应对创造良好的外部环境、维护和树立酒店的良好形象。

（6）灵活变通原则：危机管理者结合事态形势的变化、组织自身优劣势、内外部资源条件等进行灵活处理和应对，不仅要力挽狂澜，成功跨越危机，甚至还力求将危机事件转变成提升酒店形象的契机。

（四）酒店业实施危机管理的必要性

1．由酒店业的经营环境决定

酒店经营环境首先是一个综合性的大环境，要受到自然、文化、政治、法律、经济的影响。同时又要受消费者、供应商、销售代理商等一系列相关联者的微观环境的影响。所以其经营、生产、销售不仅涉及旅游内部各个行业（吃、住、行、游、购、娱），还涉及国民经济中的许多相关行业，如外贸、交通、工艺品生产、建筑业等，所涉及方面的任何变动都会波及酒店业。除这些因素外，生产过程外部的环境因素如战争、政局变化、政策变化、经济形式、贸易关系、供求状态、文化背景、传统观念等的变化，也会使酒店出现较大的波动性。上述特点使酒店业成为一个对外界环境高度依赖的敏感性行业。

2．由消费者的需求决定

按照马斯洛需求层次理论，安全层次是人的最基本的需求之一。1994 年美国旅馆基金会与宝洁公司为了研究美国旅游市场上经常旅行者的偏好，合作进行了一项调查研究。这次调查研究是通过向 1 365 名经常旅游者邮寄问讯表的方式进行的。对宾客选择或不选择某个酒店时考虑的因素进行了排名，其中安全因素是消费者首先考虑的因素之一。

消费者的需求是多方面的，涉及社会、经济、文化等各个方面。由于酒店消费是在人们的基本消费得到满足后，为满足享受与发展需要而进行的高层次的消费形式，属于非基本消费，其消费的质量和数量受到很多因素的制约和影响，因而酒店危机管理直接关系到客人的满意程度。

（五）酒店危机管理的主要工作

1．危机前的主要工作

（1）做好充分准备。古人云：生于忧患，死于安乐。强化危机意识，观察发现危机前兆，分析预计危机情境。企业发生危机大都有前兆，主要表现在：市场环境方面，服务质量投诉增多、产品价格非理性变化、新的竞争对手加入、国家调整旅游产业政策等；内部管理方面，信息沟通渠道堵塞、人际关系紧张、人才流失、亏损增加、过度负债、技术设备更新缓慢等；在产品促销方面，缺乏整体战略、新产品开发缓慢、促销费用不足等。

（2）设立危机基金，以便在危机发生时，能够及时运用这笔基金，根据危机情况，做出迅速、灵活的反应，而不必经过一个冗长复杂的行动程序。该基金可以用于奖励、资助那些在危机中表现突出、为对抗和尽快结束危机做出突出贡献的单位、组织和个人。

2．危机中的主要工作

（1）发布信息。危机发生后，要根据危机涉及的范围、严重程度等，由酒店主管部门、酒店行业组织、国家及地方政府等，通过新闻媒体等，适时地向社会公众发布信息，使外界和社会公众能够及时了解危机的客观情况，防止谣言的散布，甚至造成社会的不安定。为此，酒店可设立一个新闻中心，迅速发布危机方面的信息。信息的发布要客观、准确、诚实、透明，既不能夸大事实，也不能为了达到某种目的而隐瞒或扭曲事实真相。

（2）确定对策。为了减少损失，危机发生后，酒店业要根据危机的大小和严重程度，及时研究对策。这些对策包括：① 利用危机期间的经营淡季，对员工进行全面培训，以提高员工的素质。很多酒店长期超负荷工作，没有时间进行培训，这时应抓紧时间对员工“充电”，针对经营管理和服务中出现的问题，对员工进行培训，以便在危机过后，企业恢复正常经营时，其服务和管理水平能够上一个台阶，从而赢得更多的顾客，使企业在危机中遭受的损失，在危机过后加倍补回来；② 根据业务量的多少，安排员工补休、轮休；③ 安排员工放假。当补休结束，轮休到达一定时间以后，危机尚未结束，可将轮休转为放假，放假期间，只发放基本生活费；④ 采取降薪等措施减少各种行政开支，特别是各级管理人员要带头降薪，为员工做好表率，以示与员工同舟共济；⑤ 对企业硬件设施加紧更新改造，很多饭店经过多年的经营，其设施设备已经严重老化，已经影响了企业的服务质量。此时，对酒店进行大规模装修改造，机会成本最小。决策者应该抓住这一时机，对酒店进行全面或部分的装修改造，增强企业的发展后劲。

（3）保持与客户的沟通。危机期间，尤其要注意以电话、传真、互联网以及各种新闻媒体等方式，与客户保持沟通，向他们通报企业的情况，争取客户的理解和支持，保持客户对企业的信心。必要时，给予客户价格等方面的优惠，并感谢客户对企业的长期支持。

此外，危机期间，酒店还可根据自己的实际情况，做一些有利于树立企业形象的广告宣传。危机期间，酒店的业务虽然难以增长，但此时的广告宣传更容易引起公众的注意，也更容易树立企业形象。因而，危机过后，消费者需求恢复后，最先想到的便是在危机期间做了宣传的酒店，因而广告宣传能起到事半功倍的效果。

（4）提高产品质量。任何时候，产品质量都是企业的生存之本。“非典”时期，很多饭店门可罗雀，餐厅无人问津，但位于广州市中山一路吉林大厦的“西安老马家”餐馆却始终顾客盈门，来得稍晚一点，连停车位都找不到，好像外面的“非典”与这里没有关系。究其原因，主要是饭菜质量好，有口皆碑。

（5）寻找新的发展机遇。危机总是与机会相伴，高瞻远瞩的企业决策者还应从危机中寻找新的商机。大规模危机的发生，会引发酒店业的重新洗牌，总的来说，对资金雄厚的大企业可能比较有利。危机发生后，很多小企业愿意寻找可以依托的大企业作为“靠山”，一些资质不良的企业迫于资金压力，急于出售。而且这些企业的营业额大幅下降甚至亏损，其净资产值或评估值减少。这样，进行购并的大企业便能比以前寻找到更多的收购对象，并可以较低的收购成本进行购并。如“非典”期间，国内著名的金陵饭店集团预见到后“非典”时期单体饭店的市场竞争加剧，酒店业资产有可能向更有经济实力的旅游大企业集聚，决定进一步发挥其在资产并购和输出管理两个方面的优势，全面加速市场开拓步伐和管理技术输出，走专业化、规模化、集约化的经营发展道路。

3．危机后的主要工作

危机过后，酒店业面临的首要任务是恢复和发展。首先是恢复公众的信心、恢复消费者的信心。

（1）宣传企业的安全形象。通过报纸、电视等新闻媒体，进行大肆宣传。

（2）加大投入，启动各种促销活动。在现代社会，人们在一段时间内，不外出旅游，不住酒店可以，但不在外吃饭是不行的，各种类型的商务活动、社交活动迫使人们去酒店、餐馆消费，而且，天天、顿顿窝在家里自己做饭，也是现代人所不适应的，再加上生活节奏比较快，为了节省时间，人们也会选择外出就餐。因此，经不住社会餐馆的诱惑，隔三岔五，总要去餐馆用餐。所以，危机过后，餐饮市场的复苏要快于住宿业。因此，酒店业在危机过后的市场营销中，要有计划、有针对性、有重点、有步骤地进行，以期取得事半功倍的营销效果。

（3）调整经营策略。危机过后，酒店企业应重新审视自身的发展战略，考虑开展多元化投资和经营，以及企业的股份制改造，避免“把鸡蛋放在一个篮子里”，以提高抵御风险的能力。此外，还要考虑调整产品结构和价格策略等，以适应后危机时期的市场变化。例如，“非典”过后，人们将更加关注健康。因此，酒店应关注健康产品的设计和生产，如酒店的健康食品、健康客房的推出等。

（六）危机管理策略

1．建立市场预警机制，预测市场风险

酒店应以科学、规范的文字和数据分析方法，准确分析和评估危机给酒店客源市场造成的风险和机会，给酒店决策者提供及时调整产品与经营结构、重新拟定国内外市场开发与销售策略的决策依据。

2．建立、完善营销及审计管理系统

营销及审计管理是预防危机发生、监控客源市场变化、保障酒店应有经济效益回收最为有效的管理战略。主要管理要素有：

（1）严格监管销售合同：规范销售合同条款，规范销售价格，建立销售合同签署制度、合同保密及管理制度，强化合同审计管理是营销审计管理有效实施的重要保障。

（2）严格规范客户服务程序：由于酒店业的脆弱性和资产专有性的特点，优质服务成为酒店抵御金融危机的有效方法之一。优质服务的前提是在满足客户合理需求的基础上，规范服务程序，建立服务的规范性和个性化相结合的服务模式。

（3）规范授权程序及权限审计制度：酒店在制定岗位职责的基础上，授予每一岗位或职位应行使的权力，并制定权限管理制度和权限审计制度，对越权或滥用权限的行为及时进行纠正或处罚。

（七）危机营销管理技巧

成功的危机营销管理应由以下技巧组成：

1．指定一个独家发言人

在危机发生后，指定一个发言人，让企业只有一种声音对外。这样，可避免因多种声音对外而说法不一。最好由公关人员担当企业的独家代言人。公关人员长期与媒体、公众打交道，了解他们的需要，对事件的报道可以做到既公正、全面，又能最大限度地维护酒店利益。而且，人们并不要求这样的代言人应该了解很多情况，他可以承诺将进一步调查事件，随后再给大家一个说法，这是处理危机赢得时间的好办法。而酒店需要时间充分调查事件，处理问题，准备给公众的答复。

2．率先公开、坦率地承认问题

抢先公开报道事件。这样，既为酒店树立了坦率的形象，也给危机的状况定下基调，以防他人的说法混淆视听，使酒店处于被动的地位。发言人只需陈述事件的过程，不应过多加入分析、结论性意见和处理办法，这样既为代言人以后的发言留下空间，又不至于引来公众、媒体的追问、调查。

3. 告诉公众事情的进展

社会各界包括媒体、酒店股东、主管部门都在等待来自酒店的最新消息。所以，应经常透露一些对他们有价值的信息。如酒店正在和当局合作，调查正在进行中或正在做出某种选择等。

4. 让员工享有知情权

酒店的员工不应仅仅知道公开的信息，还应该让他们知道得更多一点。如果员工处于对酒店现状了解不够全面的尴尬状态，酒店不太可能从员工那里得到太多的支持，弄不好还会祸起萧墙，内部产生不稳定因素。而渡过危机，关键靠员工的信心和努力，员工不仅要了解现状，还应了解事情的进展。当然，同时还应要求员工不要对外泄露情报，因为只有独家代言人才是公司对外宣传的唯一窗口。

5. 与媒体建立良好关系

许多酒店的高级主管不愿接受记者的采访。在酒店被麻烦缠身、媒体的报道又对酒店极为不利时，高级主管就开始埋怨酒店的公关人员为什么不能控制那帮记者？事实上，公关人员不可能控制记者、控制媒体。但是，酒店经理、公关人员可以通过向媒体真实、客观、及时地提供他们所需的信息，力所能及地配合媒体的工作，与媒体建立良好关系。这样，媒体才可能在酒店处于危机时公正报道事件，尽量保护酒店。

6. 接受“外脑”的意见

人们经常问：既然酒店有自己的公关人员，为什么在危机发生后，还要听取“外脑”（外面专家）的意见呢？因为在危机发生后，酒店应综合考虑各种因素，考虑可能出现的各种情况，而酒店内部人员此时往往不能客观地预料可能出现的最坏情况，而需要听取外部专家站在不同的角度客观地判断事态发展，并制定有效措施。

7. 保持与顾客的联系

为了在顾客心目中树立酒店的良好形象，酒店会经常给顾客打电话、写信，与顾客沟通、交流。在危机发生后，为了重新塑造酒店值得信赖的形象，还应继续这些工作，最好是写一封“致顾客公开信”，并发表在各种媒体上。

案例分析

首先，互联网无孔不入的威力挑战着传统的口口相传的传播方式，挑战的程度在该“双树旅馆事件”中表现得再清楚不过了。互联网强大的传播能力已成不争的事实。对此我们要给予充分关注，对互联网所向披靡之势要有足够的心理准备。

其次，两位客人和负责预订房间的服务生的互动，证明了酒店雇员的个人行为会严重影响到公司的声誉。这显然是个别雇员恶劣服务的丑闻成了公众舆论的关注点而引起的公关危机事件。

结合公关中著名的唐松定律（100 － 1 = 0），个别雇员的“1”已破坏了企业的整体形象。这一事件中关键性的教训在于，品牌的形象决定着消费者与这一品牌每时每刻的互动经历，可见平时强化全员危机意识是何等重要！因此，需要强化居安思危意识，加大培训力度，注重服务细节，才能防患于未然。

对双树旅馆来说，两位客人在旅馆中的经历为双树旅馆的服务引发了广泛的信誉危机。但是希尔顿酒店管理层的态度和反应也很重要，他们与客人保持对话，采取这样的态度和方式，又可以保证品牌声誉的损害得到补救。

双树旅馆可能无法阻止他们的员工所造成的这一灾难，但双树旅馆事后的道歉，真诚悔过的表现，愿意做出惩罚和修订员工培训计划的补救性措施，正在修复消费者的信心，这些举动都是在出丑之后迅速做出的。希尔顿在该事件的处理上按照危机处理原则办事，值得称道。

危机公关要以维护、展现当事人良好的社会形象为中心。发生危机事件后，一切处理都应该围绕此中心展开，千万不可“无理搅三分”。希尔顿对待自己员工的不当言行及时表态，即以一位负责任的家长姿态出现，不偏袒，坦诚认错，很好地展示了自身良好的社会形象。要“关心、保护利益相关群体”和“真正解决问题”。获知此事后，双树旅馆毫不迟疑地向当事人道歉，并用当事人的名义向慈善机构捐献 1 000 美元作为双树旅馆的悔过之举，同时双树的管理层还承诺要重新修订旅馆的员工培训计划，以确保将此类事件再次发生的可能性降到最低，以及双树旅馆的一位高级副总裁在直播网络上与法默和艾奇逊就此事展开讨论，以证明饭店认真对待此事。这些举措充分体现公关原则。遇到危机事件，万万不可拖拖拉拉指望事件会自然平息，这样只会使事态越来越糟，企业越来越被动，处理起来难度越来越大。

能力培养训练

（一）背景材料

头发事件

国庆节那天，几位商界老板谈完生意后，相约到“× 家庄”共进午餐，兼为其中的 A 老板的爱女庆祝生日。“× 家庄”是我们这座北方城市有名的粤菜馆，在全国搞连锁，也算是大名鼎鼎。

一道色香味俱佳的“油焖芥蓝”上来后，大家举箸分享。忽然，B 老板将菜吐到了小碟里。原来，B 老板感到下咽时喉咙有异样感，吐出来一看，一根长长的头发与菜搅和在一起。菜里有头发！满桌人顿时感到不舒服，纵然是人间第一等美味，也不由人不反胃。雅间的服务小姐在确认头发是菜里的以后，去向上司禀报。

过了一会儿，一个穿职业装、带着耳机的高个小姐走了进来，冲我们说：“各位老板，我是这儿的领班，出了这样的事，实在不好意思，您们看这事怎么解决？”我们反问：“这样的事情你们怎么解决？”领班一边捏着胸前的微型话筒，一边说：“我们一般是给您再换一个菜，或免收这道菜的菜金。”经询问，领班所佩带为对讲机，显然，是将雅间里的情况通过对讲机传递给酒店的负责人。这无形中引起了大家强烈的反感，坚持要酒店老板出面对话，领班的答复是“老板不在”。僵持了一会儿，领班提高了嗓门，说：“我的权限是换个菜或免这个菜的菜金，你们看着办吧。”领班的口气非常强硬，一副爱谁谁的样子。我们坚持不与她交涉，领班退出。

另一着职业装、戴耳机的小姐进来。依然是那套说辞，但此人级别上升，为当班主管。

我们再次重申，只与酒店老板对话。主管反复强调老板外出，回不来。又拖延了十来分钟，我们提出只付酒水钱、不付菜金的方案，并指出我们身为企业管理者，不会有意为难，而是对酒店的管理失误的惩戒，以避免出现更为严重的失误。主管仍以老板不在为挡箭牌，说难以做主。见此情况，我们等其老板来解决问题。从主管答应告知老板回来，经过快一个小时还不见踪影。

到了下午两点多，大家时间都宝贵，就提议签单，让其老板随后找我们处理。主管仍搪塞等她老板回来。我们实在忍无可忍，收拾东西要离开酒店。我们等电梯时，另一主管模样的人用对讲机下通知："都到楼下，他们要走"。看来，到门口还有麻烦。我们已经进入电梯时，主管快速跑过来，拦住我们，说："我们免菜金，但酒水钱请您们付了。"埋单后到酒店门口，几个保安正严阵以待，好像还没收到撤离的指令。

"头发事件"至此结束。大家回望"× 家庄"不俗的门头，摇着头走了。

（二）训练目的

（1）通过训练，使学生更好地消化与理解酒店危机管理的类型、危机管理的主要内容与管理原则、酒店危机管理策略与技巧等理论知识。

（2）通过训练，培养学生有关危机管理的学以致用的能力。

（3）通过训练，培养学生独立分析问题能力、创新能力与团队合作能力。

（三）训练内容与步骤

训练内容：

（1）"头发事件"属于哪种危机事件？

（2）该酒店在此次事件上处理得是否得当？有哪些具体表现？

（3）该酒店的行为违背了什么基本原则？

（4）该酒店危机管理工作存在哪些问题？

（5）请为该酒店设计正确的处理方案。

训练步骤：

（1）人分析回答第（1）、（2）、（3）个问题，分析思考第（4）、（5）个问题。

（2）小组内成员之间就第（4）、（5）个问题进行讨论交流。

（3）小组之间就第（5）个问题开展讨论交流。

学习评价

依据个人的表现情况，小组内互评、组间互评，然后老师进行评价，确定个人能力水平和努力方向。评价的具体内容如表表 8-7 所示。

表 8-7 评价细则

内容			评价		
学习目标		评价内容	组内互评	组间互评	教师评价
专业知识	应知应会	危机管理的类型	Yes No	Yes No	Yes No
		危机管理的主要原则	Yes No	Yes No	Yes No
		如何应对酒店的危机	Yes No	Yes No	Yes No
专业能力	1．能够具备危机意识 2．能够评价危机状况 3．能够提出解决方案	明确危机管理的工作主要内容	Yes No	Yes No	Yes No
		运用所学知识，能够判断酒店面临的危机状况	Yes No	Yes No	Yes No
		具备反思能力，优化原有的解决方案	Yes No	Yes No	Yes No
通用能力	组织能力		Yes No	Yes No	Yes No
	沟通能力		Yes No	Yes No	Yes No
	解决问题能力		Yes No	Yes No	Yes No
	自我管理能力		Yes No	Yes No	Yes No
	创新能力		Yes No	Yes No	Yes No
态度	积极参与，集思广益		Yes No	Yes No	Yes No
努力方向：			建议：		

课外作业

(1) 走访自己熟悉的酒店，了解其是否遇到过危机事件。如果有，又是怎么化解的？

(2) 上网收集有关酒店危机管理案例，分析学习其处理方法与技巧。

单元九

酒店营销管理与控制

自 20 世纪初企业管理理论形成以来，一直就对企业发展起到了重要的指导作用，各国经济的飞速发展，是与企业管理的进步分不开的，同时也表明，管理就是生产力。有效的酒店管理能够提高酒店的劳动效率，降低酒店的交易成本，从而提高酒店的营业利润。

酒店营销战略目标能否实现，除了目标本身应切合实际、具体营销战略必须具有预见性之外，还必须依靠在整个营销进程中实施有效的控制。酒店营销控制是酒店营销战略理论的一个重要组成部分，是酒店营销战略目标得以实现的重要手段。因此，作为酒店来讲，应逐步形成一套完整的营销控制系统，以保证酒店营销的有效进行。

学习目标

1. 能够参与酒店营销管理；
2. 能够参与酒店营销控制。

目标一 酒店营销管理

随着我国旅游业的持续发展，我国酒店业出现了空前的繁荣，酒店的数量不断增加，行业之间的竞争不可避免的越来越激烈，而在竞争中，市场营销管理对酒店的发展起到重要的作用。在酒店产品功能基本相似的情况下，谁能更接近市场，了解市场的需求，推出市场需求的酒店产品，谁就能在市场上占领更大的份额。因此，企业必须以市场需求作为营销管理活动的依据与出发点，树立以满足市场需求为企业经营指导思想，降低管理成本，提高经济效益。

案例介绍

今日的假日酒店集团

假日酒店集团是全世界最具知名度的酒店品牌之一，向来以为客人提供亲切友善的服务著称。在世界每一个角落——无论是小城镇还是大城市，在寂静的高速公路旁还是喧嚣的机场，都有假日酒店这一品牌。拥有 1 500 多家酒店的假日酒店品牌仍旧是一个最大的酒店品牌，并在全球范围内被广泛认知。现代化的飞速发展，给全方位服务的假日酒店又提供了一次发展的契机。假日酒店品牌以合理的价格以及物有所值的住店体验使其成为中国最大的中档酒店品牌。入住假日酒店及度假村的客人均会被员工的“事事可为”精神所打动。至 2006 年，假日酒店及度假村品牌已连续第六次在全世界及亚太地区蝉联由商务旅行杂志所评选的“最佳中档酒店”桂冠。

假日酒店于创立之初即以美国的中产阶级为目标的顾客，根据中产阶级的经济情况和旅行需求，控制了假日酒店的建造等级，只建造中高档酒店。这样，既能提供舒适、方便、安全的住、食、行等方面的服务，同时还要使中产阶级旅客有能力支付这类酒店的费用。假日酒店还认为，酒店应该是家庭和社会活动的综合体，既应该有家庭的舒适、方便、安全、还应该有社会上的娱乐场所。如客房内要有电话、电视、音响、写字台、沙发、卫生间和中央空调等设备，使酒店成为顾客安适的家；还要有一些社会活动场所，如游泳池、酒吧、音乐茶座、康乐中心、健身房、网球场、保龄球，商场，邮局，银行，商务中心等，以满足顾客在商务旅行中社会交往的商务接洽的需要。

酒店创始人威尔逊先生早年就主张饭店应该洁净、舒适，方便、安全、廉价。假日饭店联号也以此作为他们的经营方针和经营战略，向中产阶层旅游者提供廉价、优质的各项饭店服务。因此，它的旅游市场是稳定的，客源是充足的。

威尔逊先生早年还有一种想法，今天已经成为假日饭店联号的经营信条，他想如果客人在一家假日饭店下榻，希望客人离开后到其他城市或其他国家旅行，仍然住假日饭店。开始时，威尔逊先生是用电话联系，协助客人预订下一站的旅馆，然后由客人付费。而今天，威尔逊先生采用了先进的计算机预定系统向旅客提供方便的预订业务，使假日饭店联号与分布在 53 个国家的 1 017 家饭店结成有机的协作和预订网络。正如威尔逊先生所强调的，只要客人住进他的一家饭店，就可以在隶属假日饭店联号的所有饭店内得到住宿的便利。这种饭店联号或饭店集团内客源流向的控制，实际上是垄断客源。开展计算机预订网络和进行流向控制，已成为今天国际饭店联号间普遍采用的竞争手段。

相关知识

（一）酒店营销管理的概念

酒店营销管理是指酒店用现代化的手段对营销业务进行分析、计划、执行和控制，以谋求创造、建立及保持与目标市场之间相互有益的交换和联系，从而争取达到酒店规定的目标。也就是酒店经营者为造就顾客满意，并在顾客满意的基础上实现酒店经营目标而展开的一系列有计划、有组织的活动。

对这一定义，我们需要阐明几点。首先，酒店营销管理设计 5 个基本管理只能：计划、决策、组织、指挥和控制。计划包括提出一系列准备要实施的营销行动方案；决策包括对所提出的营销方案进行分析，评价，选择和实施；组织涉及建立正式的组织结构，将营销活动按类别形成营销部门，规定营销部门与各经营部门单位之间的关系，营销的组织职能在推销力量的管理和酒店的整个结构中尤其重要；指挥职能涉及酒店关于人的哲学以及如何将个人的需要与酒店的需要结合起来；控制职能涉及制定营销绩效标准、评价实际营销绩效、比较实际绩效和所建立的绩效标准和采取纠正行动。

（二）酒店营销管理的目标

营销管理活动通常要达到双重目的：一是满足顾客的需要；二是达成酒店的目标。

对酒店营销管理来说，这两个目标是缺一不可的。因为没有顾客需要的满足就没有酒店长期利益的实现，没有酒店当前目标的实现就没有酒店的长期存在。

酒店营销管理是努力开发适合特定顾客群并对他们有吸引力的产品和服务。这种努力的目的是要使这些顾客群体愿意用货币交换酒店的产品或服务。

（三）酒店营销资源的管理

酒店营销需要运用一些资源来实现它的目标。从广义上讲，这些资源是劳动的资本。这些资源通常称为“营销组合”或酒店的“营销决策变量”。酒店营销组合中包含的要素可以有很多，但一般认为是 4 个决策变量：产品或服务、价格、渠道和促销，如表 9-1 所示。

营销组合也是酒店营销管理的重要组成部分。酒店营销组合的确定从属于目标市场的性质。如果目标市场中的顾客群的属性比较单一，酒店的营销组合就比较简单。例如，如果目标市场中的顾客是经济顾客，即顾客主要考虑客房价格，则酒店的“产品”——客房的规格和等级就不能过高。如果目标市场中的顾客群的属性比较多元化，酒店的营销组合就比较复杂。例如目标市场中的顾客既有经济顾客又有富裕顾客，则酒店的“产品”——客房就必须是多规格和多等级的。

表 9-1　酒店营销组合与主要变量

产品（服务）	价　格	渠　道	促　销
客房、餐厅、娱乐实施的规格与等级 酒店品牌、服务规格与等级 成本控制 服务质量	客房、餐厅、娱乐的定价方式价格表、折扣、服务费、小费支付期限、信用条件	计算机预订系统 旅行社 航空公司 酒店代理商 旅游批发商 旅游协会	酒店宣传册 户外广告 报纸广告 电视广告 人员推销 公共关系 形象促销 销售促进

对酒店营销组合进行管理时，还必须注意其中各个变量之间的互相联系和互相衔接。即营销组合中的 4 个决策等变量——产品、价格、渠道和促销的运用，是一种整体性的运用。简言之，就是酒店有什么样的产品策略，就应该有什么样的价格、渠道和促销策略与之相匹配。例如，高规格、高等级的豪华酒店，必须以“物有所值”的价位，有高信誉等级的旅行社以及商品的广告宣传与之相匹配。否则，就会导致营销组合变量之间的失调，给顾客造成心理上的混乱。

（四）酒店营销管理程序

酒店营销管理程序，由分析市场机会，选择目标市场、制定营销因素组合、组织控制营销活动 4 个环节组成。

1. 分析市场机会

（1）酒店营销环境分析。这种分析的目的主要是为了发现环境因素给酒店存在带来的机会和挑战，并根据酒店资源的优劣，来确定酒店大的营销战略，如是否扩展酒店规模或是否向集团化、国际化方向发展。

（2）酒店顾客消费行为分析。这种分析的目的主要是为了发现顾客的消费需求模式及其变化以确定酒店具体的营销策略，如对团队顾客如何给予数量折扣，或是否应该增加免费洗衣服务项目。

（3）酒店市场分析。这种分析的目的有 3 个：一是为了了解客源供给量、结构和增长幅度以及其他服务设施，如会议室、餐厅、酒吧、娱乐设施的需求量；二是为了了解竞争对手的客房数量、增长幅度和竞争方式；三是为了酒店细分市场和产品定位做好准备。

2. 选择目标市场

一般来说，任何酒店都不可能在市场中展开全方位的竞争，或不可能很好地满足所有顾客的不同需要。因此，酒店必须根据营销调研分析所发现的市场机会，结合自己资源的优势和特长，在细分市场基础上，选择进入哪个或哪些市场部分，为哪个或哪些市场部分中的顾客服务，也就是酒店拟投其所好、为之服务于哪个顾客群，即选择目标市场。目标市场即最有希望的消费者群体。酒店的目标市场应具备以下特点：对酒店产品有兴趣、有支付能力消费者，不存在过多竞争对手，而本酒店有能力满足其需求。

这主要包括如下环节：① 细分市场，即用一定的标志将酒店划分成若干子市场，如可以用“收入”标志将酒店市场化分为三块：低收入顾客，中等收入顾客和高收入顾客；② 根据酒店资源优势选择目标市场，如进入“高收入”顾客市场；③ 确定目标市场的营销策略，如是使用单一性营销组合策略，还是使用差异性营销组合策略。

3. 制定营销因素组合

目标市场选定后，就得根据目标市场的需要，确定营销因素组合，制定经营策略，以实现酒店的预期目标。营销因素组合就是为了在目标市场中实现预期的目标，而对可控制的各类营销因素的特殊组合和综合运用。针对宾客的不同需要开发各种受宾客欢迎的组合产品，吸引客源，现有的组合产品方式包括：

（1）公务客人组合产品。针对公务客人的特殊服务，为公务客人提供优惠：如免费在客房供应一篮水果，免费提供饮料，免费使用康乐中心的设施和器材，免费参加酒吧中的歌舞娱乐活动。

（2）会议组合产品。包括使用会议厅，会议休息时间供应点心咖啡，会议期间工作餐，按每人一个打包价格优惠提供。

（3）家庭住宿组合产品。形式如双人房供全家住宿，小孩与父母同住免费加床，提供看管小孩服务，小孩免费使用康乐设施，餐厅提供儿童菜单。

（4）蜜月度假产品。蜜月度假产品只向新婚夫妇提供，一般需要漂亮而宁静的客房以及一些特殊的服务，如一间布置漂亮的洞房，免费床前美式早餐，免费奉赠香槟酒，客房里供应鲜花、水果篮。

（5）婚礼组合产品。这类产品主要针对当地居民市场，结合婚礼消费的形式，适应消费的心理，强调喜庆的气氛，吸引消费。

（6）周末组合产品。周末组合产品可吸引客人在一周工作之余，来休息和娱乐一下，因而需策划组织一些娱乐体育活动：如举办周末晚会、周末杂技演出等，将娱乐性活动加上饭店的食宿服务组合成价格便宜的打包价产品。

（7）淡季度假产品。在营业淡季时以一周或十天住宿加膳食以包价提供给客人。同时，为了吸引宾客，还要策划组织宾客免费享受娱乐活动。

（8）特殊活动组合产品。这类组合产品的开发需要营销人员具有创造性及事实思维，设计出既新颖又在销售上可行的产品，可利用现有的设施和服务组织，如乒乓球、网球、保龄球赛等活动，提高酒店的声誉及形象。

4. 组织控制营销活动

实施酒店营销活动必须与酒店内其他部门密切配合，如住宿与前台、客房，用餐与餐厅，会议与工程、音响等，营销部常常代表顾客的要求和利益，而顾客的要求有时非常挑剔，有可能影响其他业务部门的工作程序，营销部应做好顾客与经营部门的协调工作。市场营销的作用在于沟通酒店和客源间的市场供求关系，以求使酒店达到最佳效益，因而酒店的市场营销是酒店经营管理的核心。

营销计划的控制是营销管理中极为重要的环节，因为酒店管理阶层必须不断了解营销计划的实施情况，以及酒店的经营目标完成的如何。如果营销计划的运作未能实现酒店预期的经营目标，则必须采取纠正行动。营销计划的控制涉及按照计划的标准评估营销绩效，分析营销绩效偏离计划标准的原因，然后采取相应的纠正行动。

以上 4 个环节构成了酒店营销管理的整个过程，它们在实践上继起，在空间上并存，循环往复，不断提高，推动酒店营销管理的周期性运动。

案例分析

假日酒店对最终顾客恰当定义，以及随后按其需求特征所提供的产品和服务，使假日酒店获得了巨大的成功。假日饭店联号所属的饭店一直面向中产阶层，以此阶层的家庭和商业旅游者为他们的主要客源。同时利用方便、准确的计算机预订系统，向旅游者提供便利的预订业务，达到控制客源流向的目的。

酒店营销的基本任务是创造顾客、经营创新。

顾客是酒店生存发展的基础。只有顾客才能向酒店提供效益。正是为了满足顾客的需求，酒店才将其有限的资源托付给营销部门加以运作。随着世界经济的一体化和国际化，顾客也正在趋向“国际化”，即跨国旅行（商务国际旅行或度假旅行），因而酒店必须在全世界许多地方而不是只在一个地方为顾客服务。酒店的顾客市场已不再是某一地区市场，而是全国市场和国际市场。

酒店营销的第二个基本任务是经营创新。对一个酒店来说，总是提供不变的产品和服务是不够的。它必须提供更好、更多的产品和服务。一个酒店不一定变得更大，但它必须变得更有创新性。酒店联号这种经营方式的创新对现代酒店业的发展起到了巨大的推动作用，并成为现代酒店业的发展趋势。

其实，营销管理的本质就是酒店对动态环境的创造性的适应。酒店营销并非只是某种功能的实施，而是贯穿始终的过程。因为酒店营销活动是在一个特定的环境下进行的，这些环境因素具有很强的变化性，实施有效的管理，以适应环境的变化。假日酒店客观地分析市场机会，根据中产阶级的经济情况和旅行需求，准确的市场定位和产品组合，以合理的价格以及物有所值的住店体验使其成为最大的中档酒店品牌。假日酒店能取得今日的成就，就是实施了有效的营销管理。

能力培养训练

（一）背景材料

得不偿失

一家星级酒店，有两个销售部，一个是负责客房的销售部，另一个是负责宴会的销售部。有一次宴会销售部为完成餐饮指标，招徕了一个乡镇企业的订货宴会。那天下雨，大批郊县农民脚穿雨鞋大声吵嚷地步入酒店，不仅弄脏了酒店光鉴照人的地面，而且在电梯里与一个刚抵达的日本旅游团拥挤在一起。事后，日本旅行社强烈投诉，认为酒店的档次太低，与原先销售人员登门宣传的完全不相符。结果是，酒店因为接待了一个价值仅三万元的宴会，却失去了一个可以预计带来年营业收入三十多为万元的日本系列团。而该乡镇企业在结账时却还认为宴会价格太高，菜肴过于精雕细琢，一点都不实惠。

（二）训练目的

（1）训练学生分析问题的能力。

（2）训练学生解决具体酒店营销管理问题的能力。

（3）通过训练，加深学生对酒店营销管理目标任务的理解。

（三）训练内容与步骤

（1）让学生温习酒店营销管理的目标与任务。

（2）将学生分成几个小组，分别讨论该酒店营销管理的问题。

（3）请各小组提出解决问题的办法，并派一名代表进行阐述。

学习评价

依据每个小组内每个人的表现情况，小组内互评、组间互评，然后老师进行评价，确定个人能力水平和努力方向。评价的具体内容如表 9-2 所示。

表 9-2 评价细则

<table>
<tr><th colspan="3">内 容</th><th colspan="3">评 价</th></tr>
<tr><th colspan="2">学 习 目 标</th><th>评 价 内 容</th><th>小组互评</th><th>组间互评</th><th>教师评价</th></tr>
<tr><td rowspan="4">专业知识</td><td rowspan="4">应知应会</td><td>简述酒店营销管理的概念</td><td>Yes No</td><td>Yes No</td><td>Yes No</td></tr>
<tr><td>简述酒店营销管理的主要理论</td><td>Yes No</td><td>Yes No</td><td>Yes No</td></tr>
<tr><td>简述酒店营销管理主要办法</td><td>Yes No</td><td>Yes No</td><td>Yes No</td></tr>
<tr><td>简述酒店营销管理需要注意的问题</td><td>Yes No</td><td>Yes No</td><td>Yes No</td></tr>
<tr><td rowspan="3">专业能力</td><td rowspan="3">1. 了解酒店营销管理的主要理论方法
2. 能够分析制定酒店营销管理策略
3. 能够优化营销管理内容</td><td>根据酒店情况，选择有效营销管理方法</td><td>Yes No</td><td>Yes No</td><td>Yes No</td></tr>
<tr><td>运用所学知识，能够确定酒店营销管理方法</td><td>Yes No</td><td>Yes No</td><td>Yes No</td></tr>
<tr><td>具备反思能力，优化酒店营销管理的措施与内容</td><td>Yes No</td><td>Yes No</td><td>Yes No</td></tr>
<tr><td rowspan="5">通用能力</td><td colspan="2">组织能力</td><td>Yes No</td><td>Yes No</td><td>Yes No</td></tr>
<tr><td colspan="2">沟通能力</td><td>Yes No</td><td>Yes No</td><td>Yes No</td></tr>
<tr><td colspan="2">解决问题能力</td><td>Yes No</td><td>Yes No</td><td>Yes No</td></tr>
<tr><td colspan="2">自我管理能力</td><td>Yes No</td><td>Yes No</td><td>Yes No</td></tr>
<tr><td colspan="2">创新能力</td><td>Yes No</td><td>Yes No</td><td>Yes No</td></tr>
<tr><td>态度</td><td colspan="2">有远见，细心，高度责任感</td><td>Yes No</td><td>Yes No</td><td>Yes No</td></tr>
<tr><td colspan="3">努力方向：</td><td colspan="3">建议：</td></tr>
</table>

课外作业

（1）叙述酒店营销管理的程序。

（2）考察当地一家成功的酒店，归纳这家酒店对营销资源是如何进行管理的。

目标二 酒店营销控制

酒店营销战略目标能否实现，除了目标本身应切合实际、具体营销战略必须具有预见性之外，还必须依靠在整个营销进程中实施有效的控制。酒店营销控制是酒店营销战略理论的一个重要组成部分，是酒店营销战略目标得以实现的重要手段。因此，作为酒店来讲，应逐步形成一套完整的营销控制系统，以保证酒店营销的有效进行。

案例介绍

金陵饭店营销控制

南京金陵饭店集团有限公司于2002年10月经省政府批准成立，并被授予国有资产投资主体。公司以酒店连锁经营管理为核心业务，并从事省政府授权范围内的国有资产经营、管理、转让、投资、资产重组等业务。金陵饭店的发展目标是:以发展为中心,以创新为动力,以“金陵”品牌为依托，构筑资本运作平台，将金陵饭店集团建设成为江苏省具有国际影响力的、跨地区、多领域连锁发展的大型旅游集团，为促进江苏省旅游经济增长、建设旅游大省的宏伟目标做出贡献。2007年7月,在世界酒店业权威杂志《HOTELS》公布的全球酒店业300强排行榜中,金陵饭店集团名列全球第73位,是全球酒店集团100强、中国本土酒店集团前三强的知名企业。

金陵饭店的主要管理团队成员都是海外留学人员，具有对酒店管理、集团财务管理、IT管理等方面的专长。

集团财务管理是金陵饭店集团管理的重要内容，金陵饭店积极应对新形势下所面对的管理问题，保障并强化核心产业/产品市场竞争优势，对外谋求更大市场竞争优势与市场占有率，保障金陵饭店战略的顺利实现，集团财务的管理特色表现在以下几方面：

（1）帮助集团企业实现财务控制，更好地发挥激励机制，并因此在集团整体上带来更高的财务资源配置效率。

（2）构建以资金控制为重心的全面预算体系，将企业集团的决策目标及其资源配置规划加以量化并使之得以实现。

（3）建立与完善企业集团财务信息报告体系，以集中的财务核算为基础，从信息质量标准、报告标准、内容结构以及组织程序等方面确立一整套明晰、规范的信息报告流程。

（4）在高效的核算及报告体系、资金集中管理、全面预算基础上，实现资本投资评估、会计回报率、内部收益率等测算，以及对公司战略决策提供财务依据。

相关知识

（一）酒店营销控制的定义及作用

酒店营销控制，就是指酒店根据管理信息系统提供的资料，考察实际情况与原定计划的差异性，分析原因，并对战略不当处加以修订，或对策略措施加以调整，以保证酒店营销战略目标实现的过程。

在酒店营销过程中，建立酒店营销控制制度是非常重要的。它有助于酒店营销战略符合实际，也有助于酒店目标的实现。同时，它还能提供提高工作绩效的手段和有效利用酒店稀有资源分配的方法，也是进行营销组合调协和营销人员有效协作的重要手段。因此，作为酒店来讲，应逐步形成一套完整的营销控制系统，以保证酒店营销的有效进行。

（二）酒店营销控制的类型

1. 按酒店营销控制不同的方向划分

按酒店营销控制的方向不同，可将其划分为策略控制和过程控制。

（1）策略控制是通过不同手段对酒店营销的环境、内部营销系统和各项营销活动进行定期、全面、系统的考核，其目的在于发现营销活动中所遇到的目标性、策略性问题，并提出相应的改进措施，以保证营销任务的完成。

（2）过程控制是对营销活动过程各环节进行监督，发现营销目标不能正确贯彻落实时，及时采取必要的措施，以确保营销目标的完成。过程控制的核心是实行目标管理，将目标细分为若干小目标，分层落实。对其执行情况，由上级定期审核成果，发现异常情况出现，立即分析原因，并采取措施纠正错误。

2. 按酒店营销决策类型划分

按酒店营销决策类型，可以将酒店营销控制划分为程序化营销控制和非程序化营销控制。

（1）程序化营销控制是将决策过程规范化、程序化，不必每次做出新的决策。按决策的规范化、程序化要求，将权力下放给中层管理人员。这种控制关键是要使程序科学化和标准合理化。在实际工作中，一般是确定具体的“控制警戒点”（超出常规界限规定）。一旦达成“警戒点”则应及时向上级汇报，并采取措施纠正。

（2）非程序化控制是对那些不带规律性而带有风险性、不确定性的重大问题、复杂问题所进行的控制。这种控制较为复杂，一般应由高级主管部门及其智囊专门负责，及时对决策目标、决策行动、决策结果进行追踪检查，并随时依据信息反馈调整决策。

3. 按酒店控制对酒店营销的不同影响划分

按酒店营销控制对营销的不同影响，可以将酒店营销控制划分为年度计划控制、获利性控制和营销策略控制。

（1）年度计划控制是指在年度计划中分期确定计划目标，以此作为控制目标，对照检查执行情况。其目的是确保年度计划规定的目标得以实现。

（2）获利性控制是指酒店对其产品在不同地区、不同市场、通过不同分销渠道销售的实际获利能力进行测算。在测算的基础上，决定哪些产品、哪些市场应予扩大，哪些产品、哪些市场应放弃或缩减。

（3）营销策略控制是指酒店对其所面临的营销环境做出分析，对酒店营销组合做出评价，从而对酒店的生存能力和竞争能力做出推断，并据此对酒店营销组合策略计划做出修正。

（三）酒店营销控制的步骤

1. 确定酒店营销业务评价的范围

酒店营销活动包括的业务很多，范围很广，而控制则是有针对性地进行的。因此，要实施有效的营销控制，就应先确定应评价的范围，即在控制系统中确定子系统的边界。

2. 建立衡量标准

在确定了酒店营销业务应评价的范围后，接下来是建立衡量标准。衡量标准一般分为两类，一类是效果尺度，另一类是效率尺度。效率尺度表明完成工作所花费的代价（如费用、费用变化效率等）。建立衡量标准，应根据酒店的特征和控制的要求，设立衡量标准指标体系，并根据市场情况的变化和控制的需要而随时改变和调整指标体系。

3. 建立工作效绩标准

工作绩效标准是衡量实际工作效绩的依据和准绳，是衡量的标准的具体化、阶段化。工作绩效标准的设立应根据营销活动的特点和衡量标准来进行；标准还应尽可能量化，即最好是定量的；有些标准虽然不能量化，但也应提出定性标准。

4. 确定检查方法

进行工作绩效的评价需要运用一定的方法。最基本的方法是收集和积累资料，还可以直接观察。在控制过程中应采用何种方法，应根据实际情况而定。

5. 用绩效标准来检查实际工作绩效

这一步是要找出实际工作情况和标准之间的偏差信息，根据这种信息来评估实绩工作优劣。控制仅有标准是不够的，关键是要将实际工作成果和标准进行对比，找出差异。控制的目的不是为了衡量绩效，而是为了达到预定的绩效。因此，应防止虚报绩效，对完成好的应予以总结，并在今后的时间中加以推广；对完成得较差的应分析原因，并在下一步解决；同时还应在控制过程中预测可能出现的偏差，以便控制未来的绩效。

6. 分析与改进绩效

分析和改进绩效是控制的最后一步。它是对出现偏差的营销活动进行分析，估计偏差的类型的数量，并寻找产生偏差的原因；然后采取措施更正实际工作结果与标准之间的差异。当然，并不是任何偏差都需要采取更正行动，也不是任何人都能采取更正行动，也只有被授予权力的人员才能够采取更正行动。

（四）酒店营销控制的工具

在酒店营销控制中，常用的工具有如下几种：

1. 获利性分析

运用获利性分析旨在衡量酒店各项业务的获利能力情况。具体做法是将每种分析对象的实绩与预期目标进行比较。通过比较，对于获利能力强的项目，即实绩高于目标的项目，要继续实施进行，并保持下去；对于获利能力弱的项目，即实绩低于目标的项目，应进行绩效改进分析。

2. 预算

酒店营销中的预算，主要是指在酒店营销活动进行之前用数字来表示预计的效果，可以说预算是数字化了计划。预算是一种有效的控制工具。其优点表现在：一是明确，各项工作成果均数字化，使人一目了然；二是控制方便，任何活动都可以用费用来反映；三是便于授权且不会失去控制。当然，运用预算工具进行控制，应克服预算偏大、偏细、偏死的缺陷。酒店预算主要包括收支预算、现金预算、资金支出预算、资产负债预算等。预算的编制应结合酒店的预算目标进行，使之能反映控制项目的要求、时间要求。

3. 20/80 原则

20/80 原则是指一个企业的产品组合中，销量大、利润高的产品一般只占 20%，而销量小，利润低的产品却往往占 80%；或者换句话说，企业 80% 的销售收入往往来自 20% 的产品或目标市场。这个原则是根据 ABC 分析法来提出来的，虽然不能对所有的酒店运用，但也是具有一定的普遍性。它对于多数酒店适用，因为在酒店营销中往往赖于某些关键产品、关键顾客、关键营销人员和关键订单买单。因此，20/80 原则是一种很有用的控制工具，它可以帮助营销者掌握关键的多数，放松次要的少数，从而抓住主要矛盾。

4. 效率测量

效率测量主要是通过各种效率指标的计算来进行控制的一种工具。常用的指标有投资收益率、劳动效率、利润率、生产率等。效率测量常借助于财务报表来进行分析。

5. 百分比分析

百分比分析是一种计算相关因素比率的统计分析法，用以控制营销活动的绩效完成程度，并以此分析某种营销项目在一定时期的发展趋势。常用的指标包括：各项支出占总支出的百分比、各项销售占总销售的百分比、各项业务开展的进度百分比、市场占有率、资金利润率、费用利润率等。

6. 损益平衡分析

损益平衡分析也称盈亏平衡分析，是一种十分有效的控制手段。它有利于确定临界的产销量，便于决策者据此决定营销发展规模；它有利于营销者掌握保本、保利的产销量；它还有利于营销者制订价格政策，进行价格决策；它同时有利于营销人员进行行动方案的选择。当然，损益平衡分析建立在各种费用、产销量和收入之间存在着线性关系的假定的基础上，而且它还假定固定成本不变，因而它是一种静态的、描述性的模型。

7. 网络技术（网络图）

网络技术是一种综合控制方法。它可以有效地对项目所使用的人力、财力和物力资源进行平衡，能控制项目的时间和成本，能够在实施出现偏差时找出原因和关键因素，并能从总体上进行调整，以保证按量达成目标。运用时可将控制项细分化、具体化、程序化，并规定每个环节的计划时间、完成期限，明确规定具体负责人及其职责，画出网络图。通过网络图可以直观地找出控制项目的关键路线和非关键路线，从而进行有效的控制和调节，保证关键线路的畅通。

（五）提高酒店营销控制效能的途径

一项有效的营销控制必须具有目的性、及时性、经济性和客观性，此外还应具有弹性，控制必须配合组织形态，控制应注意预测未来，并且必须针对重点，为人所了解。在酒店营销控制中，如何进行有效控制，发挥控制的效能，应着重做好如下工作：

1. 建立和坚持营销控制制度

首先应按科学的程序建立酒店营销控制制度，并坚持进行控制。控制是一项经常性的工作，必须坚持，并逐步常规化、制度化。

2. 调动被评价人员的积极性

在日常控制中，由于检查与被检查、控制与被控两方面的人员在认识上有差异，往往会产生不协调的感觉，影响控制效能的发挥。这就需要调动被评价人员的积极性。可以吸收被评价人员参加协商，以求得被控制者的配合与支持；同时还可以向他们说明从控制中所得到的好处，以调动其完成目标的积极性。

3. 突出控制的重点

把工作重点放在提高绩效上。对于工作绩效不良的人员应少批评，多找原因，并与之一道研究改进措施；注意绩效评价标准的灵活性，标准的制订应因人、因事、因时、因地而异，不可不切实际地提高标准或“一刀切”。

4. 灵活运用科学的控制方法

要根据营销活动的特点，采用直接控制和间接控制的方法；必须运用先进的信息处理手段，运用计算机控制系统进行控制；为提高控制效率，可采用“例外管理”原则和“要事先办”的原则，对那些绩效显著低于标准的关键方面实施控制。

5. 建立一种高效率的控制组织体系

在酒店营销控制中，应建立一种自上而下包括上层管理部门负责人和控制部门负责人（总经理和各职能部门主管）在内的控制组织体系。各项营销活动皆应有专门负责，酒店决策者应赋予他们采取正确行动的权利，同时定期要求他们进行汇报，以便了解和掌握情况。

6. 确定符合实际的检查次数

要使酒店营销控制发挥其效能，还应合理地确定营销控制检查的次数。评价间隔期的长短决定于检查次数的多少，并取决于能够取得正确评价资料的时间。这种时间的长短并无硬性的规定，因为各种营销活动的复杂程度不同，获取资料的要求不同，所以应视需要而定。检查的次数可以每周一次，也可以每月一次、每季度一次。

（六）酒店营销审计

营销审计是一种综合性的控制手段。酒店营销战略计划实际上就是酒店营销审计过程，它是一种高层次的营销控制，是在一定时期对酒店全部营销业务活动进行总的效果评价。营销审计一般由三个主题构成，即审者（咨询公司或内部审计部门）、接受审计者（营销各部门、个环节）和委托审计者（领导层或主管部门）。

1. 酒店营销审计的内容

结合酒店营销活动的实际，酒店营销审计的内容主要包括以下几个方面：

(1) 酒店营销环境审计。酒店营销环境审计包括市场、顾客、竞争者、其他直接影响酒店营销因素等检查的分析，以及对经济、政治、技术、生态、文化等宏观环境的审查。

（2）酒店营销策略审计。酒店营销策略是一个策划的谋略体系，它包括酒店营销任务的确定、营销目标的确立和营销策略制定三个方面。进行营销策略审计就是要从上述三个方面分析它们是否与酒店资源有效利用、能力充分发挥相适应，是否与酒店营销环境相适应。

（3）酒店营销组织审计。根据现代组织设计的统一、精简、效能、权责对等和专业化的原则，对酒店营销组织在预期环境中实施组织战略的能力进行审查。具体包括调研营销部门、财务部门、采购部门等的能力。

（4）酒店营销系统审计。在酒店营销系统中包括若干各具功能的子系统，包括信息、规划、控制、新产品开发等子系统。酒店营销系统审计就是要对各子系统是否达到设立的要求进行审计，对营销系统发挥作用的效益以及酒店在信息、规划、控制等方面的活动进行审计。

（5）酒店营销效率审计。酒店营销效率审计包括对酒店营销各部门、各环节获利能力的审计，以及对各项经营活动的成本效益进行审计。

（6）酒店营销组合审计。酒店营销组合审计，主要是考察各组因素是否协调，能否发挥其整体功效；并分析酒店营销活动是否按营销组合的要求去运转；以及营销组合是否响应目标市场的要求。

2. 酒店营销审计的程序

（1）确定审计的范围。确定审计的范围包括两个步骤。第一步是明确审计的目标，即审计应达到的目的。审计目标一般由委托审计方提出，但审计方或审计人员应据此提出更深一层次的建议。第二步是确定审计的范围和对象。审计的范围可大可小，应根据目标确定；审计的对象可以根据组织层次来确定，当然还应征求委托审计者的意见，共同协商确定。

（2）进行审计前的准备。这主要是进行审计人员的配备和时间的估计。审计人员的确定配备应保证质量。审计人员应德才兼备，德即公正，客观，有良好的职业道德；才即精通审计方面的知识和营销方面的知识。审计的时间应根据预审时间、详审时间和结论所需时间 3 个方面来确定。

（3）进行营销预审。营销预审包括 4 项工作。一是进行调查了解，搜集资料，包括有关的定性与定量资料，掌握被审单位的基本情况，并着手草拟审计计划；二是审查和测试营销控制制度，看其是否完备，是否严格执行控制程序，并对被审单位的管理水平和内部信息资料的工作进行测试；三是对数据资料进行综合分析，以确定审计的重点；四是研究制订审计计划和审计方案。

（4）进行营销详审。这一阶段也可成为正式审计，它是审计工作的关键所在，也是工作量最大、难度最高的一部分。其任务是根据审计目标对营销实绩进行审核，以判断审计对象是否执行公认的业务标准或准则，并根据有关数据资料，对酒店营销绩效做出评价，就该项审计目标得出结论。

（5）产生审计结论。这是营销审计的总结阶段。它根据评审阶段所产生的结论，得出一份营销审计报告。它包括如下内容：被审计单位的审计情况、使用的审计方法、审计中所发现的问题及其讨论的论述、提出审计的建议并预计效果。审计报告后应附上支持这一结论的足够证据，交给委托审计方。

（6）后续营销审计。上述 5 个步骤是营销审计的逻辑程序，到审计报告提交时，审计工作基本结束。但审计本身不是目的，它只是检查营销工作的手段；目的在于改进工作，对审计报告中所提出的问题及改进意见是否落实，要进行跟踪考察，这就是后续营销审计。

3. 酒店营销审计的方法

由于营销审计的范围有广泛性、对象的专业性和内容的复杂性等特点，其审计方法也必然要求多样化，以适应审计工作的需要。常用的审计方法有：

（1）顺查法。即按照酒店营销业务记录和会计记录的程序顺次进行审查。

（2）逆查法。即逆向对酒店营销活动进行审查，它与顺查法相反，是按记录的程序逆向核查的一种方法。

（3）核对法。即利用会计记录之间、统计记录之间和有关原始记录之间的勾稽关系，与有关法规条例和规章制度的要求核对，以证明其真实性、正确性和合理性。

（4）审阅法。即一笔一笔、一项一项地逐笔逐项审查、审阅凭证、记录和账目，以便发现营销业务与营销战略目标是否一致。

（5）查询法。即通过调查询问来取得必要的资料，以证实在审计过程中不能从凭证、账册和业务记录中做出结论和判断的问题。

（6）分析法。即把货币形态反映的综合指标，分解为各种具体因素，再将它们与计划或某些标准对照基数进行比较，以发现其中某些因素的变化，并针对变化的因素进行凭证调查分析，以确定相应的对策。

（7）推理法。即根据已知事实，运用逻辑推理方法确定一种适当的方案推测出结果的一种方法。

（8）统计抽样法。即通过统计抽样的方法，抽取少部分有针对性的调查对象进行取证的一种审计方法。

以上方法是从数据资料等静态方面的营销活动进行的考察，它忽视了组织及人的思想因素的作用。因此，在现代营销审计中还应重视组织观念和人的思想因素。

案例分析

现在金陵饭店集团已经发展成为了一家具有国际影响力的、跨地区、多领域连锁发展的大型旅游集团。在企业保持高速发展、企业规模不断扩大的情况下，通过企业集团财务的战略管理，更好地为企业的战略管理服务；通过营销控制，保证集团总体经营目标的实现。

集团财务管理是金陵饭店集团管理的重要内容，金陵饭店积极应新形势下所面对的管理问题，保障并强化核心产业 / 产品市场竞争优势，对外谋求更大市场竞争优势与市场占有率，保障金陵饭店战略的顺利实现。通过集权来保证集团经营目标的一致性和通过分权来提高各分子公司的积极性。企业集团通过全面预算管理、百分比分析、20/80 原则等营销控制工具，突出责任控制的思想，根据企业集团可能采取的集权与分权，集中核算、分散核算、分散核算集中控制还是分散核算集团并账等不同的财务管理与会计核算模式，为企业集团管理层与决策层在财务分析、预警评估、决策支持等方面提供便捷直观的信息、及时灵活的应用功能和方法，纠正偏差，提高控制效能，实现了企业集团战略管理的成功。

能力培养训练

（一）背景材料

小张着急了

一天，酒店接待会议。所有会议用房的房间号码已经提供给会务组，这天中午正是报到的高峰期，可是还有几间房还没有退出来。客人急得团团转，抱怨酒店提供的房间号码不能保证。销售部小张早上一直到中午都在前台督促房间是否退出来。中午 12:00 通过查询得知，其中有 3 间房是市委接待处用的，13:30 绝对会退出来，另外有一间 1720 房的客人联系不上。前台说客人外出了，找不到客人，要等客人回来才能协调给他换房。但是会务组一个劲地催，小张和酒店 GRO 来到前台找大副、接待员协助联系客人，GRO 查看登记单，得知这间房是由客房部小李预订的，马上由小李联系客人，询问他今天是否退房，如果不退房请他换一间房。幸亏小李知道客人的手机号码，经过协商，最后客人答应换房。这件事才得以解决。

（二）训练目的

（1）训练学生分析问题的能力。

（2）训练学生解决酒店营销控制实际问题的能力。

（3）通过训练，使学生更深刻地理解酒店各部门间沟通合作的重要性以及酒店营销事前控制的重要意义。

（三）训练内容与步骤

（1）将学生分成几个小组，进行讨论。

（2）每个小组派代表分别阐述其对此案例的看法。

（3）要求各小组总结此案例带给我们的经验教训与启示，并派代表进行阐述说明。

（4）总结酒店营销事前控制的重要性。

学习评价

依据每个小组内每个人的表现情况，小组内互评、组间互评，然后老师进行评价，确定个人能力水平和努力方向。评价的具体内容如表表 9-3 所示。

表 9-3 评价细则

内容			评价		
学习目标		评价内容	小组互评	组间互评	教师评价
专业知识	应知应会	简述酒店营销控制的概念	Yes No	Yes No	Yes No
		简述酒店营销控制的主要理论	Yes No	Yes No	Yes No
		简述酒店营销控制主要办法	Yes No	Yes No	Yes No
		简述酒店营销控制需要注意的问题	Yes No	Yes No	Yes No
专业能力	1. 了解酒店营销控制的主要理论方法 2. 能够分析制定酒店营销控制策略 3. 能够优化营销控制内容	根据酒店情况，选择有效营销控制方法	Yes No	Yes No	Yes No
		运用所学知识，能够确定酒店营销控制方法	Yes No	Yes No	Yes No
		具备反思能力，优化酒店营销控制的措施与内容	Yes No	Yes No	Yes No
通用能力	组织能力		Yes No	Yes No	Yes No
	沟通能力		Yes No	Yes No	Yes No
	解决问题能力		Yes No	Yes No	Yes No
	自我管理能力		Yes No	Yes No	Yes No
	创新能力		Yes No	Yes No	Yes No
态度	认真，细心，高度责任感与大局观		Yes No	Yes No	Yes No
努力方向：			建议：		

课外作业

调查当地著名酒店营销控制的工具与程序。

单元十

酒店营销创新

酒店营销的第一个基本任务是创造顾客，即明确谁是酒店的顾客，酒店的顾客在哪里。酒店营销的第二个基本任务是经营创新，即提供与以前不同的产品。对一个酒店来说，总是提供不变的产品和服务是不够的，必须提供更好、更多的产品和服务。进入21世纪，经济全球化、竞争国际化等综合作用，使得创新成为企业生存发展的根本。现代酒店业面临一个前所未有的经营环境，面对这种复杂多变的经营环境，酒店营销必须创新。

学习目标

1. 掌握酒店营销创新的理论与实施方法；
2. 明确酒店营销创新的模式。

案例介绍

九寨沟喜来登：多种方式营销，破除淡季魔咒

九寨沟喜来登坐落在“童话世界”九寨沟的碧水青山之间。每年9月、10月，九寨沟喜来登总经理张鸿华和当地各大酒店的经理都会乐开怀，络绎不绝的游客让他们喜上眉梢。由于受到地震的影响，今年的旺季比想象中要淡一些。此后，他们将面临长达大半年的淡季和平季。如何通过营销做到客似云来，这是一个策略问题。

和传统的产品一样，再高级的酒店也要建立自己的营销渠道和代理网络，这是提升酒店入住率的关键。九寨沟喜来登是中国风景区第一家五星级酒店，这个定位至少给了游客一个指向性的诉求导向。张鸿华说：“九寨沟喜来登在追求标准化的同时，穿插了一些当地的藏羌文化，从酒店的建筑风格到装饰风格都有着浓郁的藏羌文化色彩。”这样一来，九寨沟喜来登在集团内突出了与其他喜来登酒店的不同，而在竞争对手面前突出的则是集团的理念、系统和管理。

对于风景区的酒店来说，旅行社能否为其带来客源至关重要。正因为九寨沟喜来登定位于风景区酒店，它就需要花费更多的时间去打开旅行社的通路。其做法是：淡旺季相结合，旅行社淡季带来多少生意，旺季就可以得到相应的配额。这既是提升淡季营业额的方法，也是取悦旅行社的手段，而且其所带来的经济效益也是显而易见的。旅行社为了调剂需求，通常会配合酒店，通过促销手段将7月、8月等销售平季变成销售旺季。“在淡季，为了节省成本，大多数四星级酒店都关门歇业了，但我们在淡季仍然坚持开业。”张鸿华认为这得益于“旅行社在销售淡季对九寨沟喜来登酒店的支持”。

除旅行社之外，另一个不能忽视的顾客群是政府机关和大企业等客户。在大城市，五星级酒店通常是政府机关或大企业举行会议的首选场所，但它们并不适合所有的会议，例如政府年会、经销商会议等，这样的会议通常会选择九寨沟喜来登等风景区酒店举行。“既能度假、旅游，又能举行会议，这才是他们心目中的理想场所。”张鸿华说，“这样的会议一般选择在年底或者年初。”因此对九寨沟喜来登来说，会议营销成了它在最为冷淡的冬季增加营业额的重要手段。

从2006年开始，九寨沟喜来登加大了会议营销的力度。毕竟，要捱过漫长的淡季，会议营销是一个不得不思考的议题。事实上，喜达屋集团早就制订了详尽的会议营销方案，例如针对各家大企业秘书进行奖励的“明星之选奖励计划”。随着会议厅、宴会厅和剧院的建成并投入使用，会议营销成为九寨沟喜来登破除淡季魔咒的一把利刃。九寨沟喜来登品牌推广人员何疏影说：“我们的会议设施比较齐全，无论是几百人还是几十人，无论是平季还是淡季，我们都能承接会议。会议大多在年初岁尾举行，此时是淡季，所以对会议的价格我们会灵活掌握。我们现在的会议接待已经非常成熟，会议收入所占的比例也越来越大。”

何疏影说，九寨沟喜来登一大半顾客来自海外，而且外国游客逐年增多，主要来自日本、韩国、新加坡等亚洲国家，大多为有经济基础的中、老年人，其中男性、休闲度假者居多。

与竞争者相比，喜来登久负盛名的招牌让张鸿华倍感骄傲。要知道，喜来登所属的喜达屋集团在全球95个国家拥有850家酒店及度假村，这无形中帮助九寨沟喜来登在95个国家建立了销售渠道和宣传平台。这一金字招牌不仅能吸引众多喜来登的拥趸，更重要的是，它能通过全球喜来登酒店的网络促成销售，这与独体酒店相比显然是一大优势。喜达屋集团制订

的许多计划，常常给张鸿华带来意想不到的惊喜，比如“喜达屋顾客优先计划”。在旺季，九寨沟的酒店人满为患，但这项计划确保喜达屋的全球会员能够顺利入住。“这个计划在全球的推广与执行，延长了九寨沟喜来登的销售旺季。”张鸿华说。更让人心动的是这项计划中的“积分兑奖”。据说，在全球五星级连锁酒店中，喜达屋集团推行的“积分兑奖”是唯一能做到即时兑奖的，这对许多旅客颇具诱惑力。通过积分获得度假与私人旅行的机会或直接兑换成房费，的确让人心动。但对九寨沟喜来登来说，它不仅仅是招徕新顾客和维系老顾客忠诚度的一个有效手段，而且为九寨沟喜来登的淡季销售提供了促销途径。

当然，薄利多销，这个放之四海而皆准的法则通常能给酒店的淡季营销带来奇效。供需市场的一个定律是：当供大于求时，价格就成为赢得客户的一个关键。张鸿华说：“我们通常的做法是量、价相结合，有多少量就放多少价。”通过调剂盈余，九寨沟喜来登不仅锁住了大客户，而且为淡季销售带来了契机。

相关知识

（一）酒店营销创新的压力与动力

酒店营销创新 (Marketing Innovation) 就是根据酒店营销环境的变化情况，并结合酒店自身的资源条件和经营实力，寻求营销要素在某一方面或某一系列的突破或变革的过程。这其中包括营销观念的创新，营销产品的创新，营销模式的创新。

1. 酒店市场营销创新的压力

酒店营销创新的压力，主要来自于两个方面：

1）顾客需求的变化

在市场经济中，消费者通过自己对产品的选择与购买来选择和淘汰生产者。消费者的需求直接决定着酒店经营状况的好坏。随着消费者需求的日渐多样化，新的需求层出不穷，如果继续按照以往的策略经营，生产者将因不能适应市场需求的变化而无法生存和发展。

随着跨国公司的发展和国际经贸往来的增加，商务客逐渐构成我国许多高档豪华酒店的主要客源。商务客人的需求与以往的观光客人有所不同，他们往往对价格不很敏感，而需要省时、方便、准确、快捷的服务，并希望能在酒店内完成电文传递、印制文件、商务咨询、机票预订等事项。顾客需求的变化迫使酒店及时进行创新改造，提供其所需服务。

2）竞争的压力

从宏观上讲，世界各地的酒店业蓬勃发展，我国旅游酒店的发展速度更是惊人。据国家旅游局的统计，1996 年，全国只有酒店 4 418 家，到 2009 年末，全国仅星级酒店就有 14 237 家。随着酒店数量的增加，平均开房率却一直在下降。

在客源市场增长缓慢的同时，酒店数量和客房数的高速增长，意味着客源的分流和竞争的白热化。若不采取创新措施，将很难在激烈的市场竞争中站稳脚跟。

2. 酒店市场营销创新的动力

除了来自各方的压力外，酒店进行市场营销创新还有其推动力，即营销创新利润。营销创新利润是指企业在市场营销中，更适当、更有利地引入新的因素，实现与众不同的新组合，从而使营销创新收益超出营销创新成本。

和其他企业一样，酒店产品也有生命周期，其生命周期一般包括投入期、成长期、成熟期和衰退期几个阶段。在进入衰退期后，利润逐渐递减。实施营销创新的一个优点便是酒店可以靠营销创新利润抵消利润的递减趋势，使销售额和利润率保持在较高水平。

此外，首先进入市场或在市场上具有统治地位的企业能获得超额的垄断利润，但时间不会很长久，因为竞争对手会通过仿效而使优势缩小甚至消失。如果酒店能在营销过程中，不断开创新产品，开拓新市场，引入新的促销方法和营销组织管理体制，便可以使自己利用领先的优势获得高额的营销创新利润。

被称为美国旅馆联号之父的埃尔斯沃思·斯塔特勒（Ellsworth M. Statler），早年在建造布法罗斯塔特勒旅馆时，在美国历史上首先推出了“一间客房一浴室”的设计，此外还采取了冰水管进客房、每间客房都安装电话等创新措施，取得了辉煌的成就，开业头一年就赢利 3 万美元（这在当时是一笔不小的数字），营销创新举措带来了丰厚的营销创新利润。

（二）酒店创新的顾客让渡价值理论

1. 顾客价值系统

顾客价值是贯穿科研、生产、销售全过程的，也就是说要“以顾客为导向”，向顾客提供最满意的酒店产品和服务。顾客价值是由售前超值服务、售中超值服务和售后超值服务 3 个子系统构成的服务系统。

（1）售前超值服务就是要按严格的要求和规范做好售前调研、售前咨询、售前准备和售前接触四大环节的工作。

（2）售中超值服务就是服务人员与顾客进行交流、沟通和洽谈的过程。主要包括操作规范、语言规范和姿势规范。

（3）售后超值服务主要实行一系列服务，由服务制度、顾客饭店沟通制度、员工服务规范、事前培训制度和奖惩制度来实现。

2. 顾客让渡价值

顾客让渡价值是指顾客总价值与顾客总成本之间的差额部分。顾客总价值是指顾客从提供的产品和服务中获得的全部利益，它由产品价值（Pd）、服务价值（S）、人员价值（Ps）、形象价值（Im）、个人价值（Id）5 个方面构成。而顾客总成本是顾客购买产品和服务的耗费，包括货币成本（Mn）、时间成本（T）、精力成本（E）、心理成本（Mt）4 个方面。各项价值因素是顾客总价值的增函数，而各种成本影响因素是顾客总成本的增函数，可用下式分别表达：

顾客总价值（TCV）$=f$（Pd,S,Ps,Im,Id）

顾客总成本（TCC）$=f$（Mn,T,E,Mt）

顾客让渡价值（CDV）=TVC−TCC

顾客让渡价值理论的基本假设是：顾客总是追求“客户附加价值”最大的产品或服务。产品的“客户附加价值”即顾客购买酒店产品后所获得的附加价值。因此，这里强调的是产品的顾客相对价值。

附加价值理论给我们的启示是：酒店产品的顾客附加价值越大，顾客满意程度就越高；当顾客为获取酒店产品所付出的总成本超过所得到的顾客总价值，也就是酒店产品的附加价值为负值时，顾客不满意就发生了。因此，只有努力提高酒店产品的顾客附加价值，才能提高顾客的满意度。

3. 顾客价值的 6 个超越

顾客价值导向就是要向顾客提供超越其心理期望值的、超越常规的全方位服务。使顾客对酒店的服务感到满意，让顾客真正认可，从而使酒店不断的发展。这种导向要求在对顾客的服务中，实现 6 个超越。

（1）超越顾客的心理期待。通常顾客对产品的选择是建立在品牌信任和产品满意基础之上的，如果酒店能主动拓展产品的无形部分，实施了“超值服务工程”，顾客就能够享受到超出自己心理期望值的超值服务。

（2）超越常规。顾客价值就是建立在超越常规的服务基础之上，如果酒店提供的服务在种类、质量和方式上都超越了常规的要求，就会使顾客获得意外的惊喜。

（3）超越产品的价值。从酒店产品的整体概念可以看出，酒店产品的总价值是有形产品的价值同服务价值之和。值得注意的是，现代酒店有形产品的价值占总价值的比例越来越小，服务价值越来越重要。

（4）超越时间界限的服务。顾客价值的增加是不受时间限制的，它无时不在，能随时随地增加，例如为顾客提供咨询和售后服务。

（5）超越部门界限。上下左右各部门、各个成员都要调动起来，围绕顾客价值的增加运转。它超越传统的部门界限，要求各部门都要为顾客价值做出应有的贡献。

（6）超越经济界限。创造顾客价值需要付出代价、耗费成本，但是这部分代价和成本绝不向顾客收取，而是消化在饭店产品生产经营过程中。顾客价值不单纯是一般的经济价值，而是超越经济的社会价值和审美价值，它超越等价交换的经济范畴，把物质的东西融化到精神范畴中去。

（三）酒店营销创新的模式

酒店营销创新包括营销观念的创新、营销产品的创新、营销模式的创新。酒店营销观念和产品的创新在前面单元已涉及其内容，在本单元就只介绍酒店营销模式的创新。酒店营销创新的模式主要有：

1. 整合营销

整合营销是酒店在兼顾顾客、社会共同利益这一目标驱动下，为了更好地协调内、外系统的关系和活动，在营销概念日益丰富和完善的基础上，演变和发展起来的一种更适合现代市场营销需求的新模式。

1）整合营销与传统营销的区别

首先，酒店的整合营销理念打破了传统营销理念中把市场营销只作为经营管理的一项功能这一框架。因为传统的营销理念实质是把营销活动看成酒店经营的一个职能；但是整合营销要求酒店的所有活动都整合和协调起来，要求酒店的所有部门共同努力，为顾客的利益而服务，酒店的营销活动要成为酒店各部门的工作，即所谓的营销非功能化。

其次，整合营销理念改变了以往从静态的角度分析市场、研究市场，然后再想方设法去迎合市场的做法，强调以动态的观念，主动地迎接市场的挑战，不再简单地认为一定要依赖并受限于市场自身的发展，而是告诉酒店应该努力去发现潜在市场，创造新的市场。因为，在今天的市场形势下，创造市场也许比适应市场来得更为重要，创造市场比细分市场和确定目标市场也更为主动。

2）整合营销的战略选择

（1）凸现酒店个性。酒店个性是指酒店在酒店市场独一无二、为市场所认可和接受的独特形象。酒店个性不是来自酒店自身的设计，而是来自酒店、顾客和环境三方的共同沟通，来自于酒店、顾客和环境构成的价值系统。酒店应具有鲜明的个性特征，这种个性特征来自酒店、顾客、环境三方面的价值联系，是酒店实现价值创造的基础。

（2）确定酒店核心价值观。整合营销要求确定核心价值观。酒店核心价值观与酒店个性相对应，是确保酒店个性延续和发展的内在推动力，它是酒店基本的和长期的宗旨。酒店核心价值观可能包含的内容有：正直、忠诚、热情、信用、尊重、机会均等、进取性、奉献精神等。任何成功的酒店都有其独特的价值观。

（3）树立酒店精神。整合营销要求确立了核心价值观的酒店还必须具有进取精神，因为只有这样才能使核心价值观发挥作用，使得酒店个性得以凸显，进取精神是发自酒店内部的一种冲动，一种渴望探索、创造、发展、进步的冲动。进取精神是对动态复杂环境的适应和挑战，是一种巨大的内动力，只要有进取精神，酒店就永远不会满足现状，不断前进；如果满足于已得到的成就，那么就意味开始走下坡路。

3）整合营销的 4C 理论

4C 理论从对酒店经营者的研究转向对顾客的关注，实现了“由内而外”到“由外而内”的巨大转变。4C 理论的主要论点是：

（1）不要抱着自己现有的酒店产品不放，应先去研究顾客的需要与欲望（Customers' wants and needs）。酒店要生产特定的消费者确定想购买的产品。而不是卖自己的酒店产品。

（2）定价时不要先推算酒店的成本和利润，而应先考虑顾客为满足其需求而愿意付出的全部成本（Customer cost），并兼顾顾客的收入状况、消费习惯以及同类酒店产品的市场价位。

（3）不要死板地抓住有限的几条渠道，要尽最大努力为顾客的购买提供方便，让顾客快捷便利（Convenience）地购得酒店产品和服务。

（4）要淡化促销，强调沟通（Communication）。努力实现酒店与消费者的双向沟通，谋求与顾客建立长久不散的伙伴关系。

2. 关系营销

关系营销把营销活动看成一个酒店与消费者、供货商、分销商、竞争对手、政府机构和社会组织发生互动作用的过程。关系营销的关键因素是建立并发展与相关组织和个人的良好关系；关系营销的核心是追求顾客忠诚；关系营销最主要的表现形式是一对一营销；关系营销的重要特征是双向沟通。

1）关系营销的特征

（1）双向沟通。关系营销强调双向沟通，酒店不仅只是简单地传递信息，而且还要收集来自顾客及其他相关组织和个人的反馈信息。通过双向交流促进信息的扩张和情感的发展。

（2）一对一营销。一对一营销是指营销者通过与顾客的双向沟通，了解每一位顾客的不同需求，提供不同的产品和服务，使他们感到满意。一对一营销认为在充分考虑顾客价值的前提下，区别每一位顾客的差别是重要的工作内容。酒店要利用计算机记录每一位顾客的相关数据，设立顾客信息库，通过资料的分析，结合实际，为顾客提供针对其个人喜好的服务，使其感到价值的提高，达到满意消费，从而与酒店保持良好的关系。

（3）协同合作。关系营销的目的，就是消除酒店和相关组织或个人之间为了各自目标和利益而产生的对立性关系，为促进双方为共同的利益和目标而相互支持、相互配合、相互合作，力求建立双边和多边的协同合作关系。

（4）互惠互利。关系营销的关键之处就是要找到酒店与顾客双方利益的共同点，并努力使共同的利益得以实现。酒店在处理与顾客、供货商、分销商、竞争者、政府、公众以及内部员工等的关系时，要选择一个双赢策略，使双方的利益都可得到实现。

2）关系营销的内容

关系营销强调发展下列关系：

（1）酒店与顾客的良好关系。

（2）酒店与竞争者的良好关系。

（3）酒店与供货商的良好关系。

（4）酒店与内部员工的良好关系。

（5）酒店与政府和公众的良好关系。

3）关系营销的三个层次

市场竞争的实质是争取顾客的竞争，酒店生存和发展的基础是顾客。在酒店营销的实际工作中用 3 个不同层次的关系营销来发展与顾客长期的友好关系。

（1）一级关系营销。一级关系营销又称频繁市场营销和购买型关系营销。一级关系营销通过直接经济利益刺激顾客购买更多的产品和服务。

（2）二级关系营销。二级关系营销又称社交型关系营销，这种关系营销更重视与顾客建立长期交往联系网络，通过了解单个顾客的需要与欲望，使其服务个性化和人格化，来增加酒店与顾客的社会性联系，把人与人之间的营销和人与组织之间的营销结合起来，增加顾客对酒店的认同感。

顾客组织是二级关系营销的主要表现形式。以某种方式将顾客纳入到酒店的特定组织中，使酒店与顾客保持更为紧密的联系，实现酒店对顾客有效控制。顾客组织可分为有形组织和无形组织。有形顾客组织，是指正式的或非正式的俱乐部、顾客协会、顾客之家等；无形顾客组织，是利用数据库建立顾客档案，并进行分类管理。通过顾客组织，酒店可以给予长期顾客优惠和奖励，提供产品最新信息，定期举办联谊活动，借以加深顾客对酒店的情感信任，增加顾客对酒店的认同感，密切双方关系。

（3）三级关系营销。三级关系营销又称结构性营销，又称忠诚型关系营销。这种营销方式就是酒店通过向顾客提供某种对顾客很有价值、又不易获得的特殊服务，借此实现酒店与顾客双向忠诚，相互依赖、长期合作的关系。在这种结构性关系中，酒店精心设计的独特服务体系使竞争对手很难模仿，并将提高顾客转向竞争对手的机会成本，同时也增加了从竞争对手那里吸引另一些顾客的机会。在关系营销的三个级别中，这是最高级别。

3. 服务营销

服务营销是一种在营销过程中强调服务和服务人员作用的营销方式。

1）服务营销与产品营销的区别

服务营销与产品营销的区别如下：

(1) 研究对象差异。传统市场营销学以产品生产的整体营销行为作为研究对象，服务营销学则以服务的行为和产品在营销中的服务环节作为研究对象。

(2) 对待质量问题的着眼点不同。传统市场营销强调产品的全面营销质量，强调质量的标准化、合格认证等。服务营销研究的是质量的控制。质量控制问题之所以成为服务营销区别于市场营销学的重要问题之一，就在于服务的质量很难像有形产品那样用统一的质量标准来衡量，其缺点和不足不易发现与改进，因而要研究服务质量的过程控制。

(3) 服务营销学强调对顾客的管理。服务过程是服务生产与服务消费的统一过程，服务生产过程也是消费者参与的过程，因而服务营销学必须把对顾客的管理纳入服务营销管理的轨道。传统市场营销强调的是以消费者为中心，满足消费者需求，而不涉及对顾客的管理内容。

(4) 服务营销强调内部营销管理。服务产品的生产与消费过程，是服务提供商与顾客广泛接触的过程，服务产品的优劣、服务绩效的好坏不仅取决于服务提供者的素质，也与顾客行为密切相关，因而研究服务员工素质的提高、加强服务业内部管理、研究顾客的服务消费行为十分重要。人是服务的重要构成部分，传统市场营销也会涉及人，但人只是商品买卖行为的承担者，而不是产品本身的构成因素。

(5) 服务营销突出解决有形展示问题。服务产品的无形性，要求服务营销学研究服务的有形展示问题。服务产品有形展示的方式、方法、途径、技巧成为服务营销学研究的系列问题，这也是服务营销学的突出特色之一。市场营销学不需涉及此问题的研究。

2）服务营销的策略体系

(1) 服务的技巧化。是指培养和增强服务技巧，利用服务技巧来吸引和满足顾客，发挥技巧在服务营销中的作用。服务的技巧，主要包括服务的技能化、知识化和专业化。

(2) 服务有形化。是指酒店有策略地提供服务的有形线索，以帮助顾客识别和了解服务，并由此促进服务营销。在这里的服务有形化主要指服务的包装化、品牌化和承诺化。

4. 固定市场营销

固定市场营销即通过一系列的市场调查，确定最终目标市场的一种营销方法，对于酒店来说，则是通过顾客的消费研究，最终确定目标市场，并通过运用一系列的营销手段将其培养为忠诚顾客的营销方法。在买方市场中求生存的最佳途径是提高顾客满意度。首先，顾客所购买的不是产品，而是期望，他们不是仅要获得冷冰冰的实体产品，更多的是要在获得实体产品的同时获得心理满足。《美国营销策略谋划》的研究结果表明：91%的顾客会避开服务质量低的企业，其中80%的顾客会另找其他方面差不多，但服务更好的企业，20%的人宁愿为此多花钱。美国哈佛商业杂志1991年发表的一份研究报告显示：再次光临的顾客可为公司带来25%～85%的利润，而吸引它们再次光临的因素首先是服务质量的好坏，其次是产品本身，最后才是价格。因此，做好服务工作，以真诚和温情打动消费者的心，培养“永久顾客”，刺激重复购买，才是谋求企业长远利益的上策。

“酒店 VIP 俱乐部”计划，作为行业人士或许不太陌生。俱乐部营销是一种网络会员制营销方式。这种方式无论是在国外还是国内，都已受到日益广泛的关注与应用。最早启用该计划的是香格里拉酒店管理集团和希尔顿酒店集团。1993 年，北京希尔顿饭店实施运作并大获成功，从而为国内酒店营销掀开了新的乐章，众多酒店纷纷效仿。

“酒店 VIP 俱乐部”计划在运作策略上，完全以顾客需求为中心，充分利用好信息资源，从而准确的界定酒店的市场定位，营造酒店的经营特色，以强化酒店品牌效应，并完善激励机制的促销战略，进而通过控制有力、行之高效的电话营销系统，帮助酒店挖掘一批具备高消费能力的忠实客户群体，这也正是为酒店创造 80% 利润额的那 20% 的忠诚客户。据有效数字统计，10% ～ 15% 的入住率往往就是此类会员所带来的，并且在餐饮和娱乐方面的收益尤为明显。

会员在酒店的频繁消费提高和稳定了酒店的整体收入，从而又使酒店在当地商界影响力及知名度提高，巩固与扩充了客源，使酒店在当地市场领域占有更高的市场份额。

“酒店 VIP 俱乐部”营销计划实在观念认识上，利用 80/20 法则，将顾客占有率和忠实程度放在首位，从酒店特色出发，充分挖掘酒店的最大市场潜力。所以在营销战略上，应把忠诚顾客置于组织结构的中心，通过向会员提供超值和可供选择的服务与之建立长期的紧密性关系，使老顾客不断感受到新的服务和新的变化，提升他们对产品的忠诚度。

5. 网络营销

网络营销是指借助于国际互联网完成一系列营销环节，达到营销目标的过程。网络具有快速、高效、低成本的特点，在互联网上信息资源共享，进入障碍为零。作为一种新的媒体，网络具有一对一的互动性，这是对传统媒体面对大量“受众”特征的突破。从营销的角度讲，网络上生产者和消费者一对一的互动沟通，了解顾客的要求、愿望及改进意见，将工业时代大规模生产、大规模营销改进为小群体甚至个体营销，为消费者提供了极大的满足，迎合了现代营销观念。同时，它的革命性在于缩短了整个经济的中间环节，降低了交易成本，节约了社会资源。具体到营销机制，网络技术克服了横在生产者和消费者之间的时间、空间障碍、弱化了存在于二者之间的各种中间环节和渠道。

随着现代科学技术在酒店业的广泛应用，网络营销以其难以想象的发展速度成为酒店营销的重要手段，而且是最有效、最经济、最便捷的营销手段。

网络营销不单纯是指网络技术，而是市场营销；网络营销也不单纯是网上销售，也是企业现有营销体系的有利补充；网络营销是 4C（整合营销）营销理论的必然产物。互联网营销最关键的不是互联网络本身，而是企业内部网和互联网。企业内部网可以提供企业内部员工之间互相联络的方式，员工可以通过内部网络来获取信息，销售人员可以把每日的工作上传到公司存档，这样销售的信息就不会丢失，即使销售人员突然离职也不会给公司造成影响。互联网与企业内部网相反，它提供给人们与外界联络的方式。过去，消费者购买商品不会对他人评论，只是自己去消费，现在互联网提供了一个消费者对商品进行评价的空间，可以与别人一起分享消费体验。由于互联网的存在和它的这些作用，互联网会成为一种驱动产品质量和服务提升的力量，顾客对酒店产品和服务的要求也会更高。

计算机预订系统能帮助酒店更方便、更快捷地完成全球范围内的预订业务，从而增强酒店的客源优势，并能大大降低由于信息不对称所导致的高额信息成本和交易费用。美国假日酒店集团在 1965 年就建立了自己独立地计算机预订系 Holidex I，并一直不断地将这一系统更新完善。现在假日集团拥有的 Holidex Ⅲ（Holidex 2000）是世界最大规模的民用电子计算机网，从其规模上来讲，仅次于美国政府的通信网络，它被指定为美国国家处于紧急状态时的通信后备系统。近几年来，假日的计算机通信系统更加完备。它与其他公司共同购置了专用卫星，拥有美国最大的私用卫星图像收受网，它不仅可以用来预订、传递信息，还可以转播剧场实况，播放闭路电视，并在美国已有的 1 000 多个假日酒店中安装了通过卫星转播的长途电视会议设施。假日酒店的计算机预订系统已经遍布全球每一个假日酒店，它对于及时了解市场动态和顾客需求，不断调整经营战略、稳定和控制客源市场并提高整体盈利起到了举足轻重的作用。庞大、先进的计算机预订系统吸引了大批单体酒店加入集团，使集团能够在短时期内迅速扩张，规模不断扩大，从而也增强了在全球范围内的竞争优势。

6. 绿色营销

树立绿色营销观念，开发绿色产品，开拓绿色市场，已成为 21 世纪企业营销发展的新趋势，也给企业发展创造了新的机遇。绿色营销观要求酒店在营销中以可持续发展为目标，注重经济与生态的协同发展，注重可再生资源的开发利用，减少资源浪费，防止环境污染。绿色营销强调消费者利益、企业利益、社会利益和生态环境利益的统一，在传统的社会营销观念强调消费者利益、企业利益与社会利益三者有机结合的基础上，进一步强调生态环境利益，将生态环境利益的保证看做前三者利益持久地得以保证的关键所在。目前，绿色的浪潮席卷全球。一项调查显示，75% 以上的美国人、67% 的荷兰人、80% 的德国人在购买商品时考虑环境问题，有 40% 的欧洲人愿意购买绿色食品。因此，无论是可持续发展的要求还是来自消费者的压力，都说明：企业必须贯彻绿色营销的观念，才能适应新形势的要求。绿色营销的宗旨是：

（1）节约材料耗费，保护地球资源。

（2）确保产品的安全使用、卫生和方便，以利于人们的身心健康和生活品质提升。

（3）引导绿色消费，培养人们的绿色意识，优化人们的生存环境。

酒店绿色营销不仅是酒店营销这一运作领域的事，它逐渐被提到饭店长远发展的战略高度。对大多数实施绿色营销的饭店而言，绿色营销是其饭店具体发展战略的一部分，酒店视绿色营销为一种新机遇，以此来开拓市场，吸引消费者，打败竞争对手，寻求酒店的长足发展。此外，酒店各方面都参与了绿色营销，换言之，绿色营销是酒店全体的“绿色整体大行动”，包括酒店理念、酒店生产、酒店组织的设置，都为配合绿色营销而作相应的调整。同时，绿色营销的实施，也对这些方面起促进作用，例如，提高酒店形象，有利于酒店融资，有利于酒店培养优秀人才等。

随着酒店业的发展，酒店营销模式也在不断创新，如内部营销、个性营销等营销模式在酒店实际经营中都已广为使用。

（四）酒店如何实施市场营销创新

要在酒店中卓有成效地实施营销创新，最基本的一点，就是要在酒店的全体员工中树立起正确的营销创新观念，进而建立市场营销创新体制，并付诸实施。

1. 树立正确的营销创新观念

1）营销创新人人可为

许多人把“创新”看作技术上的重大发明创造，认为创新意味着科技进步、设备更新，似乎创新是一件规模浩大的工程，这样的认识直接导致人们将创新神秘化，把它当作实力雄厚企业的专利。

创新包括产品、市场、经营等多方面的内容，通俗地讲，创新就是经济、有效地去做别人没有做过的事情，或把别人做过的事情做得更好。大到营销体制的变革，小到某些服务细节的改进，都应被看做营销创新的内容。就像凯宾斯基酒店增设擦鞋服务这样的创新项目，是人人可为的创新设计。

2）营销创新人人有责

还有许多人把营销创新当作企业管理人员的专利，认为普通员工就是按服务标准做好自己的本职工作，营销创新与己无关。实际上，营销创新关系到企业的生存和发展，进而直接影响到每个员工的切身利益。只有全体员工清楚地认识到这一点，才能保证营销创新的顺利实施；而如果所有问题都依赖少数的管理人员，不仅创新活动举步维艰，而且会使员工个人遭受损失。河北石家庄国际大厦，通过设立总经理信箱，有效调动员工直接参与企业各项营销创新活动的积极性，靠着员工的集体智慧，提出了许多创新高招。员工们人人参与创新的主人翁责任感保证了企业的高效经营。

2. 建立市场营销创新体制

要想有效地开展市场营销创新，还需健全营销创新体制，从组织制度上保证创新成为系统化的活动，而不仅仅停留在“灵机一动”的原始水平。除了针对全体员工参与创新的奖励制度和灵活畅通的沟通制度外，成立直线组织管理下的营销创新小组，是一种高效灵活的组织制度保障。

四川锦江宾馆，把餐饮菜肴的研制创新作为一项重点工作来抓。宾馆成立了由餐饮总监和中、西厨房部4名技术骨干组成的菜肴研制创新小组，并在长期的实施中摸索出一套卓有成效的创新小组工作制度。这项制度全面而规范，主要包括以下几项内容：宗旨与原则；人员组成规定；时间安排；计划工作；品种选择与要求；形成子菜系体系；研制程序及内容；销售质量反馈，质量仲裁；公正评估，正确激励；保障措施。它为饭店菜肴的创新提供了组织保障和制度保障。

3. 酒店市场营销创新的具体实施步骤

酒店的市场营销创新虽不完全等同于新产品创新，但市场学中有关新产品开发的程序对酒店实施营销创新具有很重要的指导意义。我们对其加以整理后，设计出一个酒店实施营销创新的基本步骤框架。

1）创新构思的来源

创新构思的来源分为两部分：一是对企业自身现状的分析，二是来自企业外的信息。

对酒店自身的现状分析，重点是研究营销资源的合理性、协调性和科学性，并在分析的基础上，探寻进行创新改造的机会，形成创新的基本构思。天津泰达国际会馆的五楼设有室内真冰滑冰场，但因会员主要是来自开发区内的高级管理人员，这个项目遭到冷落。饭店管理人员在对自身产品现状进行分析时，发现了这个问题，便将此滑冰场对外界开放经营，吸引了许多非会员的消费者。通过创新改造，为会馆减少了损失。

外部的信息渠道主要有三条：一是竞争者，二是顾客，三是其他来源。近来，在世界上兴起一种新方法——定点超越法（Benchmarking），即将本公司的经营状况与竞争对手或行业内外一流的领先者进行分析对比，并在此基础上，移植并发展对手的领先手段。这就是由竞争对手那里获取的信息。从顾客的投诉或由酒店主动发放并回收的宾客意见表中，也可收集各种信息。此外，酒店还应关心与自身相关行业的发展、新技术的出现，以及宏观环境各方面的广泛消息，从中获得营销创新的信息。

2）创新构思的筛选

对于创新构思的筛选，分粗选和精选两个阶段。

粗选时，一般分为以下几个步骤：① 对企业资源进行总体评价；② 判断创新是否符合企业发展的整体规划和企业目标；③ 对采取营销创新措施后的总体产品能否满足市场需要进行预测；④ 综合考虑竞争状况和环境因素。

对经过粗选后保留下来的少量创新构思，要进行精选，常用的方法是由企业营销人员、高层管理人员和专家就创新构思的各方面进行打分评判，并根据重要程度加权后得出量化的分值，然后找出“最优”的市场营销构思。

3）创新构思的试行及检测

对于产品创新的构思，一般还需经过构思产品概念化、产品开发研制等程序试制出成品。对于其他方面的创新构思，可直接在管理人员指导下小范围试行，在试行过程中不断总结、改进，并对其效果进行检测，进一步淘汰效果不理想的创新设计。

4）全面实施

经过层层筛选保留下来的营销创新设计，便可大规模进行推广。

在创新设计普遍实施后，酒店便又处于下一轮创新的起始状态，形成一种良性的循环机制。

假日集团以其管理者积极的创新意识和高效的创新体制而成为酒店营销创新方面的佼佼者。在整个饭店集团中，假日的经营哲学及各项制度，都激励员工以很高的热情参与营销创新。也正因为这样，才能使假日集团在几十年的经营史上，新招迭出，源源不断地进行创新改造，使自己稳居创新的潮头。

案例分析

九寨沟喜来登通过建立自己的营销渠道和代理网络、薄利多销等传统营销手段，又通过关系营销、会议营销、网络营销等营销创新，做到客似云来，淡季不淡。

和传统产品一样，酒店也要建立自己的营销渠道和代理网络，这是提升酒店入住率的关键。九寨沟喜来登是九寨沟风景区首家国际五星级酒店，地处川西高原，海拔 1 800 米，坐落在“童话世界”九寨沟的碧水青山之间，拥有特色鲜明的藏族山寨式建筑景观。这样，九寨沟喜来登在集团内突出了与其他喜来登酒店的不同，而在竞争对手面前突出的则是集团的理念、系统和管理。

对于风景区的酒店来说，很好地利用旅行社为自己带来的客源至关重要。九寨沟喜来登的做法是：淡旺季结合，旅行社淡季带来多少生意，旺季就可以得到多少配额。这既是提升淡季营业额的方法，也是取悦旅行社的手段，更是形成了酒店与旅行社双赢的局面。

除旅行社之外，另一个不能忽视的顾客群是政府机关和大企业等。从 2006 年开始，九寨沟喜来登加大了会议营销的力度。

通过全球喜来登酒店的网络促成销售，这与独体酒店相比显然是一大优势。

喜达屋集团推行的“积分兑奖”能做到即时兑奖，通过积分获得度假与私人旅行的机会或直接兑换成房费，的确让人心动。但对九寨沟喜来登来说，它不仅仅是招徕新顾客和维系老顾客忠诚度的一个有效手段，而且为九寨沟喜来登的淡季销售提供了促销途径。

能力培养训练

（一）背景材料

7 天连锁集团的目标客户

“7 天连锁集团再获 6 500 万美元融资”，在这个寒冷的“冬天”，看到这样子的消息，让心头为之一振。

7 天连锁集团的定位为经济型酒店，目标客户为商务人士、爱好自助游人士，年轻一族长尾消费力量。

在各大公司，几乎每周都可以看到 7 天的业务人员扫楼似的销售，但现在人们对于这种扫楼似的销售已达到一种厌恶的状态，想必这种主动式推销已变的相当被动。

好在 7 天连锁集团的领导层也早已意识到这点，在疯狂扫楼的同时，也打出网络营销这一利器，因为消费群年轻化的特殊性，与腾讯公司合作，在腾讯网或拍拍网中，7 天酒店有专属页面，即可凭借自己的 QQ 号直接进行酒店查询和预订，通过财付通支付平台完成付款，非常便捷。同时包括与“天涯”、“财付通”，以及“口碑网”等进行合作，在各在搜索引擎做付费广告宣传。

但就 7 天连锁酒店网络营销来说，电子商务的长尾消费力量还未充分地体现出来。

首先，付费广告的覆盖面不广，就搜索引擎付费广告来说，关键字策划并没有达到理想的效果，比如在搜索引擎搜索“省市（成都）+ 经济酒店”，还能在前三页找到相关的信息，但再详细一点的长尾关键词，比如说“成都春熙路经济酒店”，就很难找到相关信息，而大多数人在选择旅游的时候，大多数会选择更加详细的地址或者是旅游景点来作为搜索，这个问题就必然会失去一部分潜在的客户。

其次，7 天连锁官方网站的内容和结构需要进行调整。现在官方网站上，是典型的企业网站结构，包括用户注册、用户登录、用户在线预订、最新的促销活动，以及常见问题解答，这对于一个已经知晓 7 天并成为会员的人来说，这些功能也许足够用，但对于新的并不知道他们酒店的人来说，这些内容并不能在搜索引擎上吸引潜在的用户，所以在考虑到用户群的情况下，可以对内容、栏目等进行一系列的策划，对网站本身进行优化，以达到带来潜在用户的目的。

（二）训练目的

（1）训练学生分析问题的能力。

（2）培养学生在酒店营销中的实际创新能力。

（3）通过训练，使学生更深刻地理解酒店营销创新的重要性以及意义。

（三）训练内容与步骤

（1）将学生分成几个小组，进行讨论。

（2）每个小组派代表分别阐述其对此案例的看法。

（3）要求各小组总结“7 天连锁集团的目标客户”案例带给我们的经验教训与启示，并派代表进行阐述说明。

学习评价

依据每个小组内每个人的表现情况，小组内互评、组间互评，然后老师进行评价，确定个人能力水平和努力方向。评价的具体内容如表 10-1 所示。

表 10-1　评价细则

内容			评价		
学习目标		评价内容	小组互评	组间互评	教师评价
专业知识	应知应会	简述酒店营销创新的概念	Yes No	Yes No	Yes No
		简述酒店营销创新的主要理论	Yes No	Yes No	Yes No
		简述酒店营销创新主要方法	Yes No	Yes No	Yes No
		简述酒店营销创新的程序	Yes No	Yes No	Yes No
专业能力	1. 了解酒店营销创新的主要理论方法 2. 能够分析制定酒店营销创新体制 3. 能够优化营销创新内容	根据酒店情况，选择有效营销创新方法	Yes No	Yes No	Yes No
		运用所学知识，能够确定酒店营销创新方法	Yes No	Yes No	Yes No
		具备反思能力	Yes No	Yes No	Yes No
通用能力	组织能力		Yes No	Yes No	Yes No
	沟通能力		Yes No	Yes No	Yes No
	解决问题能力		Yes No	Yes No	Yes No
	自我管理能力		Yes No	Yes No	Yes No
	创新能力		Yes No	Yes No	Yes No
态度	认真，细心，高度责任感与大局观		Yes No	Yes No	Yes No
努力方向：			建议：		

课外作业

网上收集世界著名酒店营销创新模式与方法，小组之间进行交流学习。

参 考 文 献

[1] 杨宏伟，郑凤萍 . 酒店营销实务 [M]. 北京：化学工业出版社，2009.

[2] 宿荣江 . 酒店营销实务 [M]. 北京：人民大学出版社，2008.

[3] 王大悟，刘耿大 . 酒店管理 180 个案例品析 [M]. 北京：中国旅游出版社，2009.

[4] 邵兵家，于同奎 . 客户关系管理 [M]. 北京：清华大学出版社，2004.

[5] 钱旭潮 . 市场营销管理 [M]. 北京：机械工业出版社，2005.

[6] 吴勇 . 市场营销 [M]. 北京：高等教育出版社，2008.